N

Allemand, né à Bresla[illegible] 1990, Norbert Elias est issu d'une famille de commerçants juifs. Philosophe de formation, disciple puis assistant de Mannheim, il émigre en Suisse puis à Paris après l'arrivée des nazis au pouvoir. Il finit par s'établir à Londres où il se consacre à la rédaction du *Procès de la civilisation*. Dans ce livre publié en 1939 (et qui paraîtra dans sa traduction française en deux volumes : *La civilisation des mœurs*, 1973, et *La dynamique de l'Occident*, 1977), il présente la civilisation occidentale comme le résultat d'un lent processus de domestication des pulsions, et montre le rôle capital joué par la société de cour aux diverses étapes de cette évolution. Il commence alors une longue carrière d'enseignant en Angleterre où il demeure – exception faite d'un séjour au Ghana (1962-1964) – jusqu'à la retraite ; à la même période il publie *La société de cour*. À partir de 1975, il se partage entre Amsterdam et Bielefeld en Allemagne, et poursuit ses travaux. Sous la forme de synthèses vivantes où l'analyse, en dépit d'une perspective historique et globale, ne perd rien de son concret et de sa précision, Norbert Elias a apporté une brillante contribution à la sociologie contemporaine.

LA CIVILISATION DES MŒURS

DU MÊME AUTEUR
CHEZ POCKET

AGORA
Collection dirigée par François LAURENT

NORBERT ELIAS

LA CIVILISATION DES MŒURS

Traduit de l'allemand par
Pierre Kamnitzer

CALMANN-LÉVY

Titre original :
ÜBER DEN PROZESS DER ZIVILISATION

ISBN : 2-266-13104-4

Le présent volume est la traduction du tome I de *Über den Prozess der Zivilisation* (1re éd. 1939, 2e éd. 1969). Le tome II est paru sous le titre : *La Dynamique de l'Occident.*

PREMIÈRE PARTIE

CULTURE ET CIVILISATION

CHAPITRE PREMIER

La formation de l'antithèse « culture »-« civilisation » en Allemagne

La notion de « civilisation » se rapporte à des données variées : au degré de l'évolution technique, aux règles du savoir-vivre, au développement de la connaissance scientifique, aux idées et usages religieux. Elle peut s'appliquer à l'habitat et à la cohabitation de l'homme et de la femme, aux méthodes de répression judiciaire, à la préparation de la nourriture, et — à y regarder de près — à tout ce qui peut s'accomplir d'une manière « civilisée » ou « non civilisée » ; c'est pourquoi il est toujours difficile de résumer en quelques mots l'ensemble des phénomènes susceptibles d'être désignés par le terme de « civilisation ».

Mais quand on examine la fonction générale de la notion de « civilisation », quand on recherche l'élément permettant de qualifier telles attitudes et actions humaines de « civilisées », on découvre d'abord quelque chose de très simple : l'expression de la conscience occidentale, on pourrait dire le sentiment national occidental. En effet, le terme résume l'avance que la société occidentale des deux ou trois derniers siècles croit avoir prise sur les siècles précédents et sur les sociétés contemporaines plus « primitives ». C'est par ce même terme que la société occidentale tente de caractériser ce qui la singularise, ce dont elle est fière : le développement de *sa* technique, *ses* règles du savoir-vivre, l'évolution de *sa* connaissance scientifique et de *sa* vision du monde, et beaucoup d'autres choses de ce genre.

Mais la « civilisation » ne revêt pas la même signification pour toutes les nations d'Occident. On note surtout une grande différence entre l'usage que font de ce mot les Anglais et les Français d'une part, les Allemands de l'autre : chez les premiers, il résume en un seul concept les sujets de fierté de la nation, les progrès de l'Occident et de l'humanité en général ; chez les seconds, c'est-à-dire dans l'usage allemand, le terme de « civilisation » désigne quelque chose de fort utile, certes, mais néanmoins d'importance secondaire : ce qui constitue le côté extérieur de l'homme, la surface de l'existence humaine. Quand l'Allemand entend se définir lui-même, quand il veut exprimer la fierté de ses propres réalisations et de sa propre nature, il emploie le mot « culture » (*Kultur*).

C'est là un phénomène curieux : dans l'usage interne des sociétés concernées, des termes tels que la « civilisation » des Français et des Anglais ou la « culture » des Allemands semblent parfaitement clairs. Mais leur manière de résumer une partie du monde, de délimiter, de façon évidente, des domaines déterminés pour les opposer à d'autres domaines, les appréciations secrètes et implicites qu'ils comportent, tout cela les rend difficilement accessibles à ceux qui ne font pas partie de ces sociétés.

Dans l'usage des Français et des Anglais, la notion de « civilisation » peut se rapporter à des faits politiques, économiques, religieux, techniques, moraux et sociaux. La « culture » allemande désigne essentiellement des données intellectuelles, artistiques, religieuses ; elle tend à établir une ligne de partage assez nette entre celles-ci et les faits politiques, économiques et sociaux. Le terme français et anglais de « civilisation » peut viser des réalisations, mais il désigne tout aussi bien l'attitude, le *behaviour* des hommes, qu'ils s'enorgueillissent ou non de réalisations. Dans la « culture » allemande par contre, le *behaviour*, les valeurs dont l'homme peut se prévaloir sans aucun accomplissement concret (*Leistung*), par la seule vertu de son être et de son attitude, s'est passablement effacé ; le sens spécifiquement allemand du terme « culture » apparaît de la manière la plus pure dans le dérivé « culturel » (*kulturell*), qui ne désigne pas les valeurs d'être d'un homme mais la valeur et le caractère de certains produits humains. Or, le signifié contenu dans l'épithète allemande « kulturell » ne peut être directement rendu en français et en anglais.

Le terme « cultivé » est proche de la notion occidentale de civilisation. Il représente en quelque sorte la forme la plus élevée de l'« être civilisé ». On qualifie aussi de « cultivés » des hommes ou des familles qui n'ont aucun « accomplissement culturel » à leur actif. Tout comme le terme « civilisé », le terme « cultivé » se rapporte en premier lieu à la manière de l'homme de se présenter, de se comporter. Il désigne la qualité sociale de la personne humaine, son mode d'habitation, son urbanité, son langage, ses habitudes vestimentaires et se distingue par là du terme « culturel » qui ne vise pas directement l'homme mais exclusivement ses réalisations (*Leistungen*).

De là découle une autre différence entre les deux notions. La « civilisation » désigne un processus ou du moins l'aboutissement d'un processus. Elle se rapporte à quelque chose de fluctuant, en « progression constante ». Le terme allemand de « culture », dans son acception actuelle, se signale par une « direction » différente : il se rapporte à des produits de l'homme qui sont là « comme les fleurs des champs[1] », aux œuvres d'art, aux livres, aux systèmes religieux ou philosophiques révélateurs des particularités d'un peuple. Le terme de « culture » a un caractère *limitatif.*

La notion de civilisation efface jusqu'à un certain point les différences entre les peuples ; elle met l'accent sur ce qui, dans la sensibilité de ceux qui s'en servent, est commun à tous les hommes ou du moins devrait l'être. Elle exprime l'auto-satisfaction des peuples dont les frontières nationales et les caractères spécifiques ne sont plus, depuis des siècles, mis en question, parce qu'ils sont définitivement fixés, peuples qui depuis longtemps déjà ont débordé leurs frontières et se sont livrés à des activités colonisatrices.

La notion allemande de « culture » par contre souligne les différences nationales, les particularités des groupes ; c'est grâce à cette fonction qu'elle a pu revêtir, bien au-delà de sa situation originelle, une importance dépassant, par exemple dans le domaine de l'ethnologie et de l'anthropologie, l'aire linguistique allemande. Or, cette « situation originelle » est celle d'un peuple qui, par rapport aux autres peuples d'Occident, a accédé très tard à l'unification et la consolidation politiques, et dont les limites ont fluctué pendant des siècles et menacent toujours de le faire. A l'encontre de la fonction du concept de civilisation, fonction qui exprime les tendances expansionnistes permanentes de nations et de groupes colonisateurs, la notion de « culture » reflète la conscience d'une nation obligée de se demander continuellement en quoi consiste son caractère spécifique, de chercher et de consolider sans cesse ses frontières politiques et spirituelles. L'orientation de la notion allemande de « culture », sa tendance à la délimitation, à la définition, à la consolidation des différences de groupe, répondent précisément à ce processus historique. Les Français et les Anglais ne se posent plus, depuis longtemps, au niveau de leur conscience, la question du caractère propre français ou anglais. Mais on s'inquiète depuis des siècles de savoir ce qui constitue le caractère spécifique de la nation allemande. C'est à cette question que répond — entre autres — une certaine phase d'évolution de la notion de « culture ».

La structure du sentiment national tel qu'il est représenté par les notions de « culture » ou de « civilisation » varie donc grandement d'un cas à l'autre. Mais pour différencié que soit ce sentiment, l'Allemand qui évoque avec fierté sa « culture » estimera tout autant que le Français ou l'Anglais imbu de sa « civilisation » qu'il détient là le critère le plus évident lui permettant de considérer et de juger le monde des hommes dans son ensemble. L'Allemand a beau expliquer au Français ou à l'Anglais ce qu'il entend par « culture », il est incapable de leur faire sentir le vécu spécifique de la tradition nationale, le halo émotif qui entoure pour lui ce mot.

Le Français et l'Anglais pourront tout au plus expliquer à l'Allemand quels sont les contenus qui font pour eux de la « civilisation » l'incarnation de leur conscience nationale ; mais si ce terme leur paraît parfaitement raisonnable et rationnel, il n'en découle pas moins d'un enchaînement spécifique de situations historiques, il est entouré d'une aura émotionnelle et traditionnelle difficile à définir, qui constitue cependant un élément intégrant de sa signification. Et la discussion s'égare si l'Allemand tente de démontrer au Français et à l'Anglais pourquoi la notion de « civilisation » représente pour lui une valeur, mais une valeur de second rang.

Les notions de ce genre (« culture » et « civilisation ») ressemblent un peu à ces mots qui surgissent parfois dans des groupes nettement délimités, famille ou secte, ou dans une « association », et qui sont chargés de sens pour les initiés mais qui ne disent pas grand-chose aux profanes. Elles sont l'aboutissement d'expériences communes. Elles se répandent et se transforment avec le groupe dont elles sont l'expression. C'est sa situation, son histoire qui se reflètent en elles. Elles resteront toujours pâles, elles manqueront toujours de vitalité aux yeux de ceux qui ne partagent pas ces expériences, dont le langage ne traduit pas la même tradition, la même situation.

Les sociétés ayant donné naissance aux termes de « culture » et de « civilisation » ne sont certes pas des sectes ou des familles, mais des peuples entiers, ou — au départ au moins — quelques couches déterminées de ces peuples. Mais on peut leur appliquer à plus d'un égard ce qui caractérise les mots spécifiques de petits groupes : ils émanent d'hommes et s'adressent en premier lieu à des hommes d'une même tradition et d'une même situation.

Les concepts mathématiques peuvent être séparés de la collectivité qui les utilise. Ainsi, on peut expliquer des triangles sans référence à des situations historiques. Mais cette règle ne s'applique pas à la « civilisation » ni à la « culture ».

Il se peut que des individus les aient formées à partir de la matière linguistique du groupe ou du moins chargées d'une signification particulière. Mais elles ont fait fortune. Elles se sont imposées. D'autres s'en sont emparé avec leur signification nouvelle, avec leur forme nouvelle, les ont ajustées dans leurs propos et dans leurs écrits. Elles ont fait l'objet d'échanges jusqu'à ce qu'elles soient devenues des instruments valables, capables d'exprimer l'expérience commune, la pensée commune. Ainsi, elles ont accédé au rang de « mots à la mode », de termes courants du langage d'une société déterminée. Il est donc évident qu'elles répondaient au besoin d'expression non d'un individu mais d'une collectivité : elles reflètent son histoire, qui revit en elles. Le particulier trouve dans cette survivance un mode possible de leur emploi. Il ne sait plus très bien pourquoi ces mots renferment telle signification ou telle limitation, pourquoi ils donnent lieu à telle nuance, à telle possibilité nouvelle. Il s'en sert, parce qu'il les prend pour des évidences, qu'il a appris depuis sa plus tendre enfance à considérer le monde dans la perspective de ces notions. Le processus de leur genèse sociale a pu être oublié depuis longtemps, une génération les transmet à la suivante sans que le processus de modification reste, dans sa totalité, présent à son esprit, et ils se maintiennent aussi longtemps que ce reflet des expériences et situations passées conserve une valeur d'actualité, une fonction dans l'existence actuelle de la société, que les générations se succédant sont capables d'identifier dans le sens des mots leurs propres expériences ; ils se meurent peu à peu quand ils n'évoquent plus aucune fonction, aucune expérience liée à la vie sociale du moment. Parfois, ils sommeillent simplement ou certains domaines en eux sommeillent, en attendant qu'une nouvelle situation sociale leur confère une nouvelle valeur d'actualité. On se souvient d'eux parce que tel élément de la situation actuelle de la société s'exprime dans le reflet d'une situation passée que ces mots ont conservé.

L'évolution des notions antithétiques « civilisation » et « culture »[2]

Il est évident que l'année 1919 et déjà les années précédentes ont ranimé l'aspect antithétique du concept allemand de « culture » qui avait entre autres pour fonction de s'opposer au concept de « civilisation » : cette évolution s'explique par le fait qu'on faisait la guerre à l'Allemagne au nom de cette même « civilisation » et que les Allcmands avaient besoin de retrouver confiance en eux-mêmes dans la nouvelle situation créée par le Traité de Versailles.

Mais il est tout aussi évident que les circonstances historiques telles qu'elles existaient dans l'Allemagne de l'après-guerre ont simplement insufflé une énergie nouvelle à une antithèse qui s'était concrétisée depuis longtemps, depuis le XVIIIe siècle, dans ces deux termes.

Il semblerait que ce fût Kant qui le premier ait traduit une certaine expérience et antithèse de *sa* société par des termes synonymes.

« Nous sommes, dit-il dans ses *Ideen zu einer allgemeinen Geschichte in weltbirgerlicher Absicht,* cultivés à un haut degré par l'art et les sciences, nous sommes civilisés à satiété pour exercer les politesses et convenances sociales... »

Il ajoute : « L'idée de la moralité fait partie de la culture. Mais une utilisation de cette idée qui ne viserait qu'à ce qui dans l'amour de l'honneur ressemble à la morale et à l'honorabilité extérieure est le propre de la seule civilisation. »

Malgré la ressemblance de cette description de l'antithèse au moment même de sa genèse avec la définition que nous en donnons aujourd'hui, son point de départ concret, les expériences et la situation auxquelles elles se rapportent, se distinguent — en dépit des liens historiques avec les expériences ayant donné lieu à son usage actuel — essentiellement, en cette fin du XVIIIe siècle, des nôtres.

L'antithèse se réfère ici, dans la bouche de la bourgeoisie allemande en formation, des intellectuels[3] de la classe moyenne, dont les visées sont en grande partie encore « cosmopolites », seulement d'une façon très vague et peut-être sous-jacente à une *opposition nationale.* Au premier plan se dresse l'expérience motivante d'une opposition dans le sein même de la société, opposition *sociale* qui renferme, il faut bien le dire, d'une manière étrange le germe de l'opposition contre les nations : c'est l'opposition entre la noblesse de cour et la couche cultivée de la classe moyenne s'exprimant en langue allemande, couche issue du milieu des « serviteurs de princes » et de la fonction publique dans son acception la plus large, parfois aussi de l'aristocratie terrienne.

Nous avons donc affaire à une couche écartée dans une large mesure de toute activité politique, dont la pensée ignore les catégories politiques et aborde encore avec hésitation les catégories nationales, couche qui tire son auto-justification d'abord de ses seules *réalisations* intellectuelles, scientifiques ou artistiques ; face à elle se dresse une couche supérieure qui, au sens où l'entendent les autres, n'« accomplit » rien mais place au centre de sa conscience de soi et de son auto-justification un *comportement* distingué et soucieux de distances. Et c'est là la couche que vise Kant quand il dit que nous sommes « civilisés à satiété pour exercer les politesses et les convenances sociales », quand il évoque « ce qui dans l'amour de l'honneur ressemble à la morale ».

En Allemagne c'est donc la polémique de l'intelligentsia de la classe moyenne contre les « bonnes manières » de la société de cour régnante qui a présidé à la formation de l'opposition conceptuelle entre « culture » et « civilisation ». Mais cette polémique est plus ancienne et plus profonde que son reflet dans ces deux notions.

De fait, elle débute déjà avant le milieu du XVIIIᵉ siècle, bien qu'elle n'apparaisse qu'en filigrane à travers les idées et d'une manière bien plus adoucie qu'après le milieu du siècle. L'article du *Zedlersche Universallexikon*[4] de 1736 intitulé « *Hof, Höflichkeit, Hofmann* » (cour, courtoisie, homme de cour) — qui est trop long pour être reproduit *in extenso* — en donne une bonne idée :

« La courtoisie, y lisons-nous, tire sans doute son nom de "cour" et de "vie à la cour". Les cours des grands seigneurs sont un lieu où tout le monde veut faire fortune. Le seul moyen d'y parvenir est de s'attirer la sympathie du prince et des nobles les plus haut placés de la cour. On se donne donc toutes les peines du monde pour se faire bien voir d'eux. Rien n'est plus efficace que de faire croire à l'autre qu'on est disposé à le servir en toute circonstance de toutes ses forces. Or, nous n'en sommes pas toujours capables, et nous ne le voulons pas toujours, et ceci souvent pour des raisons légitimes. C'est alors qu'intervient la courtoisie. Elle consiste à faire naître dans l'autre, par des attitudes *extérieures,* la certitude que nous le servirons de bonne grâce. Ainsi, nous gagnons sa confiance qui, imperceptiblement, engendre la sympathie qui le poussera irrésistiblement à nous faire du bien. Cet effet de la courtoisie est si général qu'il offre à ceux qui la possèdent un avantage appréciable. En réalité c'est l'habileté et la vertu qui devraient nous gagner l'estime des hommes. Mais combien sont peu nombreux ceux qui savent les reconnaître ! Et moins de gens encore les jugent dignes de quelque respect ! Les hommes trop portés aux choses extérieures se laissent impressionner par les choses qui frappent *les sens,* surtout quand certaines circonstances s'y ajoutent qui exercent un pouvoir étrange sur leur volonté. C'est exactement ce qui arrive à un homme courtois. »

Nous retrouvons ici sous une forme simpliste, dépourvue de toute interprétation philosophique, nettement orientée en fonction de certaines formations sociales, la même antithèse que Kant présente sous une forme affinée et approfondie en opposant *Kultur* à *Zivilisiertheit* (culture et civilisation), autrement dit, la « courtoisie » trompeuse et extérieure à la « vertu » authentique. Mais cette dernière, l'auteur ne l'évoque qu'en passant, en poussant un soupir de résignation. Dans la seconde moitié du siècle, le ton lentement change. L'auto-justification des classes moyennes par la vertu et l'érudition se précise et s'accentue, la polémique contre les attitudes extérieures et superficielles de la vie à la cour s'intensifie.

La perspective curiale en Allemagne

Il n'est pas facile de parler de l'Allemagne en général ; car chacun des nombreux États qui, à cette époque, composaient l'Allemagne, s'est signalé par certaines particularités. Cependant l'évolution a été déterminée par quelques-uns ; les autres ont suivi. Il y avait d'autre part des phénomènes universels dont on peut observer partout, avec plus ou moins de netteté, la trace.

Signalons d'abord le dépeuplement et l'épuisement économique du pays après la guerre de Trente Ans. En comparaison de la France et de l'Angleterre, l'Allemagne, et plus encore la bourgeoisie allemande, sont pauvres au XVIIe et au XVIIIe siècle ; le commerce, en particulier les échanges avec l'étranger, qui avaient atteint au XVIe siècle dans certaines régions d'Allemagne un haut niveau d'activité, est désorganisé, les immenses fortunes des grandes maisons de commerce sont dispersées, partie du fait du déplacement des voies commerciales par la découverte de nouveaux continents, partie par les effets directs de la guerre. Il ne reste guère que la petite bourgeoisie citadine aux horizons étroits qui vit essentiellement en subvenant aux besoins locaux.

On ne dispose pas de beaucoup d'argent pour les besoins de luxe tels que l'art et la littérature. Les cours imitent, si l'argent ne fait pas défaut, avec des moyens insuffisants, la vie à la cour de Louis XIV et on y parle français. L'allemand, la langue des couches moyennes et inférieures, est lourd et manque de souplesse. Leibniz, le seul philosophe de cour allemand, le seul grand Allemand dont la renommée se répand dans la vaste société de cour, parle et écrit en français ou en latin, rarement en allemand. Le problème linguistique, la question de savoir ce qu'on peut tirer de cette langue allemande engourdie, le préoccupe comme beaucoup d'autres.

A partir des cours princières, le français gagne les hautes couches de la bourgeoisie. Tous les « honettes gens », toutes les personnes de « considération » s'expriment en français. L'usage du français est la marque des classes supérieures.

« Rien n'est plus vulgaire que d'écrire des lettres en allemand », écrit en 1730 la fiancée de Gottsched à son fiancé[5].

Quand on parle allemand, le bon ton exige qu'on parsème son propos de mots français.

« Il y a quelques années, écrit en 1740 E. de Mauvillon dans ses *Lettres Françoises et Germaniques,* on ne disait pas quatre mots en allemand sans y ajouter deux mots de français. C'était "le bel usage"[6]. » Il s'étend longuement sur le caractère barbare de la langue allemande. « C'est sa nature, dit-il, d'être rude et barbare[7]. » Les Saxons, de leur côté, affirment « qu'on parle mieux l'allemand en Saxe qu'en aucun autre pays de l'Empire ». Les Autrichiens, les Bavarois, les Brandebourgeois, les Suisses en disent autant de leur parler. « Quelques savans, reprend Mauvillon, veulent établir des règles, mais il est difficile qu'une Nation, qui contient dans son sein tant de peuples indépendans les uns des autres, se soumette aux décisions d'un petit nombre de Savans. »

La même chose s'observe dans beaucoup de domaines : c'est à des groupes issus d'une petite couche impuissante d'intellectuels appartenant aux classes moyennes qu'incombent en Allemagne des tâches qu'assument en France et en Angleterre la cour et une couche supérieure d'aristocrates. Ce sont donc au départ des savants, des « serviteurs de princes » issus de la classe moyenne, qui s'efforcent de définir, au sein d'une intelligentsia nettement délimitée, ce qui est vraiment allemand et de réaliser de la sorte, au moins dans la sphère de l'esprit, une unité qui dans la sphère politique ne semble pas encore du domaine du possible. La notion de « culture » assume la même fonction.

A l'observateur imbu de la civilisation française qu'est Mauvillon, tout ce qu'il aperçoit en Allemagne lui apparaît de prime abord comme grossier et arriéré : ce qu'il dit de la langue, il l'applique aussi à la littérature allemande : « Milton, Boileau, Pope, Racine, Tasso, Molière, presque tous les poètes de premier ordre ont été traduits dans la plupart des langues européennes, mais vos poètes ne sont en général que des traducteurs. »

« Nommez-moi, ajoute-t-il, un Esprit créateur sur votre Parnasse, nommez-moi un Poëte allemand, qui ait tiré de son propre fond un Ouvrage de quelque réputation ; je vous en défie[8]. »

On pourrait objecter qu'il s'agit là de l'avis incompétent d'un Français mal informé. Mais en 1780, quarante ans après Mauvillon et neuf ans avant la Révolution française, à une époque où la France et l'Angleterre avaient surmonté quelques phases décisives de leur évolution culturelle et nationale, où les langues de ces deux pays occidentaux avaient déjà trouvé leur forme classique et rigide, Frédéric II de Prusse (dit le Grand) publie un texte intitulé *De la littérature allemande* ; l'auteur y dénonce le développement insuffisant de la littérature, il confirme le jugement de Mauvillon sur la langue allemande, il explique par quels moyens on pourrait, à son avis, remédier à ce lamentable état de choses.

« Je trouve, dit-il de la langue allemande, une langue à demi barbare, qui se divise en autant de dialectes différents que l'Allemagne contient de Provinces. Chaque cercle se persuade que son Patois est le meilleur. » Il décrit ensuite la décadence de la littérature allemande, stigmatise le pédantisme des savants allemands et les progrès insuffisants de la science allemande. Il est vrai qu'il discerne aussi les causes de cette situation : il évoque la paupérisation de l'Allemagne à la suite des guerres interminables, l'évolution défaillante du commerce et de la bourgeoisie.

« Ce n'est donc, précise-t-il, ni à l'esprit, ni au génie de la nation qu'il faut attribuer le peu de progrès que nous avons fait, mais nous ne devons nous en prendre qu'à une suite de conjonctures fâcheuses, à un enchaînement de guerres qui nous ont ruinés et appauvris autant d'hommes que d'argent*. »

Il parle du lent rétablissement de la prospérité : « Le tiers-état ne languit plus dans un

* Citations en français de Frédéric le Grand.

honteux avilissement. Les Pères fournissent à l'Étude de leurs enfants sans opérer. Voilà les prémices établies de l'heureuse révolution que nous attendons. » Et il prédit avec l'accroissement de la prospérité, l'épanouissement des arts et des sciences, ainsi que la naissance d'une civilisation qui assurera aux Allemands une place égale dans le concert des nations — c'est la « révolution heureuse » dont il parle — il se compare à Moïse qui voit poindre l'aurore d'un renouveau national mais qui ne vivra pas assez longtemps pour en être le témoin.

Cette vue des choses était-elle justifiée ?

Un an après la publication de ce texte, en 1781 parurent *Les Brigands* de Schiller, la *Critique de la raison pure* de Kant, suivis en 1787 du *Don Carlos* de Schiller et de l'*Iphigénie* de Goethe. Ce fut ensuite l'épanouissement de la littérature et de la philosophie allemandes que nous connaissons. Tout cela semble confirmer la prédiction de Frédéric II.

Or, cette floraison a été longuement préparée. Il n'a pas suffi de deux ou de trois ans pour donner à la langue allemande son pouvoir d'expression. En 1780, quand paraissait l'étude *De la littérature allemande*, l'allemand avait depuis longtemps cessé d'être ce « patois » à demi barbare que dénonce Frédéric II. Un grand nombre d'ouvrages avaient déjà vu le jour auxquels nous attribuons aujourd'hui, en rétrospective, une grande importance. Sept années plus tôt, on avait représenté *Götz von Berlichingen* de Goethe, *Werther* était écrit, Lessing avait publié la plupart de ses œuvres dramatiques et théoriques, entre autres *Laocoon* en 1766, la *Dramaturgie de Hambourg* en 1767. Lessing mourut en 1781, un an après la parution du texte de Frédéric II. Les œuvres de Klopstock avaient été créées bien plus tôt ; son *Messie* avait paru en 1748. Nous ne parlerons même pas des pièces de *Sturm und Drang* de Herder, d'un bon nombre de romans ayant bénéficié d'une grande diffusion et dont *Das Fräulein von Sternheim* (Mademoiselle de Sternheim) de Sophie de la Roche nous fournit un exemple. On avait assisté depuis longtemps à la formation, en Allemagne, d'une couche d'acheteurs, d'un public bourgeois friand de telles œuvres, couche, il faut bien le dire, encore relativement limitée. L'Allemagne avait été secouée par de grands bouleversements spirituels dont de nombreux écrits, articles, livres et drames portent la marque.

Frédéric II passe toutes ces choses sous silence. Il ne les voit pas, ou les juge peu importantes. La seule œuvre de la jeune génération qu'il mentionne, *Götz von Berlichingen*, est le produit le plus important de l'époque du

Sturm und Drang et de l'engouement pour Shakespeare qui s'était emparé de l'Allemagne. Il est typique que le roi classe la pièce parmi les « divertissements des basses couches » de la population.

« Pour vous convaincre du peu de goût qui jusqu'à nos jours règne en Allemagne, vous n'avez qu'à vous rendre aux spectacles publics. Vous y verrez représenter les abominables pièces de Shakespeare, traduites en notre langue et tout l'Auditoire se pâmer d'aise en entendant ces farces ridicules et dignes des Sauvages du Canada. Je les appelle telles parce qu'elles pèchent contre toutes les règles du Théâtre. Ces règles ne sont point d'arbitraires.

« Voilà des Crocheteurs et des Fossoyeurs qui paroissent et qui tiennent des propos dignes d'eux ; ensuite viennent des Princes et des Reines. Comment ce mélange bizarre de bassesses et de grandeur, de bouffonnerie et de tragique peut-il toucher et plaire ?

« On peut pardonner à Shakespeare ces écarts bizarres ; car la naissance des arts n'est jamais le point de leur maturité.

« Mais voilà encore un *Götz de Berlichingen* qui paroit sur la Scène, imitation destestable de ces mauvaises pièces angloises et le Parterre applaudit et demande avec enthousiasme la répétition de ces dégoûtantes plattitudes. »

Il continue : « ... Après vous avoir parlé des

basses Classes, il faut que j'en agisse avec la même franchise à l'égard des universités*. »

L'homme qui parle ainsi est le même qui, en ce temps, a fait plus peut-être pour le développement politique et économique de la Prusse et, d'une façon indirecte, pour le développement politique de l'Allemagne, qu'aucun de ses contemporains. Mais la tradition intellectuelle dans laquelle il a grandi est la tradition commune de toute la « bonne société » européenne, la tradition aristocratique de la société de cour pré-nationale. Il parle sa langue, le français. S'il juge la vie intellectuelle allemande, il lui applique les critères de son goût. Ses modèles déterminent ses jugements. Avant lui, d'autres hommes appartenant à la même société se sont exprimés sur Shakespeare comme lui. Voltaire, par exemple, émet dès 1730 dans son *Discours sur la Tragédie* qui sert d'introduction à son *Brutus* un avis similaire :

« Je ne prétends pas assurément approuver les irrégularités barbares dont elle (c'est-à-dire la tragédie *Jules César* de Shakespeare) est remplie. Il est seulement étonnant qu'il ne s'en trouve pas davantage dans un ouvrage composé dans un siècle d'ignorance par un homme qui

* Citations en français de Frédéric le Grand.

même ne savait pas le latin et qui n'eut de maître que son génie. »

L'opinion de Frédéric II sur Shakespeare reflète fidèlement ce qu'en pense, d'une manière schématique et standardisée, la couche dominante francophone en Europe. Il ne « copie pas », il ne « plagie pas », Voltaire ; ce qu'il exprime en toute sincérité, c'est son opinion personnelle. Il ne prend aucun plaisir aux bouffonneries « grossières », « non civilisées » de fossoyeurs et d'autres personnages de ce niveau, et bien moins encore quand elles se mêlent aux grands sentiments tragiques des princes et des rois. Sa sensibilité y recherche en vain des formes claires et concises, il s'agit à ses yeux de « divertissements des basses classes ». C'est bien ainsi qu'il faut interpréter ses propos ; ils ne sont ni plus ni moins individualisés que la langue qu'il parle : ils témoignent de son appartenance à une société déterminée. Le fait que sa politique fût prussienne, la tradition de ses goûts française, ou plus exactement absolutiste de cour, est moins paradoxal qu'il ne paraît aujourd'hui, dans la perspective de l'unité nationale qui est la nôtre. Il s'explique fort bien par la structure particulière d'une société de cour dont la stratification et les intérêts politiques étaient multiples, mais dont la stratification sociale en ordres, dont les goûts, le style, le langage étaient à peu de chose près les mêmes à travers toute l'Europe.

Les étrangetés de cette situation ont été la cause, pendant la jeunesse de Frédéric II, de conflits intérieurs, à l'époque où il prenait peu à peu conscience du fait que les intérêts du maître de la Prusse ne s'accordaient pas toujours avec sa vénération de la France et son attachement aux mœurs de la cour[10] ; elle a donné lieu pendant toute sa vie à un certain désaccord entre ce qu'il faisait comme souverain et ce qu'il écrivait et produisait comme homme et philosophe.

De même les sentiments des intellectuels bourgeois allemands à son égard sont-ils ambigus : ses succès militaires et politiques apportent à leur conscience nationale le réconfort qu'ils avaient longuement appelé de leurs vœux, et pour beaucoup d'entre eux il accède au rang de héros national. Mais son attitude en matière de langue et de goût telle qu'elle se manifeste dans son étude *De la littérature allemande* — et non seulement là — est exactement celle que l'intelligentsia allemande, du fait même qu'elle se veut *allemande,* ne cesse de combattre.

La situation se présentait à peu près de même dans la plupart des grands États allemands et dans beaucoup de petits. Les commandes étaient partout aux mains d'individus ou de cercles parlant français; c'étaient eux qui déterminaient la politique allemande; il y avait aussi, de l'autre côté de la barrière, une couche d'intellectuels s'exprimant en allemand, qui, à de rares exceptions près, n'exerçaient aucune influence sur les destinées politiques du pays; c'est de cette couche que sont issus les hommes qui valurent à l'Allemagne le titre de « pays des poètes et des penseurs ». Et ce sont eux qui ont donné aux notions de « formation » *(Bildung)* et de « culture » *(Kultur)* leur résonance et leur orientation spécifiquement allemandes.

La classe moyenne et la noblesse de cour en Allemagne

Ce serait une tâche à part, tâche particulièrement intéressante, de montrer par quel côté la tragédie classique française que Frédéric II oppose aux tragédies de Shakespeare et au *Götz* de Goethe reflète les dispositions d'âme et les idéaux d'une société de cour absolutiste. L'importance qu'elle attribue à la perfection formelle, signe distinctif de toute *society* authentique, le souci de contenir l'émotivité individuelle par la « raison », nécessité vitale pour tout homme de cour, la stricte observation des convenances et le renoncement à toute tournure vulgaire, marques spécifiques d'une certaine étape sur la voie de la « civilisation », tout cela, la tragédie classique nous en fournit le reflet le plus pur. C'est en effet un art qui jette le voile du silence sur tout ce que la vie à la cour oblige à cacher, sur tous les sentiments et toutes les attitudes vulgaires, sur tout ce qu'« on » n'a jamais le droit de dire en paroles.

Les hommes des classes inférieures qui, pour la sensibilité de cette couche, sont aussi des hommes d'une basse mentalité, n'ont pas leur place dans la tragédie classique. Sa forme est limpide, transparente, bien réglée, comme l'étiquette et la vie à la cour en général[11]. Elle met en scène des hommes de cour comme ils se voient et comme le prince aime les voir. Tous ceux qui évoluaient dans le cadre de cette convention sociale, qu'ils fussent anglais, prussiens ou français, étaient obligés de jouer le jeu : Dryden, qui est à côté de Pope le poète courtois anglais le plus connu, s'exprime, dans son épilogue de *La Conquête de Grenade,* sur l'ancien drame anglais en des termes rappelant ceux de Frédéric II et de Voltaire :

« Un siècle aussi raffiné et cultivé *(gebildetes)*, qui avait pour modèle un roi galant et une cour si magnifique et si spirituelle, ne pouvait plus admirer sans réserve la grossièreté brutale des anciens tragiques anglais. »

Cette appréciation atteste très clairement combien un Dryden était tributaire de la situation sociale de son temps. Frédéric II de Prusse s'élève lui aussi contre la prétention, qu'il juge d'un goût détestable, de mêler sur la scène la « grandeur tragique des Princes et des Reines » à la « bassesse des crocheteurs et des fossoyeurs ». Comment aurait-il pu comprendre et approuver une production dramatique et littéraire au centre de laquelle se trouve la lutte contre les distinctions d'ordres, production visant à montrer que les souffrances des hommes au bas de l'échelle sociale ont leur grandeur tragique au même titre que celles des princes et des rois, que celle de l'aristocratie de cour.

Peu à peu, les milieux bourgeois s'enrichissent aussi en Allemagne. Le roi de Prusse s'en rend compte et y voit la promesse d'un éveil des arts et des sciences, d'une « révolution heureuse ». Mais cette bourgeoisie se sert d'un autre langage que le roi. Les idéaux et les goûts de la jeunesse bourgeoise, les modèles dont elle s'inspire, sont presque aux antipodes des siens.

« Nous étions à Strasbourg, écrit Goethe dans *Dichtung und Wahrheit* (livre IX) à la frontière française, libérés directement de l'esprit des Français. Nous avons trouvé bien trop précise et *aristocratique* leur manière de vivre, nous avons trouvé leur poésie froide, leur critique destructive, leur philosophie abstruse et insuffisante. »

C'est dans de telles dispositions d'esprit qu'il écrit son *Götz*. Comment Frédéric II, l'homme de l'absolutisme éclairé et rationaliste aux goûts aristocratiques de cour, aurait-il pu le comprendre ? Comment aurait-il pu apprécier les drames et les théories d'un Lessing qui vantait en Shakespeare ce que Frédéric II blâmait, à savoir que ses pièces attiraient le peuple plus que ne le faisaient les classiques français ?

« Si l'on avait traduit les chefs-d'œuvre de Shakespeare... à l'intention de nos Allemands, je suis certain qu'ils en auraient tiré un meilleur profit que de la connaissance de Corneille et de Racine. Et tout d'abord le peuple y aurait trouvé plus de goût qu'il n'a trouvé aux seconds... »

Ces mots sont consignés dans les *Briefe die neueste Literatur betreffend* (XVIIe) de Lessing ; Lessing écrit des « drames bourgeois », destinés à satisfaire le sentiment de sa valeur qui commence à s'éveiller dans la classe bourgeoise, parce qu'il estime que le privilège de la grandeur n'est pas réservé aux hommes de la cour. « La nature, dit-il, ignore cette distinction haïssable que les hommes ont établie entre eux. Elle dispense les qualités de cœur sans favoriser les nobles et les riches[12]. »

Le mouvement littéraire de la seconde moitié

du XVIIIe siècle est le fait d'une couche sociale animée d'un idéal de goût qui se situe aux antipodes des tendances sociales et artistiques de Frédéric II. C'est pourquoi il ne se sent pas concerné, c'est pourquoi il ignore les forces vivantes qui agissent autour de lui, c'est pourquoi il condamne ce qui dépasse son horizon comme *Götz*.

Le mouvement littéraire allemand, dont les principaux représentants sont Klopstock, Herder, Lessing, les poètes du *Sturm und Drang*, de la « sensibilité », du *Hainbund* (association de poètes à Göttingen), le jeune Goethe, le jeune Schiller et beaucoup d'autres, n'est certainement pas un mouvement politique. Jusqu'en 1789 on ne trouve en Allemagne, si l'on fait abstraction de quelques cas strictement individuels, aucune initiative visant à une action politique concrète, rien qui ressemble à une formation de parti politique ou à un programme politique. On trouve surtout parmi les fonctionnaires prussiens des propositions et même les débuts de réformes allant dans le sens de l'absolutisme éclairé. On trouve chez les philosophes comme Kant l'exposé de principes généraux s'opposant parfois violemment aux idées et aux systèmes établis. On trouve dans les écrits des jeunes poètes du *Hainbund* des manifestations de haine farouche à l'encontre des princes, des cours, des aristocrates, des gallomanes, de l'immoralisme des cours, du rationalisme cérébral. La jeunesse bourgeoise est emportée par le rêve vague et indécis d'une Allemagne unifiée et rénovée, d'une vie « naturelle » contrastant avec le « manque de naturel » des conventions sociales des cours princières, elle puise un immense plaisir dans sa propre exaltation sentimentale.

Mais tout cela n'est que pensées et sentiments, rien qui puisse aboutir d'une façon ou d'une autre à une action politique concrète. La structure absolutiste et particulariste de cette société répartie sur d'innombrables petits États ne s'y prêtait pas. La classe moyenne s'enivre du sentiment de sa valeur, mais la structure des États absolutistes n'offre pas la moindre faille pour une action. Les éléments bourgeois sont tenus à l'écart de toute entreprise politique. Ils ont à la rigueur le droit de produire des « poèmes et des pensées » sur l'indépendance, mais il leur est interdit de se lancer dans l'action indépendante. Dans un tel contexte social l'activité littéraire fait figure d'exutoire. Elle permet aux sentiments d'autonomie nouvellement acquis et aux velléités contestataires qu'inspire la situation de s'exprimer d'une façon plus ou moins ouverte. Dans la sphère littéraire qui a été, à un certain degré, libérée de l'emprise des États absolutistes, la génération montante des classes moyennes opposait dans sa langue, la langue allemande, ses rêves nouveaux, ses idéaux contestataires aux idéaux de cour.

Le mouvement littéraire de la seconde moitié du XVIIIe siècle n'est donc pas un mouvement *politique*, mais une tentative de transformation sociale dans l'acception la plus noble du terme. Il n'est pas non plus une manifestation de la bourgeoisie dans son ensemble. Il est la manifestation d'une sorte d'avant-garde de la classe moyenne, que nous avons désignée par le terme d'« intelligentsia bourgeoise » ; celle-ci est composée d'individus dispersés à travers tout le pays ; ce qui les unit est une situation et une origine sociale semblables, un idéal de réforme commun. Les hommes de cette avant-garde ne se rencontrent qu'occasionnellement dans telle ou telle localité, où ils forment des cénacles ; mais le plus souvent, ils vivent seuls, dans une sorte d'isolement, élite aux yeux du peuple, personnages d'un rang inférieur aux yeux de l'aristocratie de cour.

Le rapport entre la situation sociale et les idéaux qu'ils invoquent, l'amour de la nature et de la liberté, l'extase solitaire, l'abandon à l'exaltation du cœur que n'atténue pas la « froide raison » apparaissent sans cesse dans leurs œuvres. *Les Souffrances du jeune Werther*, dont le succès prouve combien ces sensations sont typiques d'une certaine génération, en font parfois état en termes non équivoques.

Nous lisons à la date du 24 décembre 1771 : « Et cette brillante misère, et cet ennui, qui règnent dans l'odieuse foule que l'on voit se presser ici ! Et cette rage de préséance qui les tient en éveil, qui leur fait guetter le moyen de gagner un pas sur le voisin ! »

A la date du 8 janvier : « Quels êtres que ceux dont l'âme tout entière n'est occupée que du cérémonial ; dont les rêves et les efforts durant des années ne visent que les moyens de gagner un siège vers le haut bout de la table... »

A la date du 15 mars : « Je grince des dents. Par le diable !... Je dîne chez le comte ; après le dîner nous nous promenons de long en large dans le grand parc ; ... ainsi approche l'heure de l'assemblée. Dieu sait si je pense à rien ! »... Il reste, la compagnie de la haute noblesse arrive. Les femmes chuchotent, les hommes tiennent des conciliabules. Pour finir, le comte le prie, quelque peu embarrassé, de partir. La haute noblesse se sent offensée de voir mêlé à elle un bourgeois.

« La compagnie, à ce que je vois, expliqua le comte, est mécontente de votre présence... Sans bruit, je me séparai de la très noble compagnie, montai en cabriolet et partis pour M... : du haut de la colline j'assistai au coucher du soleil tout en lisant dans mon Homère le chant magnifique où Ulysse reçoit l'hospitalité de l'excellent gardien des pourceaux... »

Légèreté, cérémonial, conversation superficielle d'un côté, intériorisation, profondeur du sentiment, lecture, formation de la personnalité individuelle de l'autre, c'est la même opposition, appliquée à une situation sociale déterminée, que Kant exprime dans son antithèse « culture » et « civilisation ».

Goethe montre dans son *Werther,* avec une clarté parfois remarquable, les deux fronts entre lesquels cette couche sociale évolue :

« Ce dont surtout j'enrage, ce sont les odieuses conditions bourgeoises. Assurément, je sais tout comme un autre combien nécessaire est la différence des conditions, combien d'avantages elle me procure à moi-même ; mais je ne voudrais point la trouver sur ma route... »

Rien n'est plus caractéristique de la conscience bourgeoise que ce texte : elle voudrait maintenir les barrières vers le bas et voir s'ouvrir les portes vers le haut. Comme les classes moyennes en général, celle-ci aussi se trouve enfermée dans une étrange prison : elle ne peut songer à abattre les murs qui lui interdisent l'accès des hautes classes sociales de peur de voir s'écrouler en même temps les barrières la séparant du bas peuple.

L'évolution dans son ensemble avait un caractère ascensionnel : l'arrière grand-père de

Goethe avait été maréchal-ferrant [13], son grand-père tailleur, puis aubergiste de manières courtoises, recevant une clientèle de cour, homme déjà fortuné ; le père du poète enfin était conseiller impérial, riche bourgeois nanti de rentes et de titres, sa mère la fille d'une famille patricienne de Francfort.

Le père de Schiller était chirurgien, plus tard médecin militaire mal payé ; son grand-père, son arrière-grand-père et le père de celui-ci avaient été boulangers. Schubart, Burger, Winckelmann, Herder, Kant, Friedrich August Wolff, Fichte et beaucoup d'autres représentants du mouvement étaient issus, de près ou de loin, de milieux sociaux analogues : leurs ancêtres avaient appartenu à la classe des artisans ou à la fonction publique moyenne.

Il y avait en France un mouvement du même genre : en effet, une transformation sociale assez semblable y donna aussi naissance à une floraison d'hommes remarquables. Voltaire et Diderot en faisaient partie. Mais en France tous ces talents étaient accueillis et assimilés sans difficultés par la vaste société de la cour, par la *society* parisienne. En Allemagne les fils talentueux et doués d'esprit issus de la classe moyenne montante étaient pour la plupart tenus à l'écart de la vie des cours et de l'aristocratie. Rares sont ceux qui, comme Goethe, réussirent à se hisser, en quelque sorte, dans ce milieu.

Indépendamment du fait que la cour de Saxe-Weimar était petite et relativement pauvre, Goethe faisait figure d'exception. Dans l'ensemble les murs séparant les intellectuels d'origine bourgeoise des couches aristocratiques dominantes étaient plus hauts en Allemagne que dans les autres pays occidentaux. Le Français Mauvillon décrit ainsi, en 1740, ce qui l'avait frappé en Allemagne[14] : « On remarque chez le Gentilhomme Allemand cet air rogue et fier qui va jusqu'à l'humeur brusque. Enflés de leurs seize quartiers, qu'ils sont toujours prêts à prouver, ils méprisent tout ce qui n'a pas la même faculté*. » Il est rare, ajoute-t-il, qu'ils concluent des mésalliances. Mais il est tout aussi rare de les voir aborder sur un ton simple et aimable des roturiers. S'ils évitent déjà le mariage avec eux, ils se sentent encore moins poussés à chercher leur compagnie, quels que soient par ailleurs leurs mérites.

Cette séparation sociale particulièrement prononcée entre l'aristocratie et la bourgeoisie, qu'attestent de nombreux témoignages, était pour une part importante due à l'étroitesse des ressources et à la pauvreté relative de l'une et de l'autre ; la situation économique poussait la noblesse à se cantonner dans un isolement total et à tenir les quartiers pour l'instrument essen-

* En français dans le texte.

tiel du maintien de ses privilèges ; elle barrait aux bourgeois allemands la voie principale par laquelle s'opérait dans les pays occidentaux l'accession d'éléments bourgeois au mariage et au commerce social avec la noblesse, à savoir la voie de l'argent.

Mais quelles que fussent les causes, en partie sans doute fort complexes, de cette séparation particulièrement prononcée, le degré infime d'intégration des modèles et « valeurs d'être » aristocratiques de cour aux modèles et valeurs d'efficacité bourgeois qui en a résulté a déterminé pour de longues périodes ce qui nous apparaît aujourd'hui comme le caractère national allemand. C'est lui qui est responsable du fait qu'un des courants principaux de la langue allemande, la langue des gens cultivés, que presque toute la tradition intellectuelle récente telle qu'elle s'est fixée dans la littérature allemande a reçu ses impulsions décisives et son caractère propre d'une couche d'intellectuels bourgeois reflétant d'une manière bien plus pure et plus spécifique la classe moyenne que leurs homologues français, tandis que la couche intellectuelle anglaise semble occuper, en quelque sorte, une position moyenne entre l'intelligentsia française et l'allemande.

Ici encore, l'évolution allemande est caractérisée par le geste de l'isolement, par l'accentuation du spécifique et du distinctif que nous avons déjà signalés en comparant la notion allemande de « culture » à la notion occidentale de « civilisation ».

Quand on compare la France à l'Allemagne, on constate que les visées expansionnistes de la première ne se bornent nullement au plan extérieur. L'histoire récente de la France révèle souvent un mouvement analogue vers l'intérieur ; une importance particulière revient dans ce contexte à la diffusion des manières aristocratiques de cour, à la tendance de l'aristocratie de cour à s'assimiler des éléments d'autres couches sociales, à les « coloniser » en quelque sorte. La fierté d'ordre de l'aristocratie française est toujours considérable, on attribue toujours une grande importance aux différences d'ordres. Mais les murs qui les entourent comportent plus de brèches, l'ouverture et l'assimilation d'autres groupes y tiennent un rôle plus important qu'en Allemagne.

La plus grande expansion de l'Empire allemand se situe encore à l'époque du Moyen Age. Puis, l'Empire se rétrécit de plus en plus. Les territoires allemands sont exposés, dès avant la Guerre de Trente Ans et d'une manière plus marquée encore après, à une pression considérable qui s'exerce sur toutes les frontières extérieures. Par conséquent, les différents groupes sociaux mènent aussi à l'intérieur du pays une lutte plus âpre pour maintenir leurs chances déjà limitées, pour se retrancher par rapport aux autres groupes, que dans les pays occidentaux expansionnistes. L'isolement relativement plus marqué d'une partie importante de la noblesse par rapport aux couches sociales moyennes n'a pas moins entravé que le morcellement du territoire allemand en une multitude d'États souverains la formation d'une *society* centralisée, unifiée, assumant la fonction d'un modèle à imiter ; dans les autres pays, la *society* ainsi définie a au moins servi d'étape décisive dans la formation de la nation, elle a — à certaines époques déterminées — imprimé sa marque à la langue, aux arts, aux structures émotionnelles, aux manières et convenances.

Exemples littéraires des rapports entre intellectuels bourgeois et hommes de cour en Allemagne

Les ouvrages bourgeois publiés après 1750, c'est-à-dire à une époque où la classe moyenne s'achemine aussi en Allemagne vers une certaine prospérité et prend conscience de ses valeurs propres, et dont le succès auprès du grand public est manifeste, attestent à quel point cette différence est ressentie. Ils prouvent en même temps qu'aux différences structurelles et existentielles entre les deux couches répondaient des différences structurelles dans la manière d'être, de sentir, dans les aspirations et les concepts moraux ; ils illustrent — dans une perspective nécessairement unilatérale — la manière dont on percevait ces différences dans le camp bourgeois.

Prenons pour illustrer notre propos le roman bien connu de Sophie de la Roche *Das Fräulein von Sternheim*[15] qui a fait de son auteur une des femmes les plus célèbres de son temps. « Elle représente tout mon idéal de la femme, écrit après la lecture de *Sternheim* Caroline Flachsland à Herder, elle est douce, tendre, bienfaisante, fière, vertueuse, trompée. J'ai passé des heures délicieuses, merveilleuses à lire ce livre. Ah, quelle distance me sépare encore de mon idéal, de moi-même[16] ! »

L'attitude paradoxale de Caroline Flachsland qui, à l'exemple de beaucoup de femmes situées sur une strate sociale analogue, aime sa propre douleur, et qui fait figurer parmi les traits de l'héroïne idéale, à laquelle elle voudrait ressembler, outre la bienfaisance, la fierté et la tendresse, sa condition de femme trompée, cette attitude est très caractéristique de l'émotivité des intellectuels bourgeois et plus encore des femmes à l'époque de la « sensibilité ». L'héroïne bourgeoise est trompée par l'aristocrate, l'homme de la cour. La mise en garde contre le « séducteur » d'un rang social supérieur, la peur qu'il inspire parce que la discrimination sociale ne lui permet pas d'épouser une jeune bourgeoise, le désir secret de le voir arriver, l'idée tentante de s'introduire ainsi dans un milieu fermé et dangereux, la compassion et l'identification avec la jeune fille délaissée, tout cela nous fournit un exemple de l'ambivalence spécifique où se débattait, dans une étroite prison, la vie affective de la classe moyenne — et non seulement des femmes — dans ses rapports avec l'aristocratie. *Das Fräulein von Sternheim* constitue, à cet égard, le pendant féminin du *Werther*. Les deux romans, les deux personnages traduisent la complexité spécifique de leur couche sociale : elle s'exprime par le sentimentalisme, la sensibilité et des états affectifs similaires.

Le thème du roman : une exquise jeune fille issue de la petite noblesse campagnarde d'origine bourgeoise arrive à la cour du Prince. Celui-ci, aristocrate de vieille souche et son parent du côté maternel, la désire pour maîtresse. Acculée, la jeune fille cherche refuge auprès du « méchant » du roman, d'un lord anglais vivant à la cour, dont le comportement et le langage correspondent exactement à l'idée que beaucoup de milieux bourgeois aiment à se faire du « séducteur aristocratique », du « satan incarné » dont le comique réside précisément dans le fait qu'il présente les reproches de la classe moyenne contre les personnes de son type comme émanant de lui. Mais la vertu de la jeune héroïne résiste à ses avances : son intégrité morale, qui compense l'infériorité de sa condition sociale, l'emporte, et elle meurt.

Voici comment s'exprime l'héroïne, Mademoiselle von Sternheim, fille d'un colonel anobli :

« De penser que le langage de la cour, l'esprit de la mode étouffent les mouvements les plus délicats d'un cœur doué de bonté naturelle, que la peur de se voir railler par les élégants et les élégantes incite à rire avec eux et à les approuver, me remplit de mépris et de compassion. La soif du plaisir, d'une nouvelle parure, d'une robe, d'un meuble à admirer, d'un nouveau mets préjudiciable à la santé — oh mon Émilie, mon âme s'effraie, s'écœure... Je ne voudrais pas parler de cette ambition trompeuse qui trame tant de basses intrigues, qui s'abaisse devant le vice comblé, qui méprise la vertu et le mérite, qui, insensible, rend malheureux[17]. »

« Je suis convaincue, ma tante, dit-elle après avoir passé quelques journées à la cour[18], que la vie à la cour ne convient pas à mon caractère. Mes goûts, mes penchants s'en écartent en toutes choses. Et je confesse à ma gracieuse tante que j'aurais plus de plaisir à la quitter que j'en ai eu à la trouver. »

« Très chère Sophie, lui répond la tante, tu es une fille pleine de charme, mais notre vieux pasteur t'a inculqué une foule d'idées pédantes. Tâche de t'en affranchir un peu. »

Ailleurs, la jeune héroïne écrit :

« Il y a peu, mon amour de l'Allemagne m'a fait participer à une conversation au cours de laquelle j'ai tenté de défendre les mérites de ma patrie, et j'y ai apporté un beau zèle ; ma tante me disait plus tard que je m'étais comportée comme la petite-fille d'un professeur... Ce reproche m'a agacée. C'était une insulte aux cendres de mon père et de mon grand-père. »

Le pasteur et le professeur, voilà en effet les deux représentants les plus importants de cette couche de fonctionnaires, issus des classes moyennes, qui a contribué pour une large part à la mise au point et à la diffusion de cet allemand de formation récente dont se servaient les intellectuels. Cet exemple montre aussi très clairement que la noblesse des petites cours princières considérait le sentiment national encore mal défini et orienté en fonction des valeurs purement intellectuelles et apolitiques comme une attitude typiquement *bourgeoise.* Mais la mise en vedette de ces deux personnages du pasteur et du professeur indique aussi le lieu social où se formait et d'où rayonnait la « culture » de la classe moyenne : l'université. C'est à partir de l'université que les générations toujours renouvelées de professeurs, d'ecclésiastiques, de fonctionnaires moyens diffusaient dans le pays un système d'idées bien déterminé et des idéaux précis. L'université allemande a été en quelque sorte le centre de l'opposition bourgeoise à la cour.

Dans l'imagination de la classe moyenne, le malfaiteur de cour[19] se présente tel que le stigmatise par exemple le pasteur du haut de sa chaire :

« Tu sais que je n'ai jamais permis à l'amour de régner sur autre chose que sur mes sens dont il est le plaisir le plus subtil et le plus vif... Toutes les catégories de beauté se sont livrées à moi... Je m'en suis lassé... Libre aux moralistes de gloser sur les mailles et lacets où se sont prises la vertu, et la fierté, la sagesse ou la raison, la coquetterie et même la piété des femmes... L'Amour s'est ri de ma vanité. D'un coin reculé de la campagne, il a fait venir auprès de moi la fille d'un colonel dont la figure, l'esprit et le caractère sont si aimables que... »

Vingt-cinq ans plus tard, ce sont des antithèses de ce genre, des idéaux et problèmes analogues, qui assurent le succès d'un autre livre. En effet, en 1796 paraît dans les *Horen* de Schiller *Agnes von Lilien*[20] par Caroline von Wolzogen. Dans ce roman, une mère issue de la haute noblesse, que des motifs mystérieux obligent à élever son enfant hors des milieux de la cour, déclare :

« Je serais tentée de remercier la Providence qui m'a forcée à t'éloigner des cercles qui m'ont rendue malheureuse. Une éducation sérieuse et ferme de l'esprit est rarement possible dans le sillage du grand monde. Tu serais peut-être devenue une marionnette soumise à la volonté changeante de l'opinion publique. »

Quant à l'héroïne elle dit d'elle-même[21] :

« Je connaissais mal la vie conventionnelle et le langage des hommes du monde. La simplicité de mes principes voyait des paradoxes là où l'esprit rendu souple par l'habitude s'adapte sans peine. Ma nature m'inclinait, avec l'évidence de la succession des jours, à plaindre la victime et à détester le trompeur, à préférer la vertu à l'honneur, l'honneur au profit personnel. Dans le jugement de cette société, je voyais renversées toutes ces notions. »

Puis elle nous brosse le tableau du prince imbu de civilisation française[22] :

« Le prince, qui avait entre soixante et soixante-dix ans, s'imposait à lui-même et aux autres la pénible et rigide étiquette “vieille France” que les fils des princes allemands avaient apprise à la cour du roi de France et transplantée, sous une forme quelque peu simplifiée, dans leur propre pays. L'âge et l'habitude aidant, le prince avait appris à se mouvoir presque avec naturel sous la lourde cuirasse de ce cérémonial. Il usait à l'égard des femmes de la courtoisie exquise et élaborée de l'époque chevaleresque, ce qui lui donnait aux yeux de celles-ci une apparence plaisante, mais il était insupportable quand il quittait le carcan des "bonnes manières". Ses enfants... ne voyaient dans le père que le despote.

« Les mœurs caricaturales des courtisans me paraissaient parfois ridicules, parfois déplorables. Qu'ils fussent capables, à l'arrivée de leur Seigneur, de transformer le respect de leur cœur en mouvements des bras et des jambes, qu'un regard gracieux ou courroucé pût traverser leurs corps comme une décharge électrique... que leur opinion se pliât aux derniers avis des lèvres princières, voilà qui me semblait incompréhensible ! J'avais l'impression d'assister à un guignol. »

La littérature allemande de la seconde moitié du XVIIIe siècle abonde en contrastes de ce genre : elle met volontiers en scène la politesse, la souplesse, les bonnes manières s'opposant à la culture de l'esprit, à l'habitude de préférer la vertu aux honneurs. A une date relativement récente, le 23 octobre 1828, Eckermann dit à Goethe : « Une formation aussi approfondie que celle dont semble avoir bénéficié le grand-duc est plutôt rare chez des personnes de rang princier. » « Très rare, réplique Goethe, il en existe beaucoup qui sont bien capables de parler habilement de ceci ou de cela, mais ils n'ont rien approfondi et explorent seulement la surface. Et cela n'a rien d'étonnant quand on songe aux distractions et aux dissipations épouvantables qu'entraîne la vie à la cour. »

Goethe emploie parfois dans ce contexte le terme de « culture ».

« Les gens, dit-il, qui m'entouraient n'avaient pas les moindres notions scientifiques. C'étaient des hommes de cour allemands, et cette classe était complètement dépourvue de "culture". »

Knigge, pour sa part, affirme textuellement : « Dans quel pays le corps des hommes de cour a-t-il formé autant qu'ici (i.e. en Allemagne) une espèce à part ? »

Toutes ces remarques reflètent une situation sociale bien déterminée. C'est la même situation qui transparaît dans l'opposition entre « culture » et « civilisation » telle qu'elle se dégage de la définition de Kant. Mais même si l'on fait abstraction de ces notions, on constate que cette phase et les expériences auxquelles elle a donné lieu se sont profondément inscrites dans la tradition allemande. Ce qui s'exprime avant toute autre chose dans le concept de « culture », dans l'opposition entre profondeur et superficialité, dans beaucoup d'idées apparentées, c'est la conscience d'une couche bourgeoise d'intellectuels. Il s'agit d'une couche relativement mince qui, répartie sur toute l'étendue du territoire national, s'est individualisée dans une large mesure et sous une forme spécifique. Elle ne constitue nullement, à l'exemple de la société aristocratique, un cercle fermé, une *society*. Elle se compose essentiellement de fonctionnaires, de « serviteurs de l'État » au sens le plus large du mot, d'hommes qui tirent leurs ressources directement ou indirectement des cours sans faire partie eux-mêmes, à quelques rares exceptions près, de la société de cour, de la « bonne société », de la couche supérieure d'aristocrates. Il s'agit donc d'une intelligentsia sans hinterland bourgeois de quelque importance. La bourgeoisie commerçante qui aurait pu servir de public à ceux qui tenaient la plume, était relativement peu développée au XVIIe siècle dans la plupart des États allemands. Son accession à la prospérité ne faisait que commencer. Aussi, la bourgeoisie intellectuelle allemande de cette époque manquait-elle un peu d'assises. Elle se réfugiait dans le domaine de l'esprit et du livre et s'enorgueillissait de ses réalisations scientifiques et artistiques. Elle n'a guère l'occasion de se lancer dans l'activité politique ni de se donner des buts politiques. Étant donné son genre de vie et sa structure sociale, les problèmes d'ordre commercial et économique ne l'occupaient qu'à titre marginal. Le commerce, les transports et l'industrie étaient relativement peu développés : leur épanouissement était mieux garanti par la protection et l'encouragement que leur prodiguait la politique mercantiliste des princes que par l'affranchissement des contraintes que celle-ci leur imposait. Le sentiment de fierté et d'autosatisfaction qui marquait les milieux allemands cultivés en ce XVIIIe siècle se fondait sur des valeurs situées au-delà de l'économie et de la politique ; il s'appuyait sur ce qu'on appelle en allemand, pour cette raison même, *das rein Geistige* (le spirituel), à savoir le domaine du livre, de la science, de la religion, de l'art, de la philosophie, sur l'enrichissement spirituel et intellectuel, sur la « culture » de la personnalité individuelle. C'est ce qui explique que les mots d'ordre traduisant la prise de conscience des intellectuels allemands tels que « formation » *(Bildung)* ou « culture » *(Kultur)* tendent si fortement à tracer une ligne de partage nette entre les deux domaines, le domaine « spirituel », porteur de valeurs authentiques, et le domaine politique, économique, social ; ces mots d'ordre se distinguaient radicalement de ceux de la bourgeoisie montante en France et en Angleterre. La destinée particulière de la bourgeoisie allemande, son impuissance politique prolongée, l'unification tardive de la nation, tout cela n'a cessé de lui imprimer une direction déterminée, de renforcer les concepts et idéaux ainsi fixés. Ceux-ci tenaient leur orientation de cette couche d'intellectuels allemands assez particulière, sans hinterland social de quelque importance, qui a été la première formation bourgeoise allemande à prendre conscience de son caractère typiquement bourgeois, à élaborer des idéaux spécifiques des classes moyennes ainsi qu'un ensemble de notions précises dirigées contre l'aristocratie de cour dominante.

C'est cette situation qui explique aussi ce qui, aux yeux de cette couche, méritait d'être combattu, ce qui, dans la couche dominante, s'opposait à son idéal de formation et de culture. L'attaque visait rarement, de manière hésitante et avec une sorte de résignation, les privilèges politiques et sociaux de l'aristocratie de cour : elle n'avait en vue que son comportement humain.

Les *Conversations de Goethe avec Eckermann* contiennent une description très significative des différences structurelles qui distinguaient la couche intellectuelle allemande de son pendant français : Ampère est allé à Weimar. Goethe ne le connaissait pas personnellement. Mais il avait fait souvent son éloge devant Eckermann. A la surprise générale, l'archicélèbre M. Ampère se présentait sous les traits « d'un jeune homme plein de vitalité entre vingt et trente ans ». Eckermann fait part de son étonnement à Goethe qui lui répond (jeudi 3 mai 1827) :

« Les facilités vous ont fait défaut, dans votre campagne, et nous autres, en Allemagne centrale, avons dû payer cher notre peu de connaissances. Car nous menons au fond une vie isolée et misérable ! Du peuple proprement dit nous vient peu de culture, et nos talents et têtes intelligentes sont dispersés à travers toute l'Allemagne. L'un est à Vienne, l'autre à Berlin, un autre encore à Königsberg, un autre à Bonn ou à Düsseldorf, cinquante à cent milles séparant les uns des autres, si bien que le contact personnel et l'échange personnel de pensées sont choses fort rares. Ce qu'elles nous apporteraient, je le sens quand des hommes comme Alexander von Humboldt passent par ici et me font gagner, en une seule journée, là où je cherche et où j'ai besoin de savoir, ce que sur mon chemin solitaire je n'aurais pas trouvé en une année.

« Or, imaginez une ville comme Paris où les esprits les plus remarquables du royaume tout entier sont réunis, où ils s'instruisent et s'enrichissent dans la fréquentation, la lutte et la compétition de tous les jours, où les meilleurs produits de tous les domaines de la nature et de l'art, de la terre entière, s'offrent à la méditation quotidienne; imaginez cette métropole, où chaque promenade sur un pont ou une place évoque un grand passé. Et, ce qui plus est, n'imaginez pas le Paris d'une époque terne et inculte, mais le Paris du XIXe siècle, où depuis trois générations des hommes comme Molière, Voltaire, Diderot et d'autres ont mis en circulation une somme d'esprit comme on n'en a jamais vu réuni à la fois en un seul endroit de la terre, et vous comprendrez qu'un homme talentueux comme Ampère, qui a grandi au milieu d'une telle plénitude, peut être quelqu'un en sa vingt-quatrième année. »

Un peu plus loin, Goethe dit en parlant de Mérimée :

« Qu'en Allemagne personne ne s'avise de produire à un si jeune âge une œuvre d'une telle maturité ! On ne saurait en rendre responsable telle ou telle personne en particulier, mais la situation culturelle de la nation et les grandes difficultés que nous éprouvons tous à avancer sur notre route solitaire. »

De tels propos qui, dans le cadre de ces quelques réflexions liminaires, font office de référence et d'indication, illustrent à titre rétrospectif la relation entre le déchirement politique de l'Allemagne d'une part, la structure spécifique de l'intelligentsia allemande, de son comportement humain et de sa mentalité, de l'autre. En France, les intellectuels se rassemblent en un seul lieu ; ce qui les unit, c'est la fréquentation d'une « bonne société » plus ou moins homogène, plus ou moins centralisée ; en Allemagne, qui compte beaucoup de capitales relativement peu importantes, il n'y a pas de « bonne société » centralisée et homogène. Les intellectuels sont dispersés à travers le pays. En France, la conversation est toujours un des moyens de communication les plus importants et, par surcroît, depuis des siècles un art ; en Allemagne le moyen de communication le plus important est le livre : pour cette raison même, il s'agit moins pour les intellectuels allemands d'élaborer un style de conversation que de créer une langue écrite commune. En France, déjà les jeunes respirent une atmosphère intellectuelle riche et stimulante ; en Allemagne, le jeune bourgeois est obligé de s'orienter dans une relative solitude. Les mécanismes de l'ascension sociale sont différents dans les deux pays. Une remarque de Goethe illustre ce qu'il faut entendre par « classe d'intellectuels dépourvue d'hinterland ». Si, dans le propos cité plus haut, le poète allemand blâme le manque de « culture » des hommes de cour, il dit ici la même chose du bas peuple. De fait, la culture et la formation appartiennent comme aspiration et comme marque distinctive à une petite couche moyenne qui émerge du peuple. Ainsi, ce ne sont pas seulement les aristocrates mais aussi les masses populaires qui se montrent peu compréhensifs à l'égard de leurs élites.

Or, c'est précisément le degré d'évolution relativement bas des larges couches bourgeoises exerçant une activité professionnelle qui explique, au moins en partie, le fait que le combat de l'avant-garde de la classe moyenne, de l'intelligentsia bourgeoise, contre l'aristocratie de cour se situe en-dehors de la sphère politique, que leurs attaques visent de préférence le comportement humain de ladite aristocratie, les traits communs de l'attitude humaine, la « légèreté », la « politesse extérieure », le « manque de sincérité », etc. Les quelques extraits d'ouvrages littéraires que nous avons reproduits permettent de se faire une idée des connexions en jeu. Notons cependant que les attaques ne recourent que rarement et sans grande insistance à des définitions antithétiques spécifiques qui exprimeraient le contraire de ce qu'expriment des concepts tels que « Formation » et « Culture », qui servent d'autojustification à la couche des intellectuels allemands. Dans cet ordre d'idées nous ne trouvons guère que la *Zivilisiertheit* (condition de civilisé) de Kant.

L'accent de l'antithèse « culture-civilisation » se déplace peu à peu de l'opposition sociale vers l'opposition nationale.

Peu importe que l'antithèse s'exprime dans ces notions ou dans d'autres, une chose apparaît avec netteté : l'opposition entre certains caractères humains qui serviront plus tard à marquer des différences nationales revêt ici encore la forme d'un antagonisme social. C'est la tension entre les intellectuels bourgeois et l'aristocratie de cour qui, dans une période déterminée de l'évolution de la société allemande, a abouti à la formation de concepts antithétiques du genre « profondeur »-« légèreté », « sincérité »-« duplicité », « politesse extérieure »-« vertu authentique » et à un ensemble de circonstances vécues qui ont donné naissance entre autres à l'opposition entre « culture » et « civilisation ». Il est vrai qu'on n'oublie jamais tout à fait les rapports intimes qui lient la « courtoisie » à la vie française. G.C.H. Lichtenberg évoque ce lien de parenté quand il explique dans ses *Aphorismes* la différence entre le mot français « promesse » et le mot allemand *Versprechung* (IIIe Cahier, 1775-1779)[23] : « On s'acquitte de la seconde, on ne s'acquitte pas de la première. L'avantage des mots français en allemand. Je m'étonne qu'on ne s'en soit jamais rendu compte. Le mot français rend l'idée allemande, augmentée d'une dose de vent et de vaine courtoisie... Une *Erfindung* est quelque chose de nouveau. Une "découverte" quelque chose d'ancien revêtu d'un nom nouveau. C'est Christophe Colomb qui a *entdeckt* l'Amérique, c'est Améric Vespuce qui l'a "découverte". Oui, "goût" et *Geschmack* sont presque des termes opposés et des hommes de "goût" ont rarement beaucoup de *Geschmack.* »

Ce n'est qu'après la Révolution française que le concept de « civilisation » et ses dérivés perdent peu à peu leur résonance aristocratique allemande et évoquent plutôt la France et, d'une manière plus générale, les puissances occidentales.

L'exemple suivant illustre cette évolution. En 1797 paraissait un petit ouvrage d'un Français émigré, Menuret, intitulé *Essay sur la ville d'Hambourg.* Un citoyen de la ville, le chanoine Meyer, commente ce texte dans ses *Skizzen* (Esquisses) :

« Hambourg est encore en arrière. Il a fait depuis une époque très fameuse [fameuse sans doute puisque des essaims d'émigrés se sont fixés aussi chez nous] des progrès [quand même ! Vraiment ?] pour les augmenter, pour compléter, je ne dis pas son bonheur [c'est son dieu qui le fait parler ainsi], mais sa civilisation, son avencement dans la carrière des sciences, des arts [qui, chez nous, vous le savez bien sont encore d'inspiration nordique] dans celle du luxe, des aisances, des frivolités [c'est là la grande affaire !] ; il faut encore quelques années, ou des événements qui lui amènent des nouveaux essaims d'étrangers [pourvu que ce ne soient pas de nouveaux essaims de ses compatriotes "civilisés"] et un accroissement d'opulence*. »

Ici, les termes « civilisé » et « civilisation » se rapportent sans erreur possible à l'idée que l'on se fait du Français.

La lente montée de la bourgeoisie allemande qui, de couche négligeable, s'était hissée au rang de porte-parole de la conscience nationale et même — plus tard, dans une certaine mesure — à celui de classe dominante, qui après avoir pris ses distances par rapport à l'aristocratie de cour avait fini par fonder sa raison d'être et son action sur une stricte délimitation par rapport aux nations concurrentes, s'accompagnait d'une modification de sens et de fonction de l'antithèse « culture » « civilisation » et de son contenu : *l'antithèse à prédominance sociale s'était transformée en une antithèse à prédominance nationale.*

Une évolution analogue affecte les caractères passant pour spécifiquement allemands :

* Citation française, sauf les passages entre crochets.

bien des traits qui, à l'origine, marquaient la classe moyenne et en imprégnaient les membres, appartiennent dorénavant au caractère national. Ainsi, la sincérité et la franchise s'opposent en tant que vertus allemandes à la politesse et à la dissimulation. Mais la sincérité ainsi comprise était primitivement l'attitude spécifique de l'homme de la classe moyenne par opposition à l'attitude de l'homme du monde ou de l'homme de cour. Cela aussi ressort avec netteté d'un entretien entre Goethe et Eckermann.

« Je porte dans la société, dit Eckermann le 2 mai 1824, en général mes sympathies et antipathies personnelles et un certain désir d'aimer et d'être aimé. Je cherche une personnalité qui soit conforme à ma propre nature ; c'est à celle-ci que je voudrais me consacrer et ne pas avoir affaire aux autres. »

« Ce penchant de votre nature, répond Goethe, indiquerait que vous n'êtes pas très sociable ; mais à quoi servirait l'éducation si nous ne tentions de surmonter nos tendances naturelles ? C'est grande sottise que d'exiger que les hommes s'accordent à nous, je ne l'ai jamais fait. J'ai réussi à m'entendre avec tout homme, seule manière de parvenir à la connaissance des caractères humains et à l'entregent nécessaire dans la vie. Car c'est précisément en présence de natures réticentes qu'on doit faire un effort sur soi-même pour aboutir. Vous devriez agir de même. Vous n'avez pas le choix, il vous faut pénétrer dans le grand monde. Vous n'échapperez pas à cette nécessité. »

La sociogenèse et la psychogenèse des comportements humains sont dans l'ensemble peu connues. Nous ne sommes même pas habitués à envisager le problème sous cet angle. Mais le fait est que les hommes appartenant à des unités sociales différentes adoptent aussi des attitudes spécifiquement différentes. C'est là une chose qu'on considère comme allant de soi. On parle du paysan ou de l'homme de cour, de l'homme médiéval ou de l'homme du XXe siècle, en impliquant que les hommes des unités sociales visées se signalent, abstraction faite des différences individuelles, par une attitude ressemblant pour l'essentiel à celle d'un groupe d'individus comparables : ainsi, le paysan se comporte à certains égards autrement que l'homme de cour, l'Anglais ou le Français autrement que l'Allemand, l'homme médiéval autrement que l'homme du XXe siècle, quels que soient par ailleurs leurs traits communs.

On peut dégager de l'entretien précité entre Eckermann et Goethe des différences de comportement qui rentrent dans ce contexte. Goethe est sans doute une personnalité fortement individualisée. Des comportements d'origine sociale diverse se fondent en lui, conformément à sa destinée sociale, en une unité spécifique. Sa personne, ses opinions, son comportement ne sont jamais entièrement typiques d'un groupe ou d'une situation sociale dont il aurait subi l'empreinte. Mais ici il adopte explicitement le langage de l'homme du monde, de l'homme de cour en faisant état d'expériences qui sont nécessairement étrangères à Eckermann. Il a conscience de la nécessité de contenir ses propres sentiments, de réprimer ses antipathies et ses sympathies, nécessité qu'implique la fréquentation du « monde » et que des personnes relevant d'une autre situation sociale et partant affective prennent souvent pour un manque de véracité, de franchise. Comme le poète allemand sait qu'il se place jusqu'à un certain point en marge des groupes sociaux existants, il tente de souligner les avantages et les aspects humains de la modération que l'homme du monde impose à son émotivité individuelle. Sa remarque est une des rares déclarations de cette époque faites par un Allemand où transparaisse la reconnaissance du sens social de la « politesse », où l'entregent soit présenté comme une valeur positive. En France et en Angleterre, où « le grand monde » et la *society* tiennent un rang plus important dans les destinées de la nation, les comportements qu'il évoque jouent

— d'une manière moins réfléchie que chez lui — un rôle infiniment plus grand. Des réflexions de ce genre, l'idée que les hommcs doivent rechercher l'harmonie et les égards réciproques, que l'individu fait bien de refréner son émotivité dans la perspective spécifiquement sociale dans laquelle Goethe envisage cette sphère, se rencontrent assez souvent dans la littérature de cour française. Mais Goethe a fait de ces pensées l'objet de méditations personnelles. De fait, des situations sociales analogues, la vie dans le « monde » ont abouti partout en Europe à des règles de conduite et à des comportements semblables.

La remarque s'applique *mutatis mutandis* aussi à l'attitude qu'Eckermann nous décrit comme étant la sienne : celle de Goethe, faite d'impassibilité et d'amabilité parfois contraires aux convictions intimes, est issue d'un stade déterminé du monde aristocratique de cour ; la sienne trahit son origine citadine et petite-bourgeoise. Elle n'est pas le propre, dans cc milieu, de la seule Allemagnc. Mais c'est en Allemagne que ces attitudes passent plus qu'ailleurs dans la littérature, parce que leurs représentants les plus typiques y sont les intellectuels bourgeois. Et comme la séparation entre les milieux de cour et les cercles bourgeois est plus stricte en Allemagne que partout ailleurs, elle se retrouve aussi, sous cette forme relativement pure, dans le comportement national des Allemands.

Les unités sociales que nous appelons nations se distinguent dans une large mesure par la nature de leur « économie affective », par les moules qui modèlent l'émotivité de l'individu en fonction des traditions institutionnalisées et de la situation du moment. Ce qui caractérise l'attitude décrite par Eckermann est une variante spécifique de la formation affective consistant à manifester librement ses sympathies individuelles, attitude que Goethe juge peu sociable et contraire au schéma de la formation affective correspondant aux exigences du « grand monde ».

Nietzsche tiendra cette attitude, plusieurs décennies plus tard, pour typique du comportement national allemand. Elle a subi, au fil de l'évolution historique, certaines modifications et n'a plus la même signification sociale qu'à l'époque d'Eckermann. Nietzsche s'en gausse : « L'Allemand, dit-il dans *Par-delà le bien et le mal* (par. 244), aime la “franchise” et la “droiture” (*Biederkeit*). Que c'est commode d'être franc et droit ! C'est peut-être un des déguisements les plus dangereux et les plus heureux auquel l'Allemand a recours, que cette manière confiante et avenante d'abattre ses cartes, que cette loyauté allemande. L'Allemand se laisse aller, non sans lever sur son interlocuteur des yeux dévoués, bleus, vides, allemands — et aussitôt l'étranger le prend pour un bonnet de nuit »... Ce qui est une indication parmi beaucoup d'autres — si l'on fait abstraction du jugement de valeur unilatéral — que la lente montée des classes moyennes s'accompagne de la transformation de leurs caractères sociaux spécifiques en caractères nationaux.

La même conclusion se dégage du jugement suivant sur l'Angleterre que Fontane insère dans *Ein Sommer in London* (Un été à Londres) (Dessau, 1852) :

« L'Angleterre est à l'Allemagne ce que la forme est au contenu, ce que l'apparence est à l'être. A la différence des objets qui, nulle part comme en Angleterre, ont une qualité orientée à l'essentiel, les hommes s'y jugent sur la forme, sur l'emballage le plus extérieur ! Tu n'as pas besoin d'être un "gentleman", il suffit que tu aies les moyens de paraître tel, et déjà tu l'es. Tu n'as pas besoin d'être dans ton droit, il suffit que tu observes les formes juridiques, et tu as raison !... En toutes choses l'apparence est tout. Nulle part ailleurs on n'est aussi disposé à se livrer aveuglément au lustre vain et brillant d'un nom.

« L'Allemand vit pour vivre, l'Anglais vit pour représenter. L'Allemand vit pour lui, l'Anglais vit pour les autres. »

Il est peut-être nécessaire de relever l'identité de cette dernière pensée avec l'antithèse qui oppose Eckermann et Goethe : « Je manifeste ouvertement ma sympathie et mon antipathie », dit Eckermann. « Il faut essayer, même à contrecœur, de s'accorder avec les autres », répond Goethe.

« L'Anglais, dit Fontane, a mille commodités mais aucun confort. Chez lui, c'est l'ambition qui tient la place de la commodité. Il est toujours prêt à recevoir du monde, à donner des audiences... il change trois fois par jour de costume ; à table — au salon et au petit salon — il observe les règles de la bienséance, il est un homme raffiné, il a un physique qui nous en impose, il est un maître dont nous apprenons les leçons. Mais à notre étonnement se mêle l'immense nostalgie de notre Allemagne petite-bourgeoise, où on ne sait pas représenter, mais où l'on sait vivre si merveilleusement et si confortablement. »

Fontane ne parle pas ici de « civilisation ». Et le concept de la « culture » allemande n'apparaît dans cette description qu'en filigrane. Mais elle montre comme toutes les autres réflexions que l'antithèse allemande « civilisation »-« culture » n'est pas un phénomène à part : elle s'intègre dans un contexte plus vaste. Elle est l'expression de la conscience nationale allemande. Elle se réfère, rétrospectivement, à des différences d'autojustification, de structures, de l'attitude générale — en premier lieu mais non pas exclusivement — entre couches sociales allemandes et plus tard entre la nation allemande et les autres nations.

CHAPITRE II

La formation du concept de civilisation en France

On ne s'expliquerait pas comment, en Allemagne, l'opposition entre la formation (*Bildung*) et la culture authentiques d'une part et la civilisation extérieure (*Zivilisiertheit*) de l'autre a pu perdre son caractère d'antagonisme social interne pour exprimer un antagonisme à prédominance nationale, si l'évolution de la bourgeoisie française n'avait pas parcouru, dans un certain sens, un itinéraire inverse.

En France, les intellectuels bourgeois et, d'une manière générale, les cercles évolués de la classe moyenne ont été intégrés de bonne heure déjà dans les milieux de la cour. L'antique méthode de discrimination de l'aristocratie allemande, la *preuve de noblesse* que la législation raciale nazie a en quelque sorte réanimée, a existé aussi en France, mais elle n'y jouait plus guère, surtout depuis la victoire et la consolidation de la « monarchie absolue », le rôle d'une barrière entre les couches sociales.

La pénétration d'éléments traditionnellement aristocratiques dans les milieux bourgeois, pénétration qui, en Allemagne — étant donné la séparation plus stricte des États —, n'affectait que des domaines nettement délimités tels que le domaine militaire, et restait superficielle ailleurs, s'était opérée en France sur une échelle particulièrement vaste. Déjà au XVIIIe siècle, il n'y avait plus, du moins entre les groupes évolués de la bourgeoisie et l'aristocratie de cour, de notables différences de mœurs. Et s'il est vrai qu'à la suite de la montée plus prononcée des milieux bourgeois à partir de la seconde moitié du XVIIIe siècle, autrement dit, de l'extension de la société de cour par l'assimilation plus marquée des groupes évolués de la bourgeoisie, le comportement et les manières subissaient des modifications progressives, celles-ci se faisaient sans rupture, dans la continuité de la tradition aristocratique de cour du XVIIe siècle. La bourgeoisie de cour et l'aristocratie de cour parlaient toutes deux le même langage, lisaient les mêmes livres, pratiquaient, selon une certaine hiérarchie, les mêmes règles de convenance ; lorsque les inégalités sociales et économiques firent éclater les structures institutionnelles de l'« Ancien Régime », que la bourgeoisie assuma les destinées de la nation, bien des éléments spécifiquement « de cour » qui, à l'origine, avaient marqué le caractère social distinctif de l'aristocratie de cour et plus tard aussi des groupes bourgeois inféodés à la cour, subirent, dans un mouvement d'expansion sans cesse plus rapide, de profondes modifications qui en firent, d'une manière très particulière, le caractère national : les conventions de style, les formes de la civilité, l'éducation de la sensibilité, l'importance attribuée à la courtoisie, au beau langage et à l'art de la conversation, les soins apportés à l'élocution, tout cela s'est élaboré en France d'abord à l'intérieur de la société de cour, avant de s'intégrer au caractère national.

Nietzsche a fort bien vu cette différence : « Partout où il y a eu une cour, écrit-il dans *Par-delà le bien et le mal* (Par. 101), il y a eu la loi du bien-parler et du bien-écrire pour tous ceux qui ont tenu la plume. Or le langage de la cour est le langage du courtisan qui n'a aucune spécialité, qui même en parlant de choses scientifiques s'interdit l'emploi commode des termes de métier parce qu'ils évoquent un métier; c'est pourquoi le terme de métier et tout ce qui rappelle le spécialiste sont considérés dans les pays de culture de cour comme des fautes de style. On s'étonne aujourd'hui, où toutes les cours sont devenues des caricatures...

de trouver sur ce point même un Voltaire infiniment sec et pénible.

« Nous nous sommes émancipés du goût de cour tandis que Voltaire l'a porté à la perfection. »

En Allemagne, la classe en plein essor des intellectuels bourgeois a créé au XVIIIe siècle, sous l'égide d'universités hautement spécialisées, son propre langage des arts et des sciences, sa propre culture. En France, la bourgeoisie était bien plus évoluée et plus prospère. Les intellectuels français disposaient, en plus d'une audience aristocratique, d'un vaste public bourgeois. Ils se trouvaient, avec d'autres milieux de la classe moyenne, assimilés par la noblesse de cour. Ainsi s'explique le fait que la classe moyenne allemande, qui désapprouvait plus ou moins un comportement qu'elle avait, au cours de sa lente ascension vers la nation, d'abord observé dans les cours allemandes et jugé négligeable ou rejeté comme contraire à ses dispositions affectives, finit par y voir un caractère national des pays voisins.

Ce n'est qu'un paradoxe apparent qu'en Allemagne, où la barrière sociale entre la classe moyenne et l'aristocratie était plus marquée, les contacts sociaux et mondains plus rares, la différence de comportement plus grande qu'en France, l'opposition des ordres, la tension sociale ne se soient pas concrétisées sur le plan politique, tandis qu'en France, où les barrières de classes étaient moins élevées, les contacts sociaux et mondains infiniment plus étroits, l'activité politique de la bourgeoisie s'est manifestée plus tôt et que les tensions ont trouvé de bonne heure leur épilogue politique.

Le paradoxe n'est qu'apparent : la politique des rois, qui tendait à écarter la noblesse française de toutes les fonctions politiques, l'accession d'éléments bourgeois au gouvernement et à l'administration, leur admission aux plus hautes charges de l'État, leur influence grandissante à la cour, avaient eu pour conséquence le brassage d'éléments sociaux d'origine diverse : ainsi, les bourgeois, après avoir appris à se familiariser avec la politique et à penser en catégories politiques, étaient-ils à même d'exercer, quand les temps furent mûrs, leur propre activité politique. En Allemagne, ce fut généralement l'inverse. Les plus hautes charges gouvernementales étaient souvent réservées à la noblesse. Ou, pour être plus précis, à la différence de ce qui se passait en France, c'était la noblesse qui, dans la haute administration, détenait les positions clefs. En France, la puissance de la noblesse en tant qu'ordre était complètement brisée, plus que partout ailleurs. En Allemagne, par contre, la bourgeoisie en tant qu'ordre et classe jouait un rôle secondaire jusque vers le milieu du XIXe siècle tout comme l'était son rôle économique. C'est la faiblesse économique relative de la bourgeoisie allemande et son incapacité à s'emparer des positions clefs dans les États qui expliquent aussi son isolement et son manque de contacts sociaux et mondains avec l'aristocratie de cour.

La structure sociale en France a permis à l'opposition modérée qui s'accentue progressivement à partir de la seconde moitié du XVIIIe siècle de recruter avec un certain succès des représentants dans les cercles aristocratiques les plus liés à la cour. Ces représentants ne formaient pas encore un parti. La structure institutionnelle de l'« Ancien Régime » exigeait d'autres formes de combat politique. Ils constituaient à la cour une clique sans organisation structurée, qui s'appuyait sur des hommes et des groupes au sein de la société de cour et dans le pays tout entier. Les intérêts sociaux divergents se reflétaient dans les combats de ces cliques, certes encore mal définis et souvent teintés d'ambitions personnelles, mais ils n'en trouvaient pas moins là un moyen de s'exprimer et de se régler.

La notion française de « civilisation » est issue tout comme la notion allemande correspondante de « culture » de ce mouvement d'opposition de la deuxième moitié du

XVIIIe siècle. Les différences de processus de formation, de fonction et de signification entre le concept français et le concept allemand correspondant reflètent les différences de situation et de comportement des classes moyennes dans les deux pays.

Il n'est certainement pas sans intérêt de constater combien la notion de « civilisation », que l'on rencontre d'abord dans la littérature française, est déjà proche de celle à laquelle Kant oppose bien des années plus tard son concept de « culture ». Le premier témoignage littéraire de l'élargissement du sens du verbe « civiliser » en direction de la notion de « civilisation » se trouve, si l'on s'en remet aux dernières recherches[24], chez Mirabeau père, au début de la seconde moitié du XVIIIe siècle.

« J'admire, y lisons-nous[25], combien nos vues de recherches fausses dans tous les points le sont sur ce que nous tenons pour être la civilisation. Si je demandais à la plupart : "En quoi faites-vous consister la civilisation ?" on me répondrait : "La civilisation d'un peuple est l'adoucissement de ses mœurs, l'urbanité, la politesse et les connaissances répandues de manière que les bienséances y soient et tiennent lieu de lois de détail" : tout cela ne me présente que le masque de la vertu et non son visage, et la civilisation ne fait rien pour la société, si elle ne lui donne le fond et la forme de la vertu*. » L'affinement des mœurs, la politesse, les bonnes manières, tout cela, estime Mirabeau, n'est que le masque de la vertu, et la civilisation ne fait rien pour la société si elle ne lui fournit la base et la forme de la vertu. Ces termes évoquent ce qu'on a dit aussi en Allemagne à l'encontre des manières de cour. Mirabeau oppose à ce que, selon lui, la plupart des hommes tiennent pour la civilisation, à savoir la politesse, les bonnes manières, ce même idéal que partout en Europe les couches moyennes brandissent contre la couche dirigeante aristocratique de cour, et par lequel elles justifient leur attitude au nom de la vertu. Comme pour Kant, le concept de civilisation est ici lié en toute logique aux caractères spécifiques de l'aristocratie de cour : car on entend par « homme civilisé » une variante un peu plus élargie de ce type, qui représente l'idéal proprement dit de la société de cour : l'« honnête homme ».

« Civilisé » était comme « cultivé », « poli » ou « policé », une de ces notions presque synonymes que les hommes de cour employaient dans un sens plus ou moins large pour désigner la spécificité de leur comportement et par lesquelles ils entendaient opposer le haut niveau de leurs mœurs, de leur genre de vie à ceux des

* Citations en français.

hommes plus simples et socialement moins évolués.

Avant que fût créé et imposé le terme de « civilisation », les mots tels que « politesse » ou « civilité » assumaient une fonction absolument semblable : ils servaient à exprimer le sentiment de supériorité de la couche européenne dominante par rapport aux autres couches jugées par elle plus simples ou plus primitives, à caractériser le comportement spécifique par lequel elle entendait se distinguer des hommes plus frustes et plus primitifs. La phrase de Mirabeau montre très clairement que la notion de « civilisation » est appelée à relayer les autres incarnations du sentiment de supériorité des hommes de cour : « Si je demandais, dit-il : “En quoi faites-vous consister la civilisation ?” on me répondrait : “La civilisation d'un peuple est l'adoucissement de ses mœurs, l'urbanité, la politesse.” » Et il bouleverse comme Rousseau, bien que sous une forme plus atténuée, l'échelle des valeurs établies : « Vous et votre civilisation, dit-il, dont vous êtes si fiers et par laquelle vous croyez vous distinguer des hommes simples, ne vaut en réalité pas grand-chose[26] » :

« Dans toutes les langues... de tous les âges, la peinture de l'amour des bergers pour leurs troupeaux et pour leurs chiens trouve le chemin de notre âme, toute émoussée qu'elle est par la recherche du luxe ou d'une fausse civilisation. »

L'attitude face à l'« homme simple » et plus spécialement au représentant le plus typique de la simplicité humaine, le « sauvage », a été dans la deuxième moitié du XVIIIe siècle le critère de l'attitude de l'homme face à la lutte sociale interne. Rousseau était le personnage qui avait attaqué avec le plus de violence l'ordre établi de son temps, et c'est pour cette raison même que son impact direct sur le mouvement de réforme des intellectuels français d'origine bourgeoise ou noble était moins grand que ne le laisserait supposer l'écho qu'il avait trouvé parmi les intellectuels allemands, bourgeois apolitiques mais intellectuellement plus radicaux. Mais Rousseau n'avait pas élaboré, en dépit du radicalisme de sa critique sociale, de définition antagoniste, résumé et cible contre laquelle il aurait pu lancer ses attaques. Mirabeau, lui, la crée ou bien l'utilise le premier dans ses écrits ; il se peut, en effet, qu'elle ait existé avant lui et qu'on s'en soit servi dans la conversation. C'est Mirabeau qui dégage de « l'homme civilisé » le caractère général de la société : la « civilisation ». Mais sa critique de la société est, comme celle des autres physiocrates, modérée. Elle s'en tient fermement au cadre de l'ordre social de son temps. Sa critique est la critique d'un *réforma-*

teur. Alors que l'intelligentsia bourgeoise allemande crée — du moins mentalement et dans le rêve éveillé de ses livres — des concepts qui se distinguent essentiellement des modèles de la couche dominante, et livre ainsi, sur un terrain politiquement neutre, toutes les batailles que les institutions et le rapport de forces ne lui permettent pas de livrer ou même d'envisager sur le plan politique et social ; alors qu'elle oppose, dans ses livres, au type humain de la couche dirigeante, à sa « civilité », des idéaux et des types de comportement nouveaux, les intellectuels réformateurs français restent longtemps encore prisonniers des traditions de la cour. Ils sont animés du désir d'améliorer, de modifier, de transformer. Ils n'opposent pas, si l'on fait abstraction de quelques rares exceptions comme Rousseau, un idéal ou un modèle radicalement nouveau à l'idéal dominant, mais se contentent d'un idéal réformé et aménagé. La formule « fausse civilisation » illustre ce qui la sépare du mouvement allemand. Car elle implique qu'on doit mettre à la place de la « fausse civilisation » une « civilisation authentique ». Elle n'oppose pas à l'« homme civilisé » un type d'homme radicalement différent — comme fait l'intelligentsia allemande, quand elle nous propose « l'homme cultivé » ou l'idée de la « personnalité » — mais reprend les modèles de la cour pour les développer et les perfectionner. Elle s'appuie sur une couche d'intellectuels critiques qui, dans le vaste système des communications sociales de la société de cour, écrivent et luttent eux-mêmes.

La sociogenèse de la physiocratie et du mouvement de réforme français :

Qu'on se souvienne de la situation en France pendant la seconde moitié du XVIIIe siècle.

Les principes qui réglaient le gouvernement du pays et plus spécialement la législation fiscale et tarifaire étaient pour l'essentiel ceux de Colbert. Mais le rapport des forces et des intérêts internes, la structure sociale de la France avaient subi, sur des points primordiaux, des modifications profondes. Le protectionnisme rigoureux, la protection de l'activité manufacturière et commerciale contre la concurrence étrangère avaient effectivement abouti au développement de la vie économique et de la capacité fiscale du pays, objet principal aux yeux du roi et de ses représentants. Les limitations imposées au commerce des céréales, les monopoles, le système de stockage, les barrières douanières entre les provinces avaient partiellement préservé les intérêts locaux et mis à l'abri des conséquences extrêmes des mauvaises récoltes et des pénuries la région parisienne, dont dépendait dans une large mesure la tranquillité du roi et peut-être de la France tout entière.

Mais depuis l'époque de Colbert, la situation financière s'était consolidée, la population accrue. Le réseau commercial était plus dense et plus vaste, l'activité industrielle plus vive, les communications plus faciles, l'interdépendance économique des régions plus prononcée. Quelques éléments de la bourgeoisie commençaient à juger superflu et gênant le système fiscal et douanier qui avait pourtant rendu possible son essor. De nobles campagnards et des propriétaires terriens progressistes considéraient les sujétions mercantilistes de la production céréalière nuisibles au développement de l'agriculture ; ce faisant, ils s'inspiraient du système commercial anglais nettement plus libéral. Mieux, une partie des hauts fonctionnaires de l'administration et parmi eux quelques intendants — représentants de la seule fonction publique moderne que l'« Ancien Régime » ait produite, dont la charge n'était ni vénale ni, de ce fait, héréditaire — se rendaient compte des tares du système. Ces éléments progressistes de l'administration formaient un des liens les plus importants entre le désir de réforme répandu dans le pays et la cour. Ils tenaient un rôle non négligeable dans la chasse des clans aux postes clefs, y compris les charges ministérielles.

Nous avons dit que ces luttes n'avaient pas encore au même degré ce caractère de débat impersonnel et politique qu'elles revêtirent par la suite, quand les tendances et intérêts divergents disposèrent d'une représentation parlementaire. Mais les coteries de la cour qui, chacune pour une raison différente, se colletaient à la cour pour la conquête de postes et de charges, formaient aussi un noyau central, où les intérêts de groupes et de couches plus larges pouvaient s'exprimer auprès de l'administration centrale du pays. C'est par elles que les aspirations réformatrices se trouvaient représentées à la cour.

Pendant la seconde moitié du XVIIIe siècle, les rois avaient depuis longtemps cessé d'être des monarques « du bon plaisir ». Bien plus que Louis XIV, ils étaient prisonniers de processus sociaux, des coteries et groupements de la cour, dont les tentacules se prolongeaient parfois jusqu'aux derniers recoins du pays et dans les profondeurs de la classe moyenne.

La *physiocratie* est une des expressions théoriques de ces luttes de coteries. Système de réforme grandiose, ses objectifs ne sont pas seulement économiques mais aussi politiques et sociaux. Elle incarne sous une forme plus accentuée, plus abstraite, plus dogmatique, des idées qui, sous un déguisement moins théorique, moins dogmatique, mais avec un esprit de suite plus marqué, ont servi de base aux revendications réformatrices du mouvement dont Turgot s'était fait pendant quelque temps, en sa qualité de « contrôleur général des finances », le défenseur. Bien que ce mouvement ne se fût jamais présenté sous une étiquette unique et précise et qu'il manquât de structures organisées, on pourrait l'appeler « le mouvement des fonctionnaires réformateurs ». Mais ces fonctionnaires s'appuyaient sans doute aussi sur une partie des intellectuels et de la bourgeoisie marchande.

Il y avait d'ailleurs, parmi les hommes qui préconisaient et qui exigeaient des réformes, des divergences profondes quant à la nature de ces réformes. Ainsi, il y avait par exemple des partisans d'une réforme fiscale et étatique plus protectionnistes que les physiocrates. Forbonnais est le représentant le plus connu de cette tendance. On ne lui rend pas justice, on ne rend pas justice à ceux qui ont partagé ses idées, si on les compte, à cause de leurs visées protectionnistes, parmi les « mercantilistes ». Le débat entre Forbonnais et les physiocrates révèle déjà l'opposition entre deux tendances de la société industrielle moderne qui a abouti plus tard à des luttes de plus en plus âpres entre groupes de pression protectionnistes et libre-échangistes. Tous deux faisaient partie du mouvement de réforme de la classe moyenne.

Mais ce serait une erreur de s'imaginer que la bourgeoisie dans son ensemble était réformatrice, l'aristocratie foncièrement opposée à toute réforme. Il y avait, au contraire, un certain nombre de groupes bourgeois faciles à délimiter qui s'opposaient avec opiniâtreté à toutes les tentatives sérieuses de réforme, et dont l'existence dépendait du maintien de l'« Ancien Régime » sous sa forme traditionnelle. En faisaient partie la majorité des hauts fonctionnaires, la « noblesse de robe », dont les charges étaient propriétés de famille au même titre que de nos jours des usines ou des entreprises commerciales ; en faisaient partie aussi les corporations et un nombre important de fermiers généraux et de financiers. L'échec de la réforme, l'éclatement des structures sociales de l'« Ancien Régime » sous le poids des inégalités, ont eu pour cause principale la résistance de ces groupes bourgeois contre toute idée de réforme.

Ce rapide aperçu nous permet de dégager un fait qui nous intéresse particulièrement dans ce contexte : tandis qu'en France la couche bourgeoise jouait à cette époque déjà un rôle politique, il n'en était pas ainsi en Allemagne. En Allemagne la couche des intellectuels bourgeois bornait son activité au domaine de l'esprit et des idées; en France, des problèmes sociaux, économiques, administratifs autant que politiques s'offraient à leur méditation. Les systèmes de pensée allemands étaient, pour une très large part, de la recherche pure. Leur centre social se situait dans l'université. Le centre social qui a donné naissance à la physiocratie était la cour et la société de cour, dont le rôle intellectuel consistait à découvrir le moyen d'exercer une influence spécifique et concrète — par exemple — sur le roi ou sur sa maîtresse.

Les idées de base de Quesnay et des physiocrates sont connues. Quesnay présente dans son *Tableau économique* la vie économique de la société comme un processus plus ou moins automatique, comme le cycle fermé de la production, de la circulation, et de la reproduction des biens. Il évoque les lois naturelles de la vie en commun, conforme à la raison. C'est en partant de cette thèse que Quesnay s'oppose à l'ingérence arbitraire des administrateurs dans le fonctionnement du cycle économique. Il exige qu'ils étudient ses lois pour mieux en canaliser les processus, il veut les empêcher de rendre des ordonnances dictées par l'ignorance et la fantaisie. Il exige la liberté des échanges, notamment du commerce des céréales, parce qu'à son avis, l'autorégulation, le libre jeu des forces créent un ordre bien plus bénéfique pour le consommateur et pour le producteur que la régulation autoritaire traditionnelle et les innombrables barrières commerciales entre provinces et pays.

Il estime cependant que les processus auto-régulateurs doivent être portés à la connaissance d'une administration éclairée qui, forte de cette connaissance, peut les diriger. C'est là que réside la différence entre la manière des réformateurs français et celle des réformateurs anglais de tirer profit de l'auto-régulation de la vie économique. Quesnay et ses partisans s'en tiennent au cadre du système monarchique existant. Ils ne touchent pas non plus aux éléments de base de l'« Ancien Régime » ni à ses structures institutionnelles. Cette remarque s'applique à plus forte raison à la partie des fonctionnaires et des intellectuels dont les idées sont proches de celles de Quesnay et qui, par un raisonnement moins abstrait, moins extrême, plus orienté vers les solutions pratiques, aboutissent à des résultats proches de ceux du groupe central physiocratique. Dans le fond, l'expérience et le raisonnement qui forment la base de leur théorie se signalent par une très grande simplicité : il n'est pas vrai que les gouvernants soient tout-puissants et puissent régler les conditions humaines au gré de leur fantaisie. La société, l'économie ont leurs propres lois, elles opposent aux décisions déraisonnables du gouvernement et du pouvoir une résistance. C'est pourquoi il faut mettre en place une administration éclairée, raisonnable, qui administre et oriente les processus sociaux conformément aux « lois de la nature » et partant à la raison.

Une des expressions qui reflète le mieux cette idée de réforme est la notion de « civilisation » au moment de sa formation. Si l'idée de l'« homme civilisé » aboutit à la création d'un concept qui désigne la totalité des attitudes et de l'état actuel de la société, ce processus met en évidence la sagacité spécifique de l'homme de l'opposition, du censeur de la société.

Mais un autre élément s'y ajoute, à savoir l'expérience que le gouvernement ne peut prendre de dispositions arbitraires, que des forces sociales anonymes lui opposent automatiquement une résistance, si ses dispositions ne sont pas dictées par une connaissance exacte de ces forces et de ces lois ; c'est l'expérience de l'impuissance des gouvernements les plus absolus face aux dynamismes de l'évolution sociale et devant les calamités, la confusion visible, la misère, la détresse que causent des mesures gouvernementales arbitraires, « contre nature », « déraisonnables ». Cette expérience trouve, nous l'avons dit, son expression dans l'idée physiocratique que les processus sociaux tout autant que les phénomènes de la nature se déroulent selon un schéma ordonné. C'est là aussi l'expérience qui s'incarne dans l'élargissement du sens de l'adjectif « civilisé » grâce à la création du substantif dérivé « civilisation », et qui contribue à lui conférer une signification dépassant son emploi individuel.

Les bouleversements de la révolution industrielle, qui ne pouvaient être regardés comme l'aboutissement d'une action dirigée, apprirent aux hommes pour une période très brève à se concevoir, à concevoir leur existence sociale comme un processus. Quand on suit avec attention l'évolution sémantique du mot « civilisation », d'abord dans les écrits de Mirabeau, on se rend compte que cette expérience lui montre les mœurs et habitudes de son temps dans une lumière nouvelle. Mirabeau a le sentiment et la conviction que le « fait d'être civilisé » *(Zivilisiert-Sein)* est également soumis à un cycle, et il voudrait que les gouvernants s'en aperçoivent pour en tirer profit. C'est là le sens du mot « civilisation » dans ses premières phases.

Mirabeau explique dans son *Ami des hommes*[27] qu'une surabondance d'argent diminue la population dans la mesure même où la consommation de chaque individu s'accroît. Cette surabondance d'argent — c'est là son avis — « bannit l'industrie et les arts, et jette en conséquence les États dans la pauvreté et la dépopulation ». Il ajoute : « De là naîtrait comment le cercle de la barbarie à la décadence par la civilisation et la richesse peut être repris par un ministre habile et attentif et la machine remontée avant que d'être à sa fin *. »

Cette phrase réunit à peu près tout ce qui caractérise l'attitude fondamentale des physiocrates : le caractère d'évidence que l'on attribue à la grande continuité des phases évolutives de l'économie, de la population et finalement à l'ensemble des mœurs, la logique avec laquelle tout est regardé dans une perspective cyclique comme un mouvement continuel de flux et de reflux, la tendance politique, la volonté de réforme grâce auxquelles cette connaissance est destinée en dernière analyse aux gouvernants, pour que ceux-ci puissent, en pleine connaissance de ces lois, régler et diriger d'une manière plus parfaite, plus éclairée, plus raisonnable que par le passé les processus sociaux.

Mirabeau exprime la même pensée en 1760 dans la dédicace au roi qu'il insère dans sa *Théorie de l'impôt,* où il recommande au monarque le projet physiocratique de réforme fiscale :

« L'exemple de tous les empires qui ont précédé le vôtre, et qui ont parcouru le cercle de la

* Citations en français.

civilisation, serait dans le détail une preuve de ce que je viens d'avancer*. »

L'attitude critique du noble campagnard qu'est Mirabeau face à la richesse, au luxe, et aux mœurs et habitudes de la couche dirigeante confère à sa conception une teinte particulière. La vraie civilisation, dit-il, s'insère dans le cycle conduisant de la barbarie à la civilisation fausse, « décadente », par la faute de l'argent surabondant. C'est l'affaire d'un gouvernement éclairé de diriger cet automatisme de telle sorte que la société puisse s'épanouir entre la barbarie et la décadence. L'ensemble des problèmes soulevés par la « civilisation » est déjà sensible au moment de la naissance du concept. Déjà, à cette époque, il évoque l'idée de la décadence ou de la « catastrophe finale » qui depuis a toujours surgi, d'une manière ouverte ou dissimulée, du rythme des crises cycliques. Mais on ne voit pas moins nettement que la volonté de réforme s'en tient au cadre du système social établi et manipulé en haut lieu, qu'elle n'oppose pas à ce qu'elle juge critiquable dans les mœurs actuelles une idée et une notion entièrement nouvelles, mais qu'elle reprend ce qui existe pour l'améliorer : la « fausse civilisation » doit être transformée par des mesures

* Citations en français.

compétentes et éclairées du gouvernement, en une « civilisation bonne et authentique ».

Dans ce concept de « civilisation » transparaissent à l'origine beaucoup de nuances individuelles. Mais il contient des éléments qui répondent bel et bien aux exigences et aux expériences universelles des milieux réformateurs et progressistes de la société parisienne. Et ce concept est d'autant plus facilement adopté par ces milieux qu'en raison de l'expansion du commerce et de l'industrie, le mouvement de réforme prend de l'ampleur.

Les dernières années du règne de Louis XV marquent un affaiblissement visible et une désorganisation de l'ancien système. Les tensions s'accroissent tant à l'intérieur qu'à l'extérieur. Les signes avant-coureurs du bouleversement social se multiplient.

En 1773, on jette à Boston des caisses de thé à la mer ; en 1776 la colonie anglaise d'Amérique proclame son indépendance : le gouvernement, affirme la proclamation, est installé pour le bonheur du peuple. S'il ne remplit pas cette fonction, la majorité du peuple a le droit de le destituer.

Les milieux réformateurs de la bourgeoisie française observent ce qui se passe de l'autre côté de l'océan avec une attention et une sympathie soutenues, auxquelles se mêlent, outre des tendances réformatrices sociales, l'hostilité croissante à l'égard de l'Angleterre, bien que les chefs de file de la bourgeoisie française ne songent pas le moins du monde à supprimer la monarchie.

Mais en même temps se renforce, à partir de 1774, le sentiment que le conflit avec l'Angleterre est inévitable, qu'il faut préparer la guerre. Louis XV meurt en cette même année 1774. Sous le nouveau roi, la lutte pour la réforme du système administratif et fiscal reprend avec une véhémence redoublée dans les milieux plus ou moins proches de la cour. L'aboutissement de ces luttes sera la nomination, en 1774, de Turgot à la charge de « contrôleur général des finances », nomination saluée par tous les éléments réformateurs et progressistes du pays.

« Enfin voici l'heure tardive de la justice », écrit le physiocrate Baudeau à l'occasion de la nomination de Turgot. « Si le bien ne se fait pas maintenant, écrit de son côté d'Alembert, c'est que le bien est impossible ! » Et Voltaire regrette d'être à l'article de la mort « maintenant qu'on a mis en place la vertu et la raison *[28] ».

A la même époque apparaît le terme de « civilisation » pour la première fois dans un sens tout à fait courant et assez fixé dans la

* Citations en français.

bouche de beaucoup. Dans la première édition de l'*Histoire philosophique et politique des établissements et de commerce des Européens dans les deux Indes* de Raynal en 1770 le mot ne figure pas une seule fois ; dans la deuxième édition de 1774 « il est employé souvent et sans la moindre variation de sens comme un terme généralement connu et indispensable[29] ».

Le *Système de la nature* de d'Holbach en 1770 ignore le mot « civilisation ». Le *Système social* de 1774 du même auteur en fait souvent état.

Il n'y a rien, y lisons-nous[30] « qui mette plus d'obstacle à la félicité publique, aux progrès de la raison humaine, à la civilisation complète des hommes que les guerres continuelles dans lesquelles les princes inconsidérés se laissent entraîner à tous moments ».

Ou ailleurs :

« La raison humaine n'est pas encore suffisamment exercée ; *la civilisation des peuples n'est pas encore terminée ;* des obstacles sans nombre se sont opposés jusqu'ici aux progrès des connaissances utiles, dont la marche peut seule contribuer à perfectionner nos gouvernements. Nos lois, notre éducation, nos institutions et nos mœurs*[31]. »

La conception fondamentale de ce mouve-

* Citations en français.

ment de réforme sociale éclairé est toujours la même : c'est par le progrès de la connaissance — et non de la « science » comme on l'entendait en Allemagne au XVIIIe siècle, puisque ce ne sont pas des universitaires qui parlent, mais des hommes de lettres, des fonctionnaires, des intellectuels, des bourgeois de la cour, tous unis par le lien de la « bonne société », des salons —, autrement dit en emportant la conviction des rois, en informant les gouvernants des exigences de la « raison » ou, ce qui revient au même, de la « nature », en installant aux positions clefs des hommes acquis à l'idée de la réforme, qu'on pourra opérer l'amélioration des institutions, de l'éducation, de la législation. Le terme de « civilisation » a été créé pour définir dans les rapports sociaux un aspect déterminé de ce processus de réforme. On retrouve donc ici ce qui apparaissait déjà chez Mirabeau (dans une acception individuelle et non encore socialement nivelée du terme), ce qui est caractéristique de chaque mouvement de réforme : l'affirmation hésitante et la contestation hésitante de ce qui existe. La société — c'est là le raisonnement que l'on tient — a atteint un certain palier grâce à la « civilisation ». Mais celle-ci est insuffisante. Il ne faut donc pas s'arrêter à mi-chemin. L'évolution progresse et doit être soutenue : « La civilisation des peuples n'est pas encore achevée. »

La notion de « civilisation » contient deux idées différentes : elle s'oppose en tant que terme général à un autre « palier » de la société, la « barbarie ». La société de cour avait pris conscience depuis longtemps du progrès ainsi accompli : il s'était concrétisé au niveau de l'aristocratie de cour dans des termes comme « politesse » ou « civilité ».

Mais les peuples ne sont pas encore suffisamment civilisés, affirment les réformateurs bourgeois de la cour. La civilisation n'est pas seulement un état, elle est un processus qu'il s'agit de promouvoir. C'est là la pensée nouvelle que traduit aussi la notion de « civilisation ». Elle englobe une partie des éléments qui avaient de tout temps donné à la société de cour le sentiment de représenter, par rapport à la vie « fruste », « non civilisée » des barbares, un rang plus élevé : la civilisation ainsi comprise implique des mœurs et des manières plus raffinées, plus de tact et d'égards dans les relations sociales, et beaucoup d'autres choses de ce genre. Mais la classe moyenne montante, le mouvement de réforme, confèrent un sens élargi aux critères qui font d'une société une *société civilisée*. La civilisation de l'État, de la constitution, de l'éducation et, de ce fait même, de larges couches de la population, l'affranchissement de tout ce qui, dans la situation présente, est encore barbare ou déraisonnable, qu'il s'agisse des sanctions pénales, des ordres qui briment la bourgeoisie, de la libéralisation du commerce, cette civilisation doit suivre l'affinement des mœurs et la pacification intérieure du pays par les rois.

« Le roi parvint — disait Voltaire en parlant du siècle de Louis XIV[32] — à faire d'une nation jusque-là turbulente un peuple paisible qui ne fut dangereux qu'aux ennemis... les mœurs s'adoucirent.. » Nous allons montrer plus loin quelle influence capitale cette pacification intérieure a exercée sur le processus de civilisation. Condorcet commente, face à Voltaire réformateur de la jeune génération, mais bien plus engagé dans l'opposition, ces pensées par les mots suivants :

« Malgré la barbarie d'une partie des lois, malgré les vices des principes d'administration, l'augmentation des impôts, leur forme onéreuse, la dureté des lois fiscales, malgré les mauvaises maximes qui dirigèrent le gouvernement dans la législation de commerce et des manufactures, enfin malgré les persécutions contre les protestants, on peut observer que les peuples de l'intérieur du royaume ont vécu en paix à l'abri des lois*. »

* Citations en français.

Cette énumération, qui implique également une certaine approbation de la société établie, donne une idée de ce qu'on jugeait digne de réformes. Peu importe que le terme de « civilisation » soit employé ou non, il se rapporte à tout cela, à tout ce qui est encore « barbare ».

La différence avec l'évolution en Allemagne et, de ce fait, avec les mécanismes conceptuels allemands, ressort très nettement de tout cela : on voit qu'en France les intellectuels bourgeois en plein essor restent attachés aux milieux de la cour et à la tradition aristocratique de cour. Ils parlent la langue de ces milieux et la perfectionnent. Leur comportement et leurs affects se sont infléchis dans la ligne de cette tradition. Leurs concepts et idées ne prennent absolument pas le contre-pied de ceux de l'aristocratie. Ils procèdent de la cristallisation, autour de certains concepts aristocratiques de cour tels qu'« état civilisé », d'autres concepts, tirés du domaine de leurs revendications politiques et économiques ; ces concepts s'écartent pour la plupart des idées des intellectuels allemands soumis à une autre situation sociale, à une autre sphère d'expériences, ou bien n'avaient pas, à leurs yeux, la même valeur d'actualité.

La bourgeoisie française relativement active sur le plan politique, en partie réformatrice et pendant un certain temps révolutionnaire, était et restait, dans son comportement et dans son affectivité, généralement attachée à la tradition de cour et ceci même après la suppression de l'« Ancien Régime », parce que les mœurs de cour avaient été adoptées longtemps avant la Révolution par les couches moyennes, en raison des contacts plus suivis entre milieux aristocratiques et milieux bourgeois. Ainsi s'explique le fait que la révolution bourgeoise en France a brisé les anciennes structures politiques, mais non la continuité de la tradition des mœurs et des habitudes.

La couche moyenne des intellectuels allemands, réduite à l'impuissance sur le plan politique mais radicale dans le domaine intellectuel, devint le berceau d'une tradition bourgeoise autonome qui s'écartait sensiblement de la tradition aristocratique de cour et de ses modèles ; s'il est vrai que le caractère national allemand, dont l'évolution se précisa au XIXe siècle, comportait aussi une bonne dose d'esprit aristocratique réduit à l'« état bourgeois », il n'en reste pas moins que la mentalité bourgeoise imprégnait la tradition culturelle allemande et le comportement allemand, et ceci d'autant plus que le divorce social entre milieux bourgeois et milieux aristocratiques et, de ce fait, le manque d'unité dans le comportement allemand se prolongèrent bien au-delà du XVIIIe siècle.

La notion française de « civilisation » reflète les destinées sociales spécifiques de la bourgeoisie française, de même que la notion de « culture » reflète celle de la bourgeoisie allemande. La notion de « civilisation » représente primitivement, au même titre que la notion de « culture », une arme de l'opposition des classes moyennes et plus spécialement de ses éléments intellectuels dans leur lutte sociale interne. Avec l'accession de la bourgeoisie aux commandes de la nation, elle devient aussi l'expression du sentiment national. Pendant la Révolution, le mot « civilisation » qui implique essentiellement un processus lent et évolutif et qui, à ce stade, ne renie nullement son origine réformiste, tient un rôle secondaire parmi les mots d'ordre révolutionnaires. Quand la Révolution prend, à la fin du siècle, une allure plus modérée, le terme de « civilisation », devenu formule à la mode, fait le tour de la terre. Déjà à cette époque, il sert de justification aux tendances expansionnistes et colonisatrices de la France. Quand Napoléon entreprend sa campagne d'Égypte, il dit à ses troupes : « Soldats, vous vous lancez dans une conquête dont les conséquences seront incalculables pour la civilisation ! » Contrairement à l'idée que le mot évoquait au moment de sa création, le *processus* de la civilisation apparaît, aux yeux des nations, comme achevé à l'intérieur de leur propre société ; les peuples se sentent essentiellement comme des apôtres chargés de transmettre aux autres, en leurs qualités de porte-bannière, une civilisation existante et achevée. Du processus antérieur la conscience ne garde qu'un souvenir très vague. On accepte le résultat comme l'expression de ses propres talents, que l'on considère comme supérieurs à ceux des autres ; personne ne semble plus s'intéresser au problème de la « civilisation » conçu comme un processus : la conviction de leur supériorité, de la supériorité de la civilisation nationale sert de justification aux nations conquérantes et civilisatrices qui se hissent ainsi au rang de « couche supérieure » dans de vastes territoires extra-européens ; c'est de la même manière que les ancêtres de la « civilisation », à savoir la « politesse » et la « civilité », avaient servi d'assises à la prédominance de l'aristocratie de cour.

De fait, une phase essentielle du *processus* de civilisation se trouve achevée à l'instant où la prise de conscience de la civilisation, où le sentiment de la supériorité de leur propre comportement et sa concrétisation au niveau de la science, de la technique et des arts commencent à gagner les nations de l'Occident.

Nous parlerons, dans la deuxième partie, de la phase du processus civilisateur pendant laquelle la conscience de ce processus existait à peine et la notion de civilisation pas du tout.

DEUXIÈME PARTIE

COMMENT PEUT-ON ÊTRE CIVILISÉ ?

CHAPITRE III

Position historique et sociologique du problème

1. *L'histoire de la notion de « civilité »*

L'antithèse fondamentale qui définit la conscience occidentale pendant le Moyen Age est l'antithèse « christianisme »-« paganisme » : le terme « christianisme » désigne dans ce contexte le christianisme orthodoxe-romain qui s'oppose au paganisme et à l'hérésie y compris le christianisme gréco-oriental[1].

Au Moyen Age la société occidentale a fait ses guerres de colonisation et de conquête au nom de la croix, tout comme elle les fera plus tard au nom de la civilisation. Or, malgré la sécularisation que ce mot a subie, on y sent toujours comme un écho du christianisme romain et de l'idée de la croisade chevaleresque et féodale. Le souvenir que chevalerie et foi romaine ont marqué un stade de la société occidentale que tous les peuples d'Occident ont également connu ne s'est certainement jamais effacé.

Le terme de « civilité » doit sa signification pour la société occidentale à l'époque qui a vu se briser la société chevaleresque et l'unité de l'Église catholique. Il est l'incarnation d'une société qui n'a pas moins contribué à la formation spécifique du comportement occidental ou à la « civilisation » que jadis la société féodale. La notion de « civilité » est l'expression et le symbole d'une réalité sociale qui englobe des nationalités diverses, qui s'exprime — comme l'Église — dans une langue commune, d'abord l'italien et plus tard de préférence le français. Ces deux langues assument dorénavant des fonctions appartenant naguère au latin. C'est par elles que se manifeste sur une base sociale nouvelle l'unité européenne et en même temps une nouvelle réalisation sociale qui en constitue pour ainsi dire l'épine dorsale, la *société de cour*. C'est sa position, sa conscience de soi, ses traits caractéristiques qui ont trouvé leur concrétisation dans le terme de « civilité ».

C'est entre 1525 et 1550 que le terme de « civilité » a pris le sens et la fonction spécifique que nous lui attribuons ici. Il n'est pas difficile de découvrir sa source. Le sens du terme qui a ensuite trouvé un accueil favorable au sein de la société a été défini pour la première fois par Érasme de Rotterdam, dans un petit traité intitulé *De civilitate morum puerilium,* publié pour la première fois en 1530. Il faut croire qu'il s'agissait d'un sujet « dans le vent ». Car sa diffusion était telle qu'il eut de nombreux tirages. De fait, le livre fut plus de trente fois réimprimé jusqu'à la mort d'Érasme, c'est-à-dire dans les six années suivant sa parution. On a pu dénombrer en tout plus de 130 tirages dont treize encore au XVIIIe siècle. Le nombre de traductions, d'imitations et d'adaptations est impossible à évaluer[2]. Deux ans après sa publication parut la première traduction : une traduction anglaise. Deux ans plus tard, il fut présenté sous forme de « catéchisme » ; on commença à la même époque à l'introduire comme manuel dans les écoles de garçons. Peu après, une traduction allemande et une traduction tchèque virent le jour. Les premières traductions françaises datent des années 1537, 1559, 1569 et 1613.

D'après un ouvrage français de Mathurin Cordier qui amalgama les doctrines d'Érasme avec celles d'un autre humaniste, Jean Sulpice, un caractère d'imprimerie français prit, dès le XVIe siècle, le nom de « caractère de civilité ». Toute la lignée d'ouvrages issus plus ou moins directement du traité d'Érasme, ouvrages portant le titre « civilité » ou « civilité puérile », fut imprimée jusqu'à la fin du XVIIIe siècle en « caractères de civilité[3] ».

Comme si souvent dans l'histoire des mots — la transformation ultérieure du terme de « civilité » en « civilisation » nous apportera une nouvelle preuve de cette règle — l'initiative est partie dans ce cas aussi d'un individu. En employant l'ancien terme de « civilitas » Érasme procéda à un déplacement d'accent et lui imprima une impulsion nouvelle. Qu'il en eût conscience ou non, le fait est que sa redéfinition répondait aux besoins de son époque. Dans la conscience des hommes, la *civilitas* se fixa à partir de ce moment dans le sens qu'Érasme lui avait donné : de là sont issus les mots à la mode dans les différentes langues vulgaires, la « civilité » française, la *civility* anglaise, la *civilità* italienne, et aussi la *Zivilität* allemande qui, il est vrai, n'a jamais bénéficié en Allemagne de la faveur dont elle jouissait dans les autres grandes cultures.

L'apparition plus ou moins brusque d'un mot dans le sein d'une communauté linguistique indique presque toujours un changement de la vie des hommes qui la composent, surtout si le mot ainsi mis en vedette est appelé — comme « civilité » — à occuper pendant longtemps le centre du tableau.

On peut supposer qu'Érasme n'a pas attaché une importance particulière à son petit traité *De civilitate morum puerilium* dans l'ensemble de son œuvre. Il note dans son introduction que l'art de l'éducation des jeunes gens comporte de nombreuses disciplines : la *civilitas morum* n'en est qu'une, et il ne songe pas à nier qu'elle ne soit *crassissima philosophiae pars**. Le traité ne tire pas son importance de son existence en tant que phénomène isolé ou ouvrage individuel mais du fait qu'il marque un changement, qu'il constitue la concrétisation de certains processus sociaux ; ce qui frappe surtout l'observateur c'est l'écho suscité par le livre ; c'est la carrière foudroyante du terme de « civilité » tiré de son titre : celle-ci servira bientôt de notion centrale de l'autodéfinition de la société européenne[4].

Que contient le traité ?

Il se propose d'illustrer l'usage et le sens nouveau du terme. Il doit donc contenir des indications sur les changements et processus sociaux qui lui ont assuré une diffusion universelle.

En réalité, le sujet du livre est on ne peut plus simple : il s'agit d'orienter le comportement de l'homme en société, surtout, mais non exclusivement, *externum corporis decorum***.

Le traité est dédié à un fils de prince, il veut enseigner le savoir-vivre aux jeunes gens.

Les pensées simples qu'il expose avec

* La partie la plus grossière de la philosophie.

** Les convenances extérieures du corps.

sérieux, mais sur un ton souvent moqueur et ironique, sont rédigées dans un style châtié et d'une précision remarquable. On peut affirmer qu'aucune imitation n'a jamais égalé ce texte en force, clarté, cachet personnel. A y regarder de plus près, on découvre entre les lignes un monde et un genre de vie qui, par beaucoup de côtés, ressemblent déjà aux nôtres, mais qui par d'autres en paraissent infiniment éloignés. Certains comportements auxquels il fait allusion n'ont plus leur équivalent aujourd'hui, d'autres nous font un effet « barbare » ou « peu civilisé ». Érasme fait état de choses qui ne « passeraient » plus aujourd'hui, il en évoque d'autres qui nous semblent l'évidence même.

Ainsi, il parle par exemple du regard de l'homme : son propos se veut éducatif, mais il trahit en même temps son don d'observation aigu :

« *Sint oculi placidi, verecundi, composti; non torvi, quod est truculentiae... non vagi ac volubiles, quod, est insaniae, non limi quod est suspiciosorum et insidias molentium...* »

Il est difficile de traduire ce texte sans en altérer la tonalité : des yeux grands ouverts sont un signe de stupidité, le regard fixe une marque de paresse; le regard trop perçant trahit une tendance à l'emportement, le regard trop vif et trop éloquent est le regard des impudiques; le meilleur regard est celui qui dévoile un esprit tranquille et une amabilité pleine de respect. Ce n'est pas par hasard que les Anciens disaient : le siège de l'âme se trouve dans les yeux... « *Animi sedem esse in oculis.* »

L'attitude du corps, les gestes, les vêtements, l'expression du visage, tout le « comportement extérieur » que le traité détaille est l'expression de l'homme dans son ensemble. Érasme le sait et le dit parfois expressément : « *Quamquam autem externum illud corporis decorum ab animo bene composito proficiscitur, tamen incuria praeceptorum nonnunquam fieri videmus ut hanc interim gratiam in probis et eruditis hominibus desi deremus**. »

Les narines doivent être libres de morve, explique-t-il un peu plus loin. Le paysan se mouche dans sa casquette ou dans sa vareuse, le charcutier dans le creux du coude. Il n'est pas beaucoup plus convenable de se moucher dans le creux de la main et de l'essuyer ensuite sur l'habit. Une bonne manière de se débarrasser de la morve consiste à se servir d'un mouchoir en se détournant dans la mesure du possible : « *Strophiolis accipere narium recrementa, decorum.* » Si, en se mouchant avec

* Quoique le comportement extérieur découle d'une âme bien faite, il arrive parfois que, par manque de formation, on déplore l'absence complète de cette grâce chez des hommes honnêtes et cultivés.

deux doigts, quelque chose tombe à terre, il faut immédiatement l'étaler avec le pied : « *Si quid in solum dejectum est emuncto duobus digitis naso, mox pede proterrendum est.* » Cette remarque s'applique aussi au crachat : « *Aversus expuito, ne quem conspuas aspergasve. Si quid purulentium in terram rejectum erit, pede proteratur, ne cui nauseam moveat. Id si non licet linteolo excipito**. »

Le même soin, le même naturel avec lesquels l'auteur expose des gestes dont le seul énoncé scandalise les hommes d'un autre niveau de « civilisation », sujets à d'autres réflexes émotionnels, président aussi à ses conseils sur la manière de se tenir assis, de saluer ; Érasme décrit des attitudes qui nous paraissent étranges, comme par exemple l'art de se tenir sur un seul pied. N'oublions pas, en effet, que bien des attitudes bizarres qu'on note sur des tableaux ou sculptures médiévaux représentant des personnages qui marchent ou qui dansent, ne sont pas dues, comme on l'a prétendu parfois, à la « manière » de l'artiste mais à des tenues et coutumes concrétisant des circonstances psychologiques et affectives différentes des nôtres.

* Crache en te détournant, pour ne souiller ni n'asperger personne. Si quelque saleté tombe à terre, il faut l'écraser avec le pied, pour qu'elle ne dégoûte personne. Si ce n'est pas possible, sers-toi d'un mouchoir.

Plus on approfondit le petit traité, plus on se rend compte que la société qu'il décrit ressemble par plusieurs traits à la nôtre tandis qu'à d'autres égards elle nous semble étrangère.

Nous voyons les hommes à table : « *A dextris sit poculum,* et *cultellus escarius rite purgatus, ad laevam panis* », dit Érasme. La timbale et le couteau bien nettoyés à droite, le pain à gauche. Voilà pour le couvert ! Comme la plupart des convives apportent leur couteau, on recommande de le nettoyer soigneusement. Les fourchettes sont rares, on s'en sert surtout pour prendre la viande dans le plat commun. On mange à l'aide de la cuiller et du couteau. Chacun n'a pas toujours une cuiller à lui. C'est pourquoi Érasme dit : quand on te tend quelque chose de liquide, goûte et rend la cuiller après l'avoir bien essuyée.

Quand on sert de la viande, chaque convive s'en coupe un morceau, le saisit avec la main et le dépose sur son assiette si la table en comporte ; sinon, on place son morceau de viande sur une grosse tranche de pain. Le terme *quadra* dont Érasme se sert signifie apparemment aussi bien un « disque de métal » (assiette) qu'une « tranche de pain ».

« *Quidquam ubi bene consederint mox manus in epulas conjiciunt.* » Il y a des gens, dit Érasme, qui à peine assis allongent le bras vers le plat. C'est la manière de faire des loups et des goinfres. « Ne te précipite pas le premier sur le plat qu'on apporte. C'est le propre des paysans de plonger les doigts dans la sauce. Ne fouille pas dans le plat mais prends le premier morceau qui se présente. Comme il est indécent d'explorer le plat avec les mains... "*in omnes patinae plagas manum mittere*"... il est aussi mal élevé de faire pivoter le plat pour choisir le meilleur morceau. »

« *Quod digitis excepi non potest, quadra excipiendum est.* » Ce que tu ne peux pas tenir dans la main, pose-le sur ta *quadra*. Si quelqu'un t'offre un morceau de gâteau ou de pâté sur une cuiller, prends le morceau avec ta *quadra,* ou bien prends la cuiller qu'on te tend, dépose la friandise sur la *quadra* et rends la cuiller : « *Si quis e placenta vel artocrea porrexerit aliquid cochleari, aut quadra excipe, aut cochleare porrectum accipe, et inverso in quadram cibo cochleare reddito.* »

Nous avons dit que les assiettes sont rares. Les tableaux de cette époque représentant des banquets offrent toujours le même aspect qui nous étonne. Érasme en parle dans son traité : on couvre la table d'un tissu précieux ou on la laisse telle quelle : dans les deux cas elle comporte très peu d'ustensiles, des timbales, une salière, des couteaux, des cuillers ; parfois on aperçoit les tranches de pain, les *quadrae,* qui en français se disent « tranchoirs » ou

« tailloirs ». Tous, du roi et de la reine jusqu'au paysan et à la paysanne, mangent avec les mains. Dans la haute société, on applique certaines règles plus raffinées : Érasme dit qu'il faut se laver les mains avant de se mettre à table. Mais le savon est rare. En général, le convive tend la main, un page l'arrose d'un peu d'eau. Parfois, l'eau est parfumée de camomille ou de romarin[5]. Quand on se trouve en bonne société, on ne plonge jamais les deux mains à la fois dans un plat. La manière la plus distinguée consiste à ne se servir que de trois doigts. C'est ce geste qui permet de distinguer les couches supérieures des couches inférieures.

Quand les doigts sont graisseux, explique Érasme... « *digitos unctos vel ore praelingere vel ad tunicam extergere... incivile est* », il n'est pas convenable de les lécher ou de les essuyer avec son habit.

On offre son verre au voisin, ou bien tous boivent dans la même cruche. Érasme recommande aux convives d'« essuyer auparavant leurs bouches ». Il est aussi d'usage d'offrir à un voisin sympathique le morceau de viande qu'on est en train de manger : « Voilà un usage à éviter, dit Érasme, car il n'est pas très convenable de donner à un autre ce qu'on a déjà à moitié dévoré. » Nous lisons encore : « C'est d'un paysan que de replonger dans la sauce un morceau de pain dans lequel on a déjà mordu ;

il est peu élégant d'extraire de sa bouche un morceau qu'on a déjà mastiqué et de le remettre sur sa *quadra.* » « Si quelque chose te déplaît, retourne-toi discrètement et jette-le dans un coin. »

Ailleurs il dit : « Il est bon qu'une conversation intéressante coupe le repas. Certains hommes mangent et boivent sans arrêt, non parce qu'ils ont faim ou soif, mais pour se donner une contenance. Il leur faut se gratter la tête, se curer les dents, gesticuler en agitant les bras, jouer avec leur couteau, ou bien ils se sentent obligés de tousser, de se moucher, de cracher. Tout cela provient d'une sorte d'embarras de rustre et fait l'effet d'un comportement de fou. »

Mais Érasme juge indiqué et nécessaire de lancer des avertissements du genre de celui-ci : « Ne te découvre pas sans nécessité. » « *Membra quibus natura pudorem addidit, retegere citra necessitatem, procul abesse debet ab indole liberali. Quin, ubi necessitas hoc cogit, tamen id quoque decente verecundia faciendum est*.* »

Quelques-uns recommandent, dit-il, que le

* Découvrir sans nécessité les membres pour qui la nature exige la pudeur doit rester étranger à un beau naturel. Et, lorsque la nécessité y pousse, il faut le faire avec grande discrétion.

garçon « *compressis natibus ventris flatum retineat** ». Mais on risque ainsi de contracter une maladie.

Ailleurs il dit : « *Reprimere sonitum, quem natura fert, ineptorum est, qui plus tribuunt civilitati, quam saluti***. » N'hésite pas à vomir si tu en as envie : « *Vomiturus secede : nam vomere turpe non est, sed ingluvie vomitum accersisse, deforme est****. »

Érasme s'applique dans son traité sur le comportement humain à faire soigneusement le tour de toutes les situations de la vie sociale et mondaine. Il parle avec le même naturel des choses les plus élémentaires et des problèmes délicats des rapports humains. Le premier chapitre traite « de l'aspect décent et indécent de toutes les parties du corps ». Le deuxième « des soins corporels », le troisième « du maintien à l'église », le quatrième « des banquets », le cinquième « des réunions », le sixième « des jeux », le septième « de la chambre ».

Voilà le genre de problèmes qui permettent à Érasme de donner un nouvel essor à la notion de *civilitas*.

* Retienne un vent en serrant les fesses.

** Retenir un pet produit par la nature est le fait des imbéciles, qui accordent plus à la politesse qu'à la santé.

*** Écarte-toi pour vomir : car il n'est pas honteux de vomir, mais il est laid de se forcer à vomir.

Notre conscience n'est pas toujours à même d'opérer un tel retour à la première phase de sa propre histoire. Nous n'avons plus l'habitude de la franchise naïve avec laquelle Érasme pouvait s'attarder à tous les domaines du comportement humain : pour notre sensibilité, il dépasse souvent le seuil du tolérable. Mais celui-ci fait précisément partie des problèmes qui sont l'objet de notre étude. En remontant aux origines de la modification des concepts par lesquels les différentes sociétés cherchaient à s'exprimer, en allant à la recherche de l'ancêtre de notre « civilisation », à savoir de la notion de « civilité », on se trouve soudain confronté au processus même de la civilisation, aux vestiges du changement de comportement effectif tel qu'il s'est produit en Occident. Et c'est là un des caractères de ce processus que nous éprouvons de la répugnance à parler ou même à entendre parler de bien des sujets évoqués par Érasme.

Le malaise plus ou moins marqué qui s'empare de nous quand nous sommes en présence d'êtres humains qui évoquent et qualifient ouvertement leurs actes physiques, qui songent bien moins que nous à les dissimuler ou à les réprimer, entre pour une large part dans l'ensemble des sensations qui nous font juger ces êtres « barbares » ou « peu civilisés ». Et c'est là aussi la cause du « malaise » que nous inspire la barbarie ou, pour employer une formule relevant moins d'un jugement de valeur, une situation émotionnelle, des critères affectifs de ce qui est tolérable différents des nôtres, tels qu'ils ont existé naguère dans notre propre société, tels qu'ils existent encore de nos jours dans beaucoup de sociétés que nous qualifions de « non civilisées ». On peut se demander de quelle manière et pour quelle raison particulière la société occidentale est passée d'un niveau affectif à l'autre, comment elle s'est « civilisée ». Or, en approfondissant ce processus, on éveille nécessairement des sentiments de malaise et de gêne de ce genre. Il est utile d'en prendre conscience. On doit essayer, quand on se penche sur cette question, d'éliminer tous les sentiments d'embarras et de supériorité, tous les jugements de valeur, toutes les censures qu'impliquent dans notre esprit les notions de « civilisation » et de « non-civilisation ». Nos mœurs procèdent d'autres que nous avons l'habitude de qualifier de « non civilisées ». Mais toutes ces notions sont trop statiques, trop sommaires.. En réalité, les termes « civilisé » et « non civilisé » n'expriment pas une antinomie comme « bon » et « mauvais », mais les jalons d'une évolution qui n'est d'ailleurs nullement achevée. Il se pourrait fort bien que nos descendants affichent, face à notre niveau de civilisation, les mêmes sentiments de gêne qui s'emparent de nous quand nous évoquons le comportement de nos ancêtres. Les manifestations émotionnelles et les comportements au sein de la société ont évolué à partir d'une forme et d'un niveau que rien ne permet de regarder comme un « commencement », de qualifier d'une manière absolue et sommaire de « non civilisée », vers la situation actuelle que nous nous plaisons à appeler « civilisée ». Pour comprendre celle-ci, nous sommes obligés de remonter le cours de l'histoire en vue de retrouver celle dont elle est issue. La « civilisation » que nous considérons en général comme une « propriété » qui nous est offerte tout « armée », sans que nous nous demandions comment nous en sommes devenus les propriétaires, est en réalité un processus ou une phase d'un processus dont nous sommes nous-mêmes les sujets. Tout ce qui, à nos yeux, en fait partie, les machines, les découvertes scientifiques, le système gouvernemental, sont les témoins d'une certaine structure des rapports humains, de la société, d'un mode déterminé du comportement humain. Reste la question de savoir s'il est possible à la conscience réfléchie de percevoir avec une certaine précision et dans ses grands traits le processus social de la « civilisation » ou du moins de quelques-unes de ses phases.

2. *La civilité médiévale*

Le traité d'Érasme de Rotterdam *De civilitate morum puerilium* traduit un genre déterminé de comportement social. Pour le caractériser, il ne suffit déjà plus de recourir à l'antithèse simpliste « civilisation »-« non-civilisation ».

Qu'y eut-il avant lui ? A-t-il été le premier à s'occuper de ce genre de questions ?

Nullement. Déjà au Moyen Age, les gens se sont penchés sur ce problème, et avant eux les hommes de l'Antiquité grecque et même sans doute ceux des « civilisations » précédentes qui lui ont donné naissance.

Il est impossible de remonter aux origines d'un processus qui n'en a pas. Où qu'on commence, tout est mouvement et continuation d'un stade précédent. Toute exploration doit s'assigner des limites, limites correspondant, si faire se peut, aux phases réelles du processus historique. Qu'il nous suffise de prendre ici comme point de départ le niveau médiéval et — sans en faire l'objet de notre étude — d'examiner le mouvement, la courbe évolutive qui ont abouti à la situation moderne.

Or nous disposons d'un grand nombre d'informations sur ce que les hommes du Moyen Age considéraient comme « convenable » en société ; comme ailleurs, la tenue à table revêtait chez eux une importance particulière. Les banquets étaient bien plus qu'aujourd'hui le centre de la vie sociale, ils fournissaient souvent — mais pas toujours — le cadre aux conversations et aux réunions mondaines.

Des clercs savants nous ont laissé en latin des règles de conduite à table qui constituent des témoignages sur les mœurs mondaines de leur temps. Hugo de Saint-Victor (‡ 1141) a traité, dans son ouvrage *De institutione novitiarum* entre autres, de tels sujets. Le sepharadi Pierre Alphonsi les mentionne au début du XIIe siècle dans son traité *Disciplina clericalis,* Jean de Garland consacre quelques vers de son poème *Morale scolarium* de 1241 (662 vers en tout) à la tenue en société et plus spécialement au comportement à table.

En plus de ces « règles de convenances » transcrites par le clergé s'exprimant en latin, il existe à partir du XIIIe siècle des textes en langue vulgaire émanant en général de cercles courtois-chevaleresques.

Les documents les plus anciens sur le savoir-vivre des hauts milieux séculiers proviennent probablement de Provence ainsi que de l'Italie limitrophe avec laquelle la Provence entretenait des rapports culturels. Le texte allemand le plus ancien sur la *courtoisie* est l'œuvre du « Velche Thomasin de Zirklaria » et s'intitule *Der wälsche Gast* (l'hôte velche), traduction de F. Rückert. Un autre traité de *courtoisie* de Thomasin, rédigé en langue « velche », nous présente, dans sa traduction allemande, une forme précoce du mot *Höflichkeit.* L'auteur cite en effet quelque part cet ouvrage aujourd'hui perdu et lui donne le titre de *Buoch von der hüfscheit.*

Les cinquante *Curtesien* de Bonvicino da Riva et la *Hofzucht* attribuée à Tannhäuser sont issues du même milieu courtois-chevaleresque. On trouve aussi dans les grandes créations épiques de la société courtoise des préceptes de courtoisie, par exemple dans le *Roman de la Rose*[6] du XVe siècle. *The Book of Nurture* de John Russel, qui date probablement du XVe siècle et — sous une forme plus succincte — *The Babees Book*[7] sont de véritables abrégés du savoir-vivre de jeunes nobles au service d'un grand seigneur.

Il existe en outre une série de *Tischzuchten,* ou *Contenances de table* datant des XIVe et XVe siècles mais remontant sans doute à des sources plus anciennes. La mémorisation jouait un rôle plus important que de nos jours à une époque où les livres étaient rares et chers : le meilleur moyen d'enseigner aux gens à bien se tenir, surtout à table, consistait à leur présenter des préceptes sous forme de bouts rimés.

Ces *Tischzuchten* ne sont, pas plus que les

abrégés anonymes de la bonne conduite, les produits d'auteurs individuels au sens où l'on entend ce mot aujourd'hui dans une société hautement individualisée. Elles sont plutôt des fragments d'une tradition orale reflétant les usages de cette société : leur importance réside précisément dans le fait qu'elles ne nous rapportent pas des phénomènes extraordinaires et exceptionnels mais des normes de comportement. Les poèmes que la tradition attribue à des auteurs précis, la *Hofzucht* de Tannhäuser ou le *Book of Nurture* de John Russel, ne sont que les concrétisations individualisées des grands courants traditionnels qui ont traversé la société médiévale. Leurs auteurs n'étaient nullement des législateurs ou des maîtres créant des préceptes, mais des compilateurs de règles et de tabous usuels ; c'est la raison pour laquelle on retrouve dans la plupart de ces textes, qu'il y ait ou non des liens littéraires entre eux, des préceptes analogues qui ne sont autre chose que le reflet de coutumes portant témoignage d'un certain code de comportement et de normes émotionnelles données dans la vie de la société.

Il est vrai qu'on pourrait découvrir, en approfondissant ces textes, des différences nationales et même, dans la mesure où les documents sont assez complets pour permettre une telle comparaison, des différences révélatrices du niveau social. On dénote aussi quelques transformations à l'intérieur des mêmes courants de la tradition. Ainsi, il semblerait que le ton général et même les usages aient subi, dans le courant du XIVe ou du XVe siècle, l'influence d'éléments bourgeois, influence qui s'expliquerait par les transformations consécutives à la montée de la bourgeoisie des corporations : le même phénomène a été observé à une époque plus récente quand les modèles de comportement aristocratiques de cour ont été pris à leur compte par les milieux bourgeois.

Ce serait une tâche à part d'examiner les modifications survenues dans le cadre du comportement médiéval. Qu'il nous suffise d'en évoquer ici l'existence et de rappeler que les normes du Moyen Age n'avaient rien de « statique », qu'elles ne représentaient en aucune manière un « début » ou un « degré zéro » du processus de civilisation, pas plus d'ailleurs qu'un « âge barbare » ou une « époque primitive » comme on l'a affirmé parfois.

Disons que la situation se distinguait de la nôtre : la question de savoir si elle était meilleure ou pire est hors de propos. Si nous nous appliquons ici à étudier une « époque révolue », à remonter du XVIIIe au XVIe et du XVIe au XIIIe siècle, nous n'impliquons pas par là que nous nous acheminons vers le « début » du processus de civilisation ; nous sommes d'avis que l'évolution du processus depuis le Moyen Age jusqu'à l'aube des Temps modernes, que l'exploration des modifications subies par l'homme pendant cette période nous fournissent ample matière à réflexion.

Les « normes » de la « bonne conduite » étaient définies au Moyen Age comme à toutes les époques ultérieures par une notion bien déterminée : c'est par elles que les milieux séculiers médiévaux ou plus exactement leurs éléments avancés exprimaient la conscience de leur propre valeur et leur sensibilité spécifique. Or, le terme qui incarnait cette prise de conscience et les valeurs de la « sociabilité » se disait en français « courtoisie », en anglais *courtesy,* en italien *cortezia* (à côté d'autres termes similaires et souvent légèrement différenciés), en allemand *hövescheit, hübescheit* et parfois *zuht.* Ces termes révèlent d'une manière bien plus directe leur origine sociale que ceux qui les remplaceront par la suite et qui en assumeront la fonction. Ils se réfèrent sans exception au savoir-vivre pratiqué *à la cour.* Ce n'est pas la chevalerie dans son ensemble mais une couche supérieure d'aristocrates de cour évoluant dans l'entourage des grands seigneurs féodaux qui se sert de ces termes pour bien marquer ce qui, pour leur sensibilité, les distingue des autres, à savoir les règles et interdictions spécifiques qui, élaborées d'abord par les grandes cours féodales, se sont emparées ensuite de couches sociales plus larges. Nous pouvons faire abstraction dans ce contexte de ces petites différenciations. Quand on les compare aux époques ultérieures, on constate en premier lieu la grande homogénéité des bonnes et mauvaises habitudes dont il est question ici, et qui constituent précisément ce qu'on appelle des « normes de comportement ».

Quelles sont ces normes ? Quel est le comportement typique, quels sont les caractères généraux des règles de conduite ?

Ce qui les caractérise en premier lieu quand on les compare aux règles d'époques plus récentes, c'est ce qu'on pourrait appeler leur simplicité, leur naïveté. Elles expriment — comme toutes les sociétés aux émotions plus brusques et plus directes — un ensemble de pensées moins nuancées, moins complexes : il y a l'ami et l'ennemi, le plaisir et le déplaisir, les bons et les méchants.

Suis donc l'homme honnête et montre de la colère (= de l'hostilité) à l'homme méchant, lisons-nous dans la traduction allemande des *Disticha Catonis*[8], « règles de conduite » attribuées au Moyen Age à Caton. Ailleurs, nous lisons[9] :

Si tes domestiques te mécontentent,
cher fils, fais bien attention
de ne pas te mettre en colère
au point qu'un jour tu le regretteras.

Tout est plus simple, on retient moins ses impulsions et ses tendances, même à table :

Deux hommes de noble extraction ne
doivent se servir de la même cuiller ;
Quand des hommes courtois en sont
réduits là, il leur arrive un désagrément.

nous explique la *Hofzucht* de Tannhäuser[10]. *Hübsche Leute,* ce sont les nobles, les « hommes de la cour ». Les règles de la *Hofzucht* (courtoisie) s'appliquent exclusivement à la couche dominante, à l'aristocratie chevaleresque. Les auteurs ne se lassent pas d'opposer les mœurs « nobles, courtoises » au comportement des paysans (*geburischensiten*)

Quelques personnes mordent dans leur
[tranche de pain
et la replongent ensuite dans le plat
à la manière des paysans ;
les hommes « courtois » s'abstiennent de
ces mauvaises habitudes[11].

Quand tu as entamé un morceau de pain, ne le replonge pas dans la sauce; c'est ainsi que font les paysans mais non les hommes « courtois ».

> Quelques personnes ressentent le besoin
> de remettre dans le plat l'os
> qu'elles viennent de ronger;
> cette façon d'agir doit être rejetée[12].

Ne rejette pas dans la terrine commune l'os que tu as rongé... D'autres textes nous apprennent que c'était l'usage de les jeter par terre.

> Se râcler la gorge en se mettant à table
> ou se moucher dans la nappe
> sont choses peu convenables
> pour autant que je puisse en juger[13].

Une autre règle disait :

> Celui qui se mouche sur la table
> et essuie le résultat avec la main
> est un sot qui, à mon avis,
> ne sait pas se conduire[14].

Se moucher avec les doigts était un procédé courant : le mouchoir n'existait pas encore. Mais à table il fallait s'entourer de certaines précautions ; il était d'autre part déconseillé de se moucher dans la nappe.

Il ne faut pas non plus renifler et faire du bruit en mangeant :

> Celui qui souffle comme un « blaireau
> [d'eau » (= phoque)
> quand il est installé à table, comme
> [certains font,
> ou qui fait du bruit avec la bouche comme
> [un *Beiersahs*
> (le sens de ce terme n'est pas très clair,
> peut-être « rustre »)
> risque fort de passer pour mal élevé [15].

Quand on ressent le besoin de se gratter, il ne faut pas le faire avec la main mais se servir de son vêtement :

> Vous ne devez pas non plus vous gratter
> [le cou
> pendant le repas avec votre main ;
> si c'est indispensable, servez-vous
> à cet effet poliment de votre habit [16].

Chacun se servait avec la main dans le grand plat. C'est pourquoi il ne fallait pas, à table, porter la main aux oreilles, au nez ou aux yeux :

Il est malséant de porter la main aux
[oreilles
ou aux yeux, comme certains le font,
ou de tirer la morve du nez :
ce sont là trois choses à ne pas faire[17].

Avant de se mettre à table, il fallait se laver les mains :

Je me suis laissé dire
— si c'est vrai c'est une chose peu conve-
[nable —
que certaines personnes mangent sans
[s'être auparavant lavées ;
Que leurs doigts soient frappés de para-
[lysie[18] !

Un autre poème didactique sur la manière de se tenir à table (*Tischzucht*) qui a beaucoup de points communs avec la *Hofzucht* de Tannhäuser et dont certains vers présentent des similitudes textuelles, « *ein spruch der ze tische kërt*[19] », rccommandc de manger avec une seule main ; quand on partageait la même assiette ou la même tranche de pain avec une autre personne, ce qui arrivait fréquemment, il était conseillé de se servir de la main extérieure :

Il faut toujours manger de la main qui est
[la plus éloignée du voisin ;
si ton voisin se tient à ta droite,
mange de ta main gauche[20] !

Il faut s'élever contre l'habitude
de manger avec les deux mains à la
[fois[21].

Quand on n'avait pas de serviette, il n'était pas admis de s'essuyer les mains avec son vêtement, mais il fallait les laisser sécher à l'air, lisons-nous dans le même poème[22]. Et ailleurs :

Procure-toi à temps ce qu'il te faut
Pour ne pas avoir ensuite à rougir de
[honte.
Il est peu élégant de desserrer la ceinture
[pendant le repas[23].

Toutes ces recommandations s'adressent à des adultes et non seulement à des enfants. Ces règles qui nous semblent élémentaires et qui visent les couches supérieures de la société sont aujourd'hui chose courante même dans les milieux ruraux. Des textes « courtois » rédigés dans d'autres langues font état, à quelques détails près, du même niveau de civilisation.

On a pu retracer un des nombreux courants traditionnels qui, partant de certains textes latins, aboutirent à des « contenances à table » françaises, peut-être aussi italiennes, ainsi qu'à un recueil provençal[24] ; ils contiennent des préceptes et des interdictions présentés sous des formes diverses, et qui ressemblent pour l'essentiel aux *Tischzuchten* allemandes. Nous trouvons en premier lieu l'obligation de dire le bénédicité, obligation qui figure aussi chez Tannhäuser. On recommande à de nombreuses reprises de s'asseoir à la place attribuée et de ne pas porter les mains au nez et aux oreilles. Il ne faut pas poser les coudes sur la table, y lisons-nous souvent. Il faut en outre afficher un air joyeux, ne pas trop bavarder. Il est peu élégant de se gratter à table ou de se précipiter comme un affamé sur les mets. Il est interdit de remettre sur le plat commun un morceau qu'on a déjà introduit dans sa bouche ; cette interdiction est souvent répétée. On nous indique tout aussi souvent qu'il est indispensable de se laver les mains avant de se mettre à table ; il ne faut pas plonger dans la salière le morceau qu'on s'apprête à avaler. D'autres recommandations reviennent souvent : il ne faut pas se curer les dents à l'aide de son couteau, cracher sur la table ou par-dessus la table. Il ne faut pas réclamer un mets qui a déjà été porté à l'officine. Souvent on recommande de ne pas se laisser aller ! Il faut essuyer ses lèvres avant de boire ; il ne faut jamais critiquer les mets servis ou tenir des propos offensants pour les autres convives. Si on a plongé son pain dans le vin, il faut le boire ou le jeter. Il ne faut pas nettoyer ses dents avec la nappe. Il ne faut pas offrir à un autre convive la soupe qu'on a lampée à moitié ou le pain dans lequel on a mordu ; il ne faut pas se moucher bruyamment, s'endormir à table. Et ainsi de suite.

On rencontre des préceptes et des indications d'un niveau comparable dans d'autres séries de poèmes didactiques sur les manières à recommander et à proscrire, dans d'autres courants traditionnels sans contact direct avec les ouvrages français. Tous témoignent d'un certain code réglant les rapports d'homme à homme caractéristiques de la société et de la « psyché » médiévales. Le lien de parenté qui les unit est d'ordre sociogénétique et psychogénétique ; il *peut* y avoir — mais ce n'est pas là un trait obligatoire — un lien littéraire entre les préceptes français, anglais, italiens, allemands et latins. Les différences qu'on observe sont bien moins importantes que les similitudes, qui répondent à l'unité plus grande du comportement, comparé à celui de l'époque moderne, de la couche dominante médiévale.

Les « courtoisies » de Bonvicino da Riva par exemple, qui sont, compte tenu de l'évolution en Italie, parmi les « contenances de table » les plus « progressistes » de leur temps, contiennent, en plus des préceptes français, la recommandation de se détourner pour tousser où éternuer et de ne pas lécher ses doigts. Da Riva ajoute qu'il ne faut pas choisir dans le plat les beaux morceaux et couper convenablement son pain. Il ne faut pas toucher avec les doigts le bord de la coupe commune et tenir celle-ci des deux mains. Mais à ces détails près, la teneur et le niveau des mœurs sont dans l'ensemble les mêmes. Il est intéressant de noter qu'un adaptateur des « courtoisies » de Bonvicino da Riva, qui a édité l'ouvrage trois siècles plus tard, n'a apporté aux règles édictées par l'auteur que deux modifications peu importantes[25] : il conseille de prendre la coupe à deux mains, seulement quand elle n'est pas trop pleine ; quand plusieurs personnes y boivent il est déconseillé d'y tremper son pain, alors que da Riva indique simplement qu'il faut jeter le pain trempé ou vider la coupe.

La tradition allemande permet de faire des constatations analogues. Des *Tischzuchten* allemandes rédigées au XVe siècle sont peut-être d'un style plus fruste que *Der wälsche Gast* de Thomasin de Zirklaria ou la *Hofzucht* de Tannhäuser du XIIIe siècle. Mais le niveau général des mœurs ne semble guère avoir subi de modifications. On fait parfois remarquer qu'un code qui, par ailleurs, ressemble beaucoup à ceux des périodes précédentes, recommande comme nouveauté de ne pas cracher sur la table mais seulement sous la table et contre les murs. On a voulu y voir une preuve d'une certaine décadence des mœurs. Mais il est très douteux que les siècles précédents aient eu une attitude différente dans ce domaine, puisqu'on rencontre des recommandations analogues dans certains écrits relevant de la tradition française. L'iconographie de cette époque confirme d'autre part des données plus générales tirées de la littérature. Mais dans ce domaine aussi, des recherches plus approfondies sont nécessaires. Les reproductions de banquets font état, jusqu'au milieu du xve siècle, de très peu de vaisselle, même s'il est vrai que certains détails changent d'une période à l'autre. Dans les maisons de riches les plats sont servis à partir de l'office, souvent sans ordre précis. Chacun prend ou demande ce que la fantaisie lui suggère. On se sert dans des plats communs. On mange les matières solides et plus spécialement la viande avec les mains, les matières liquides à l'aide d'une cuiller ou d'une louche. Mais très souvent, on boit la soupe ou la sauce en portant le récipient à la bouche. Pendant longtemps, on sert tous les mets dans les mêmes plats. On mange tout avec le même couteau, avec la même cuiller. On boit dans les mêmes verres. Souvent deux convives se servent du même couvert.

C'est là, si l'on peut s'exprimer ainsi, le niveau de la « technique de table » pendant le Moyen Age, technique qui reflète un niveau bien déterminé des rapports humains et des réactions émotionnelles.

Nous avons déjà dit qu'on observe à l'intérieur des mêmes normes un grand nombre de modifications et de différenciations : ainsi quand des hommes de rang social différent mangent ensemble à la même table, on accorde à celui qui occupe un rang social plus élevé la priorité quand il s'agit de se laver les mains ou de choisir un morceau dans le plat commun. La forme des ustensiles de table se modifie considérablement au cours des siècles. Il y a certaines « modes » et certaines tendances révélatrices d'un « degré d'évolution » déterminé. La couche supérieure séculière se signale par un luxe extraordinaire. Ce n'est pas le manque d'ustensiles qui décide du niveau des convenances de table ; nul ne ressent le moindre besoin d'y apporter des changements. On considère cette manière de manger comme allant de soi. Elle est en accord avec la vie sociale de l'époque. Mais les hommes se sentent poussés à marquer leur rang par la richesse des ustensiles et du décor de table. Au XIIIe siècle, les cuillers sur la table des riches sont en or, cristal de roche, corail, serpentin. On lit que dans telle maison, le couteau a un manche d'ébène pendant le carême, un manche d'ivoire à Pâques, un manche incrusté à la Pentecôte. Les louches sont d'abord arrondies ce qui oblige les convives à ouvrir toute grande la bouche. A partir du XIVe siècle, elles adoptent une forme ovale.

La fourchette apparaît à la fin du Moyen Age : elle sert surtout à prendre des mets dans le plat commun. Le riche trésor de Charles V comporte une douzaine de fourchettes. A l'inventaire particulièrement copieux de Charles de Savoie, où les ustensiles de table sont bien représentés, ne figure qu'une seule fourchette[26].

On dira : « Quels progrès avons-nous faits par rapport à ces mœurs et usages ? » ; d'ailleurs, on ne voit pas toujours très bien qui se cache derrière ce « nous » ; celui qui pose la question, semble parfois, par une sorte d'identification, s'attribuer une part du progrès réalisé.

On pourrait aboutir aussi à un jugement opposé : « Qu'est-ce qui a changé ? Quelques usages tout au plus ! » Plus d'un observateur serait tenté de juger ces usages comme il jugerait de nos jours les mœurs de table de certains enfants : « Si un homme raisonnable leur avait expliqué que leur manière de manger n'était ni appétissante ni hygiénique, s'il leur avait appris à se servir d'une fourchette et d'un couteau, les mauvaises habitudes auraient rapidement disparu. »

Mais il est impossible d'isoler le comportement à table du contexte social. Les « contenances de table » ne constituent qu'un fragment — certes fort caractéristique — du comportement social dans son ensemble, tel qu'il résulte des règles imposées. Son niveau répond à une structure sociale déterminée. Il s'agit donc d'en examiner la nature. Le comportement de l'homme médiéval n'était pas moins lié à l'ensemble de ses formes d'existence, à la structure de sa vie que notre comportement et notre code social à notre genre de vie et à la structure de notre société.

Il arrive qu'un petit événement éclaire les raisons de la solidité de ces mœurs et nous montre qu'il ne s'agit pas uniquement d'un élément « négatif », d'un « manque de civilisation » ou d'« information » comme nous sommes trop facilement portés à le croire ; nous nous rendons compte que ces mœurs répondaient à un besoin intérieur de ces hommes, qui les jugeaient, sous la forme qui leur était familière, utiles et nécessaires.

Au XIe siècle, un doge vénitien épousa une princesse grecque. Dans les milieux byzantins auxquels elle appartenait on se servait, de toute évidence, de fourchettes. Nous apprenons en effet que la princesse portait sa nourriture à la bouche « au moyen de petites fourches en or et à deux dents[27] ».

Ce fait provoqua à Venise un éclat sans précédent : « Cette nouveauté passa pour une marque de raffinement si outré, que la dogaresse fut sévèrement objurguée par les ecclésiastiques, qui attirèrent sur elle le courroux divin. Peu après, elle était atteinte d'une maladie repoussante et saint Bonaventure n'hésita pas à déclarer que c'était un châtiment de Dieu. »

Il a fallu attendre cinq cents ans pour que la structure des rapports humains se modifiât de telle manière qu'on ressentait le besoin général de cet instrument. A partir du XVIe siècle, la fourchette s'implanta, venant d'Italie, d'abord en France, puis en Angleterre et en Allemagne, au moins dans les couches sociales supérieures : au début elle servait à prendre les mets dans le plat commun. Henri III en importa l'usage en France, probablement de Venise. On se moquait de ses courtisans et de leur manière « affectée » de se tenir à table. Il est fort probable qu'au début ils étaient peu habitués au nouvel instrument. Les gens racontaient en effet que la moitié de la nourriture tombait de la fourchette « entre le plat et la bouche ». Ce que nous considérons comme une coutume naturelle parce que nous y sommes habitués et conditionnés depuis notre plus tendre enfance ne fut accepté et acclimaté que lentement et péniblement par la société. Cela ne s'applique pas seulement à des objets en apparence peu importants comme la fourchette, mais aussi à des comportements qui nous semblent aujourd'hui plus significatifs et plus essentiels [28].

Encore au XVIIe siècle, la fourchette était essentiellement un objet de luxe en or ou en argent dont se servait la couche supérieure.

L'accueil que cette société fit à la « nouveauté » met en évidence un autre fait : des hommes qui mangeaient comme les hommes du Moyen Age, qui prenaient la viande dans le même plat avec les doigts, qui buvaient le vin dans la même coupe, qui lampaient la soupe dans le même bol ou dans la même assiette — sans parler des autres particularités de leur comportement que nous passerons en revue plus tard — entretenaient entre eux des rapports différents des nôtres ; ces différences n'affectaient pas seulement leur conscience claire et raisonnée mais également leur vie émotionnelle dont la structure et le caractère étaient différents des nôtres. Leur « économie affective » était orientée en fonction de relations et d'attitudes qui, comparées au conditionnement émotionnel auquel nous sommes soumis, nous paraissent pénibles ou du moins peu attrayantes. Ce qui faisait défaut dans ce monde « courtois » ou ce qui n'existait pas dans la même mesure qu'aujourd'hui, c'était ce mur invisible de réactions affectives se dressant entre les corps, les repoussant et les isolant, mur dont on ressent de nos jours la présence au simple geste d'un rapprochement physique, au simple contact d'un objet qui a touché les mains ou la bouche d'une autre personne ; il se manifeste déjà dans le sentiment de gêne que nous éprouvons en assistant à certaines fonctions physiques, et très souvent à leur évocation, il se manifeste aussi dans le sentiment de honte qui s'empare de nous quand certaines de nos fonctions physiques sont exposées aux regards des autres, et parfois même quand nous prenons conscience de leur existence.

3. *La mutation du comportement à la Renaissance*

Le seuil de ce qui affecte notre sentiment de pudeur se déplace-t-il au temps d'Érasme ? Son traité contient-il des indications que la délicatesse et la retenue que les hommes entendent trouver dans leurs rapports avec autrui augmentent ? On serait tenté de le croire. Les traités de savoir-vivre des humanistes forment en quelque sorte la transition entre ceux du Moyen Age et ceux de l'aube des temps modernes. L'ouvrage d'Érasme, qui constitue à son époque un sommet du genre, n'échappe pas à cette ambiguïté. A plus d'un point de vue, il se rattache à la tradition médiévale. Nous trouvons chez lui quantité de règles et de préceptes puisés dans le courant traditionnel des écrits courtois. Mais on n'en reconnaît pas moins quelques tentatives de renouveau. L'ouvrage d'Érasme donne naissance à un concept appelé à remplacer peu à peu la courtoisie féodale-chevaleresque. En effet, dans le courant du XVIe siècle, la couche dirigeante se sert de moins en moins du terme de « courtoisie » pour mettre à sa place celui de « civilité » qui s'imposera au XVIIe siècle, notamment en France. On peut y voir le symptôme d'un changement de comportement important. Celui-ci ne s'est pas opéré par la substitution d'un nouvel idéal de savoir-vivre à un autre, plus ancien, diamétralement opposé. La *civilitas morum puerilium* d'Érasme — pour ne nous occuper pour le moment que de celle-ci — s'inscrit à beaucoup d'égards dans la ligne de la tradition médiévale. On y retrouve la plupart des règles de la « société courtoise » ; on continue de manger avec les mains, même si Érasme précise qu'il faut se servir de trois doigts seulement et non de la main entière. Il reprend aussi la vieille recommandation de ne pas se précipiter sur la nourriture comme un goinfre, de se laver les mains avant de se mettre à table, il y est question de la manière de cracher, de se moucher, de manier le couteau, etc. Il se peut qu'Érasme ait connu l'une ou l'autre des « convenances rimées » ou les écrits ecclésiastiques traitant de telles questions. Une partie de ces ouvrages avait sans doute bénéficié d'une large diffusion et il est peu probable qu'Érasme les ait ignorés. Nous sommes mieux renseignés sur ses références à l'héritage de l'Antiquité. Certains de ses commentateurs contemporains en font déjà état. Le rôle de l'œuvre dans les nombreuses discussions humanistes sur le problème de la formation humaine et de la décence n'a pas été entièrement élucidé[29]. Mais ce qui nous intéresse dans ce contexte, ce sont moins les implications littéraires de l'ouvrage que ses incidences sociogénétiques. On peut considérer comme certain qu'Érasme ne s'est pas contenté de compiler des textes existants ; comme toute personne qui s'est penchée sur la question, il avait une idée précise du code social, des normes en matière de bonne et de mauvaise conduite. Le texte d'Érasme est également une collection d'observations tirées de la vie sociale de son époque. Il est, comme on a affirmé plus tard, un peu « l'œuvre de tout le monde ». Son succès, sa diffusion, son utilisation comme manuel de l'éducation des garçons prouvent abondamment qu'il répondait à un besoin social, qu'il présentait des modèles de comportement conformes à son temps, modèles qu'exigeait la société, ou — pour être plus précis — la couche dirigeante.

Cette société était engagée dans un *processus de transition.* Il en était de même de ses règles de conduite. Le ton de l'ouvrage, sa manière d'envisager les problèmes montrent bien qu'en dépit de ses liens avec le Moyen Age, il annonce des temps nouveaux. Ce qui, pour notre sensibilité, s'identifie à la « simplicité », l'opposition naïve entre le « bien » et le « mal », le « brave » et le « méchant » a disparu. La vision du monde est plus différenciée, elle est moins fondée sur des réactions affectives.

Ce qui distingue les écrits humanistes du même genre, ce qui distingue surtout le traité d'Érasme des « codes courtois » médiévaux, ce ne sont pas exclusivement les règles, les bonnes et mauvaises coutumes qui les ont inspirées, c'est en premier lieu le ton, c'est la manière d'envisager les problèmes. En effet les règles du jeu qu'on transmettait au Moyen Age de génération à génération comme un bien impersonnel prennent soudain l'allure d'un enseignement nouveau, enseignement dispensé par un homme qui bien qu'ayant assimilé les écrits médiévaux et surtout anciens n'en propose pas moins ses observations et expériences personnelles.

Ce qui nous frappe dans *De civilitate morum puerilium* est encore plus visible dans les écrits antérieurs d'Érasme où se manifeste d'une façon bien plus éclatante et plus directe l'imprégnation de la pensée médiévale et antique par l'expérience personnelle. Déjà dans ses

Colloquia qui s'appuient sans aucun doute en partie sur des modèles anciens et surtout sur Lucien, et plus encore dans le dialogue intitulé *Diversoria* (Bâle 1523), Érasme nous dépeint quelques-unes de ses expériences qu'il utilisera dans sa *Civilitas morum.*

Les *Diversoria* traitent de la différence des mœurs dans les auberges allemandes et françaises. Ainsi, l'auteur décrit par exemple une salle d'auberge en Allemagne : quatre-vingts à quatre-vingt-dix personnes s'y tiennent serrées les unes contre les autres ; on nous dit expressément qu'il ne s'agit pas seulement de gens appartenant aux basses couches de la population, mais aussi de riches et de nobles, d'hommes, de femmes, d'enfants. Et chacun fait ce qu'il juge utile. L'un lave ses vêtements et les étend près du poêle pour les sécher. L'autre se lave les mains. Mais la cuvette est si malpropre qu'il faudrait, pour bien faire, se laver une deuxième fois dans de l'eau propre. L'air est imprégné de relents d'ail et d'autres produits malodorants. On crache partout. Quelqu'un nettoie ses souliers sur la table. Puis, on sert à manger. Chacun plonge dans le plat commun son morceau de pain, y mord et recommence l'opération. Les assiettes sont sales, le vin est mauvais et quand on en réclame du meilleur, l'aubergiste répond : j'ai hébergé des nobles et des comtes ! Si vous n'êtes pas content, allez vous loger ailleurs ! L'étranger est particulièrement mal loti. Pour commencer on le regarde comme une bête curieuse d'Afrique. D'une manière générale, ces gens ne respectent que les aristocrates de leur propre pays.

La pièce est trop chauffée ; tout le monde transpire et tamponne son front ruisselant de sueur. Il y a certainement des gens atteints d'une maladie secrète. « La plupart, explique un des interlocuteurs, sont porteurs de la maladie espagnole, ce qui les rend aussi redoutables que des lépreux.

— Des gens courageux, répond l'autre, s'en moquent et ne s'en soucient pas.

— Mais ce courage, beaucoup l'ont payé de leur vie.

— Que voulez-vous qu'ils fassent ? Ils s'y sont habitués et un homme de cœur ne se défait pas de ses habitudes ! »

On voit bien qu'Érasme est — comme ceux qui avant et après lui ont décrit le comportement et les manières d'une société — en premier lieu le chroniqueur qui rend compte des habitudes bonnes ou mauvaises qu'il a observées dans la vie sociale. Ce sont ces habitudes qui déterminent dans une large mesure la concordance de ces textes, mais aussi bien leurs différences. Le fait que ces ouvrages exposent moins que d'autres, qui retiennent généralement notre attention, les idées extraordinaires d'un personnage hors-classe, que leur sujet même les oblige à s'en tenir strictement à la réalité sociale, leur confère une importance particulière en tant que source d'information sur les processus sociaux.

Mais les remarques d'Érasme sur ce sujet font, avec celles de quelques autres auteurs de la même période, figure d'exception parmi les écrits traditionnels traitant des convenances et manières ; car, dans le cas d'Érasme, ces règles et recommandations en partie très anciennes portent néanmoins la marque d'un tempérament individuel. Et c'est là encore un « signe des temps », une preuve de la transformation de la société, un symptôme de ce qu'on appelle à tort l'« individualisation ». Une autre évidence se dégage de ce qui précède : le problème du comportement dans la société s'était précisé en ce temps à tel point que même des hommes de grand talent et de renommée universelle ne méprisaient pas de s'en occuper. Par la suite, cette tâche se dégrade et devient l'apanage d'esprits de deuxième et de troisième plan qui copient, développent, étendent ce qui a été fait dans le passé : on assiste à la formation d'une tradition impersonnelle qui se reflète dans d'innombrables « traités de convenances ». Encore cette tradition est-elle moins rigide que celle du Moyen Age.

Nous reparlerons des mouvements sociaux qui ont donné naissance aux changements de comportement et de savoir-vivre et qui ont déplacé le seuil de ce qui est ressenti comme « pénible ». La remarque qui va suivre est une simple anticipation destinée à mieux faire comprendre la position d'Érasme et sa manière de présenter les « convenances ».

Le traité d'Érasme est le fruit d'une époque de regroupement social : il est l'expression de cette féconde période transitoire succédant à l'assouplissement de la hiérarchie sociale médiévale et précédant la consolidation de la hiérarchie sociale moderne. Il appartient à cette phase historique qui voit s'achever la décadence de l'ancienne noblesse chevaleresque féodale et s'installer la couche nouvelle absolutiste de cour. Cette situation offrait aux représentants d'une petite couche d'intellectuels séculiers-bourgeois, c'est-à-dire aux humanistes, tendance à laquelle se rattache aussi Érasme, la possibilité d'une ascension sociale rapide, de la conquête de la célébrité et du pouvoir spirituel d'une part, d'une prise de position franche et distante de l'autre, : une telle possibilité n'existait dans la même mesure ni avant ni après cette période. Or, cette prise de position par laquelle quelques représentants de l'intelligentsia de leur temps refusaient de s'identifier totalement et inconditionnellement à tel groupe social — ce qui ne les empêchait pas toutefois de se sentir plus proches de la couche des aristocrates de cour — se reflète également dans le traité de *De civilitate morum puerilium.* Érasme n'ignore ni ne dissimule les différences sociales. Il sait pertinemment que les cours princières sont les pépinières de ce qu'on appelait de son temps les « bonnes manières ». C'est ainsi qu'il explique au jeune prince à qui il dédie son ouvrage : « Si je parle à ta jeunesse du savoir-vivre des jeunes garçons ce n'est pas parce que tu aurais un besoin particulier de ces recommandations : tu as été élevé depuis ta plus tendre enfance parmi des hommes de cour et tu as bénéficié de très bonne heure d'excellents éducateurs... Ce n'est pas non plus parce que tout ce que contient ce petit traité te concerne ; tu es fils de prince et tu es né pour régner. »

Mais Érasme affiche en toutes circonstances et d'une manière particulièrement appuyée sa fierté d'intellectuel, sa conscience d'avoir acquis par l'esprit, par la science, par ses écrits, par son appartenance à la couche des humanistes cultivés le droit de prendre ses distances à l'égard des couches dirigeantes et d'exprimer sans fard ses opinions, même si, intérieurement, il se rattache à ces couches : « *In primis pueros decet omnis modestia,* c'est par ces mots qu'il termine sa dédiace au jeune prince :

*et in his praecipue nobiles. Pro nobilibus autem habendi sunt omnes qui studiis liberalibus excolunt animum. Pingant alii in clypsis suis leones, aquilas, tauros et leopardos : plus habent verae nobilitatis, qui pro insignibus suis tot possunt imagines depingere, quot perdidicerunt artes liberales**. »

Voilà le langage, voilà la fière assurance de l'intellectuel à ce stade de l'évolution sociale. On discerne aisément l'affinité sociogénétique et psychogénétique de telles pensées avec celles de l'intelligentsia allemande du XVIIIe siècle et de leur autojustification par des notions telles que « culture » et « formation » *(Bildung)*. Mais pendant la période suivant immédiatement celle où vécut Érasme, peu d'hommes ont eu le courage ou seulement la possibilité sociale d'exprimer de telles idées ouvertement sous la forme d'une dédicace à un noble. Au fur et à mesure que se consolide la hiérarchie sociale, des propos de ce genre auraient été ressentis comme un manque de tact et peut-être même comme une attaque.

* Toute modestie convient avant tout aux jeunes, principalement aux nobles. Mais il faut considérer comme nobles tous ceux qui se cultivent l'esprit par des études libérales. Que d'autres peignent sur leurs blasons des lions, des aigles, des taureaux et des léopards : ceux-là possèdent plus de vraie noblesse qui peuvent peindre sur leurs blasons leur maîtrise des arts libéraux.

L'observation minutieuse des différences hiérarchiques sera, dorénavant — au moins en France — le critère même de la politesse, la condition *sine qua non* de la « civilité ». Aristocrates et intellectuels bourgeois entretiennent des rapports mondains, mais le tact exige de respecter les différences d'état et d'en tenir compte dans les relations sociales. En Allemagne par contre, il y aura toujours, à partir de l'époque humaniste, une couche d'intellectuels bourgeois sans contacts ou presque — si l'on fait abstraction de quelques rares exceptions — avec la société aristocratique de cour, couche qui porte les caractères spécifiques de la classe moyenne *(mittel-ständisch).*

L'évolution des traités allemands du savoir-vivre *(Manier-enschriften)*, les traits qui les distinguent des traités français, nous en fournissent la preuve irréfutable. Ce n'est pas notre propos d'examiner en détail ces différences ; il suffit de songer à un ouvrage comme *Grobianus*[30] de Dedekend et à sa traduction allemande par Conrad Scheidt, dont le rayonnement et l'influence furent immenses, pour bien s'en rendre compte. La littérature allemande plus ou moins inspirée par *Grobianus* qui traduit, malgré ses pointes d'humour et d'ironie, un besoin réel « d'adoucissement des mœurs » révèle plus que les ouvrages analogues d'autres traditions nationales les attaches spécifiquement bourgeoises et l'appartenance à la classe moyenne de leurs auteurs, généralement des pasteurs protestants ou des maîtres d'école. Cette remarque s'applique à la plupart des écrits parus après l'époque humaniste en Allemagne et traitant des « bonnes manières » et du « savoir-vivre ». Certes, en Allemagne aussi, ce sont les cours qui modèlent et déterminent les « bonnes manières » ; mais comme les barrières sociales entre bourgeoisie et aristocratie de cour sont particulièrement marquées, les auteurs bourgeois de « traités de convenances » présentent ces dernières comme des produits étrangers qu'il faut connaître puisque les cours les pratiquent. Malgré leur familiarité avec le sujet, les auteurs bourgeois en parlent en observateurs extérieurs, souvent avec une étrange gaucherie. L'intelligentsia allemande qui tient la plume après l'époque médiévale, et plus spécialement après la Guerre de Trente Ans, est une couche relativement brimée, à l'activité régionale, aux ressources limitées, confinée dans les limites d'une classe sociale. Cc n'est que pendant la seconde moitié du XVIIIe siècle, quand l'intelligentsia bourgeoise, assumant en quelque sorte le rôle d'avant-garde de la bourgeoisie marchande, conquiert de meilleures chances de promotion sociale et une plus grande liberté d'action, qu'on retrouve le langage et le vocabulaire d'une confiance en soi proche de celle des humanistes et d'Érasme; mais même pendant cette période, il est rare d'entendre des propos sur les nobles qui ressemblent à ce défi même exprimé en filigrane : vos animaux héraldiques ne valent pas l'exercice des *artes liberales,* ne valent pas les réalisations artistiques et scientifiques.

Le mouvement du XVIIIe siècle finissant dont nous avons fait la démonstration dans notre avant-propos se rattache à une tradition bien ancienne, à une sorte de loi structurelle de la société allemande, loi qui se manifeste surtout à partir de la période d'épanouissement rapide des villes allemandes et de la bourgeoisie allemande à la fin du Moyen Age. En France et pendant certaines époques aussi en Angleterre et en Italie, une partie des auteurs bourgeois croit appartenir aux cercles aristocratiques de cour. En Allemagne, ce phénomène est rare. En France, en Angleterre et en Italie, les auteurs bourgeois n'écrivent pas seulement souvent pour l'aristocratie de cour, ils s'identifient dans une large mesure avec les mœurs, les usages, les perspectives de celle-ci. En Allemagne, cette identification de l'intelligentsia avec l'aristocratie de cour est moins totale, moins évidente, moins fréquente. L'attitude d'ambiguïté de la classe moyenne et sa méfiance certaine à l'égard de ceux dont l'autojustification se fonde essentiellement sur le savoir-vivre, la politesse et les bonnes manières, sur l'entregent et le naturel dans le domaine des relations mondaines, se réclament en Allemagne d'une tradition très ancienne qu'actualise le fait que les « valeurs d'être » *(Seinswerte)* de l'aristocratie de cour allemande, morcelée en de nombreux groupes d'importance fort variable, fonctionnarisée par surcroît depuis longtemps et ne formant en aucune manière une *society* homogène, n'ont pu être portées à la perfection comme dans les autres pays occidentaux. En contrepartie, l'Allemagne est bien plus marquée que les autres pays occidentaux par un ensemble de phénomènes qui se manifestent tant par la tradition administrative, culturelle et universitaire de la classe moyenne que par la tradition aristocratique dans la fonction publique et les carrières militaires.

L'influence du traité d'Érasme se fait sentir aussi bien en Allemagne qu'en Angleterre, en France et en Italie. Ce qui rattache son attitude à celle des intellectuels allemands est l'absence d'identification de son auteur avec la couche dirigeante. Sur un autre plan, sa remarque que « la civilité » est sans doute *crassissima Philosophiae pars* semble traduire une échelle des valeurs qui s'apparente d'une certaine manière au jugement de valeur que la tradition allemande attachera par la suite à la distinction entre « civilisation » et « culture ».

Aussi Érasme ne vise-t-il pas une classe sociale particulière quand il formule ses règles de conduite. Il n'accentue jamais les distinctions sociales si l'on fait abstraction de quelques coups de griffe occasionnels à l'endroit des paysans et des petits marchands. C'est précisément l'absence d'orientation sociale déterminée, c'est le souci d'établir des règles de conduite s'appliquant à tous les humains, qui distinguent son traité de ceux de ses successeurs dans la tradition italienne et plus encore française.

Érasme dit très simplement : « *Incessus nec fractus sit, nec praeceps* » ; il ne faut marcher ni trop lentement ni trop vite. Un peu plus tard, l'Italien Della Casa formulera la même règle dans son *Galateo* (Chap. IV, 5 IIIe partie). Mais chez lui, celle-ci doit servir immédiatement et manifestement à bien marquer une distinction sociale : « L'homme d'honneur ne doit pas courir par les rues, ny se haster par trop, car c'est à faire à un palefrenier et non pas à un gentilhomme : outre ce que la personne se lasse, sue, se met hors d'haleine, ce qui ne convient point bien à personne de tel rang. On ne doit pas aussi marcher si lentement et si gravement que feroit une femme ou une espouse. » Fait caractéristique qui s'accorde avec toutes les autres observations : la traduction allemande du *Galateo* — qui se trouve dans une édition quinquélingue de l'année 1609 (Genève) — s'efforce (de même que la traduction latine) — à la différence de toutes les autres — d'atténuer d'une façon assez systématique les discriminations sociales de l'original. Ainsi, le passage cité ci-dessus est rendu de la manière suivante (p. 562) : « Ainsi, un gentilhomme ou un autre "homme respectable" (*sonst erbarer mann*) ne doit pas courir dans la rue ou se précipiter, ce qui est le propre d'un laquais ou d'un homme peu noble... mais il ne faut pas non plus marcher trop lentement comme une matrone d'âge mûr ou une jeune mariée. »

Le mot *erbarer mann* (homme respectable) a été ajouté peut-être par référence aux conseillers bourgeois; des additions de ce genre se rencontrent souvent dans le texte; là où la version italienne dit simplement *gentilhuomo,* la version française « gentilhomme » nous lisons dans la traduction allemande *sittsamer, ehrbarer Mensch* (personnage vertueux et respectable), dans la traduction latine : *homo honestus et bene moratus* (homme honorable et de bonnes mœurs). On pourrait citer de nombreux autres exemples.

Érasme adopte une attitude analogue. C'est pourquoi la tradition italienne et française limite sans cesse aux couches supérieures les préceptes qu'Érasme donne sans spécification sociale, tandis que les Allemands s'appliquent au moins dans une certaine mesure à effacer les caractères sociaux bien qu'aucun auteur allemand ne prenne autant de distances, sur le plan social, qu'Érasme. Sous ce rapport, Érasme occupe une place à part parmi tous ceux qui ont abordé ce sujet. Sa position souligne la phase de desserrement social qui s'intercale entre deux époques marquées au contraire par une hiérarchisation sociale plus stricte.

La fécondité extraordinaire de la phase transitoire de desserrement social apparaît dans la manière d'Érasme d'observer les hommes. Elle lui permet de critiquer les mœurs « paysannes », « vulgaires », « brutales » sans accepter pour autant sans réserves — comme feront la plupart de ses successeurs — le comportement des grands seigneurs de cour dont le milieu constitue, comme il l'indique lui-même, la pépinière du savoir-vivre. Il perçoit fort bien le caractère exagéré et composé de beaucoup de coutumes de cour et il ne craint pas de le dire. En parlant de la position des lèvres, il précise : « Il est encore bien moins joli de faire de temps en temps la bouche en cœur comme si l'on se mettait à siffler. C'est là une manière de faire qu'on abandonnera aux grands seigneurs fendant les foules. » Ailleurs il dit : « On peut laisser à quelques courtisans le plaisir de serrer le pain dans la main et de le rompre ensuite avec la pointe des doigts. En ce qui te concerne coupe-le discrètement avec ton couteau. »

Ce texte fait ressortir aussi la différence entre la manière d'Érasme et la manière médiévale de proposer des règles de conduite. Autrefois, on disait par exemple : « Coupe ton pain convenablement et ne le romps pas[31]. » Érasme, lui, insère ses recommandations et ses interdictions dans le contexte de ses expériences, de sa connaissance des hommes. Les préceptes traditionnels, reflets d'usages récurrents, se dégagent dans ses observations d'une sorte d'état figé. Une règle antique disait :

« Ne te précipite pas goulûment sur la nourriture[32] ! »

> « Ne mange mie je te commande
> avant qu'on serve de viande
> car il sembleroit que tu feusses
> trop glout ou que trop fain eüsses.
> Vuiddier et essever memoire
> aies ta bouche, quant veulz boire. »

. . . .

Érasme énonce le même précepte, mais il a présent à l'esprit les hommes auxquels il s'adresse : certaines personnes, dit-il, dévorent plus qu'elles ne mangent, comme si elles s'attendaient à être conduites en prison, ou comme des voleurs avalant leur butin. « D'autres fourrent tant de nourriture dans leur bouche que celle-ci se gonfle comme un soufflet. D'autres encore écartent les lèvres en mastiquant et émettent des grognements de porcs... » Suit la règle générale qu'il répète sans arrêt, qu'il est sans doute obligé de ressasser : « *Ore pleno vel bibere vel loqui, nec honestum, nec tutum**. »

Dans toutes ces recommandations transparaît — outre la tradition médiévale — la sagesse de l'Antiquité. Mais Érasme ne se contente pas de lire, il observe et ses observations profitent à son activité d'écrivain.

Les vêtements, lisons-nous parfois, sont en quelque sorte « les corps des corps ». Ils permettent de juger de l'attitude de l'âme. Érasme indique, à titre d'exemple, quels genres de vêtements correspondent à telle ou telle situation de l'âme. Ce sont là les débuts d'une perspective qu'on qualifiera plus tard de « psychologique ». Le nouveau degré de politesse et sa représentation que résume le terme de « civilité » y sont liés et le seront de plus en plus. En effet, pour pratiquer la « civilité », pour être « courtois », il faut avoir le don de l'observation, il faut connaître les hommes et déceler

* Boire ou parler la bouche pleine n'est ni honnête ni prudent.

leurs mobiles. Là aussi s'annonce un renouveau des rapports humains, une nouvelle forme d'intégration.

Presque 150 ans plus tard, lorsque la « civilité » sera en France la forme habituelle et figée du comportement des milieux de la cour et du « monde », un de ses membres commencera son exposé sur la *Science du Monde* par ces mots[33] : « Il me semble que pour acquérir ce qu'on appelle la Science du monde : il faut premièrement s'appliquer à bien connoître les hommes tel qu'ils sont en général et entrer ensuite dans la connoissance particulière de ceux avec qui nous avons à vivre, c'est-à-dire, de leurs inclinations et de leurs opinions bonnes et mauvaises, de leurs vertus et de leurs défauts*. »

Érasme annonce déjà ce qui est exprimé ici d'une manière précise et consciente. Mais la tendance toujours plus marquée de la société et des auteurs à se livrer à des observations, à créer des liens entre le cas particulier et la règle, entre l'observation et la lecture, ne se rencontre pas seulement chez Érasme mais dans les autres « livres de convenances » de la Renaissance, et même dans toute la littérature de cette époque.

Voilà donc une des tendances nouvelles qui

* En français dans le texte.

se manifestent dans la manière d'Érasme de considérer le comportement des hommes. Il va sans dire que les bouleversements et innovations que nous désignons par le terme de « Renaissance » ont transformé aussi, dans une certaine mesure, les normes de ce qui, dans les rapports entre humains, passait pour « convenable » ou « peu convenable ». Mais ce changement n'était nullement marqué par la brusque apparition de modes de comportement diamétralement opposés aux anciens. Sur beaucoup de points, la société intègre la tradition de la « courtoisie » dans la notion de *civilitas* qui détermine le « savoir-vivre » en matière de relations sociales[34].

La tendance plus marquée des hommes à s'observer et à observer les autres indique que le problème du comportement en société change peu à peu de caractère : les hommes se modèlent eux-mêmes et modèlent les autres d'une manière plus consciente qu'au Moyen Age.

Jadis on disait : fais ceci, ne fais pas cela ! Mais très souvent, on laissait faire. Pendant des siècles, on a répété les mêmes préceptes et interdictions qui, dans notre perspective, nous semblent élémentaires, sans qu'ils aient jamais abouti à la mise en place de gestes consacrés par l'usage. Dorénavant il n'en sera plus ainsi. Les hommes exercent une plus grande pression les uns sur les autres, l'exigence d'une « bonne conduite » devient impérieuse. Le problème des convenances revêt une plus grande importance. Le fait même qu'Érasme ait consacré un traité en prose à l'ensemble des problèmes du savoir-vivre, sujet évoqué jusque-là dans de petits poèmes didactiques et des bouts rimés, prouve, de même que le succès de l'ouvrage, qu'on s'intéressait plus que jamais à la question[35]. Cette vue est confirmée par l'apparition d'écrits similaires tels que *Le Courtisan* de Castiglione ou le *Galateo* de Della Casa, pour ne citer que les plus connus. Nous avons déjà relevé les processus sociaux dont ils sont l'expression et nous reviendrons sur la question : les anciennes formations sociales n'ont pas été brisées, mais elles ont été desserrées et modifiées. Il y a eu brassage d'individus d'origine sociale diverse. La mobilité sociale, l'ascension et la décadence s'opèrent sur un rythme accéléré.

Dans le courant du XVIe siècle et jusqu'au début du XVIIe, s'amorce, malgré de multiples retours de flammes, le rétablissement d'une hiérarchie sociale plus structurée et d'une couche dominante, d'une aristocratie composée d'éléments sociaux d'origines diverses. C'est ce processus qui donne un caractère d'actualité sans précédent au problème d'un savoir-vivre de validité universelle, d'autant plus que la structure nouvelle de la couche dirigeante exerce une pression considérable sur ses membres et les soumet à un contrôle social continu. C'est là le fond du tableau qui fait comprendre les traités de « convenances » d'un Érasme, d'un Castiglione, d'un Della Casa et d'autres. Les hommes qui se voient forcés d'adopter dans leurs rapports avec autrui des formes nouvelles sont sensibilisés aux réactions des autres.

Progressivement et sans à-coups, le code du savoir-vivre s'affirme, les égards que chacun attend de ses semblables se précisent. Le sentiment s'affine de ce qu'il faut faire ou ne pas faire pour ne pas blesser ou scandaliser les autres ; on observe — compte tenu du nouveau partage du pouvoir — mieux que pendant la phase précédente le précepte de n'offenser personne.

Les « règles de la courtoisie » précisent également : « Ne dis rien qui puisse susciter des disputes, qui puisse scandaliser les autres[36] !" »

> « Fais attention, mon enfant, de te conduire [correctement
> Quand tu te mets à table pour prendre ton [repas.
> Quelle que soit la foule ou la compagnie
> Fais en sorte d'être si courtois

Que l'on puisse parler de toi en bons
[termes ;
Car, crois-moi, c'est ton maintien
Qui te vaudra blâme ou louanges... »

lisons-nous dans le *Book of Curtesye* anglais [37]. Bien des recommandations d'Érasme expriment, sur le plan des faits, des idées analogues. Mais on remarque chez lui un changement de tonalité, une sensibilité plus prononcée, une intensification de l'observation des hommes, une compréhension plus marquée de la vie intérieure d'autrui. Cela ressort très nettement d'une remarque qu'il place à la fin de son traité, remarque qui fait litière du schématisme habituel du « savoir-vivre » et de l'orgueil qui anime souvent ceux qui croient posséder cet art, et qui rattache le comportement en société à une attitude humaine plus générale :

« Pardonne aux autres leurs transgressions. C'est à cette vertu qu'on reconnaît surtout la *civilitas,* la politesse. Ne refuse pas ta sympathie à tel compagnon parce que ses manières sont moins raffinées. Il existe des hommes qui compensent l'incivilité de leur comportement par d'autres dons. »

Ailleurs nous lisons :

« Si un de tes camarades commet sans le savoir une transgression... dis-le-lui en tête à tête et aimablement. La civilité, c'est cela ! »

Mais cette sensibilité et ce geste attestent une fois de plus qu'Érasme ne songe pas à s'identifier à l'aristocratie de cour de son temps, qu'il garde ses distances même à l'égard de son code du savoir-vivre.

Le *Galateo* tire son titre d'un incident qui concrétise cette recommandation : « Dis-le-lui en tête à tête et aimablement. » : le cadre du récit est précisément fourni par l'initiative d'un personnage qui veut reprendre une transgression en se conformant au précepte d'Érasme. Mais le caractère « courtois » de tels usages y apparaît beaucoup plus nettement.

Un jour, nous raconte l'auteur du *Galateo*[38], l'évêque de Vérone reçoit la visite d'un certain comte Richard. Celui-ci apparaît à l'évêque comme un « très noble chevalier et d'excellentes manières ». L'ecclésiastique lui remarque cependant un défaut, mais il ne dit rien. Au moment des adieux, il charge son confident Galateo de reconduire l'hôte. Il est spécifié que cet homme de la cour de l'évêque se distingue par un savoir-vivre raffiné appris à la cour des grands seigneurs : « Il avait dans sa jeunesse beaucoup fréquenté les cours des grands seigneurs. » L'auteur insiste sur ce point.

Galateo accompagne le comte un bout de chemin et lui dit avant de le quitter : « Mon maître, l'évêque, aimerait vous faire un cadeau d'adieu. Il n'a jamais vu de sa vie un noble d'aussi bonnes manières que le comte. Mais il lui a trouvé un défaut. En mangeant, il claque des lèvres et c'est là un bruit fort déplaisant pour les autres convives. En guise de cadeau d'adieu, mon maître m'a prié de vous transmettre sa remarque. L'évêque espère que le comte ne prendra pas cette recommandation en mauvaise part. »

On trouve dans beaucoup de textes du Moyen Age le précepte de ne pas faire du bruit en mangeant. Mais l'incident qui sert de cadre au *Galateo* montre bien ce qui a changé. Le récit ne se contente pas d'indiquer qu'on commence à attacher une grande importance aux « bonnes manières ». Il met aussi en évidence la pression croissante que les hommes exercent les uns sur les autres pour obtenir le résultat escompté. On se rend compte que cette manière polie, relativement modérée, de reprendre les fautes de conduite est plus efficace, surtout si elle est pratiquée par une personne d'un rang social supérieur, qu'elle favorise plus l'instauration d'habitudes durables que des insultes, des railleries, ou des menaces de contrainte physique.

On assiste, à l'intérieur, à la formation d'une société pacifiée. L'ancien code du savoir-vivre ne se modifie que progressivement. Mais le contrôle social se fait plus sévère. Ce qui change, c'est la manière et le mécanisme par lesquels la société modèle les réactions affectives. Il faut croire qu'au cours du Moyen Age, en dépit de toutes les différences régionales et sociales, les normes des bonnes et des mauvaises manières n'ont pas subi de modifications décisives. En effet, on nous cite à travers les siècles toujours les mêmes mœurs, les mêmes usages, bons ou mauvais. Le code social ne se fixe que modérément dans les habitudes permanentes des hommes. Ce sont les bouleversements sociaux, la refonte des relations humaines qui finissent par entraîner des changements : on ressent plus que naguère l'obligation de s'imposer l'autocontrôle. C'est à la suite de cette évolution que les normes du comportement se modifient.

Le *Book of Curtesye* de Caxton, qui date probablement du XVe siècle, donne déjà l'impression que les habitudes, les usages, les règles du savoir-vivre sont entrés dans un stade d'évolution[39] :

> « Des choses autrefois en usage sont main-
> [tenant abandonnées
> Et l'on invente chaque jour de nouvelles
> [prouesses.
> Les choses humaines ne parviennent pas
> [à se fixer.

Elles sont changeables et se transforment
[souvent ;
Ce qui hier était permis, aujourd'hui on
[le réprouve,
Et après cela, on verra des choses s'im-
[poser
Qu'aujourd'hui l'on regarde de peu de
[prix. »

« Des choses naguère permises sont aujourd'hui interdites », pourrait servir d'épigraphe au mouvement tout entier. Le XVIe siècle est un siècle de transition. Érasme et ses contemporains ont encore le droit de parler de choses, d'actions, de comportements qui deux ou trois siècles plus tard scandaliseront les lecteurs ou leur feront monter le rouge au front, dont la simple évocation en société sera strictement interdite. Avec la même précision et simplicité avec laquelle il traite — lui et aussi della Casa — de délicats problèmes de tenue et de décence, il dit : « Ne remue pas sur ta chaise ! » car celui qui le ferait « a l'air de quelqu'un qui est en train de ou va péter ». Ces propos naïfs sont ceux du Moyen Age, mais Érasme les enrichit d'observations et de réflexions sur ce que « les autres pourraient penser ». Des remarques de ce genre sont fréquentes.

Quand on examine rétrospectivement le

« comportement » des hommes du XVIe siècle et leur code du savoir-vivre, on est tiraillé entre deux impressions opposées : « C'est comme au Moyen Age ! » et « Cela correspond déjà bien à notre sensibilité moderne ! ». Cette contradiction apparente semble bien correspondre à la réalité. Les hommes de ce temps nous présentent deux faces quasiment opposées. Ils incarnent une transition. Leur comportement, leur code du savoir-vivre se modifient, mais le mouvement est très lent. L'observateur ne dispose pas de critères infaillibles : tel mouvement participe-t-il du va-et-vient éternel ? Ou bien est-il soumis à une orientation précise ? Est-il rétrograde ? Correspond-il à une évolution déterminée ? Le terme de « civilité » marque-t-il l'acheminement de la société européenne vers une sorte de comportement policé, vers ces normes de savoir-vivre, d'habitudes, de réactions affectives qui s'identifient pour nous à la société « civilisée » telle que nous l'entendons, à la « civilisation occidentale » telle que nous la caractérisons ?

Il n'est pas très facile de rendre visible cette progression, parce qu'elle s'accomplit lentement et pour ainsi dire à petits pas, qu'elle est par surcroît soumise à certaines oscillations, à certaines déviations. Il ne suffit pas, apparemment, de considérer isolément chaque degré sur les habitudes et manières duquel tel ou tel document porte témoignage. Il faut plutôt essayer d'appréhender le mouvement dans son ensemble ou, à défaut, ses phases les plus importantes, par un procédé que la cinématographie appelle l'« accélération ». Il faut juxtaposer les tableaux qui nous livrent tel aspect du processus afin de gagner une vue d'ensemble de la modification progressive des modes de comportement, des réactions affectives, de la lente progression du seuil de ce que nous ressentons comme pénible et intolérable.

Les « traités de savoir-vivre » et plus spécialement les « contenances de table » nous en fournissent le moyen : ils nous décrivent de façon détaillée certains aspects du comportement humain, témoignages de comportements analogues de la vie en société, qui s'échelonnent du XIIIe au XIXe et au XXe siècle, sans lacunes notables, bien que leurs dates relèvent plus ou moins du hasard. En juxtaposant les tableaux, on peut rendre visibles les grandes phases du processus. On peut considérer comme un avantage que les comportements ainsi offerts à notre étude sont d'un genre simple et élémentaire, que, par rapport aux normes spéciales, ils laissent relativement peu de place aux variantes individuelles.

Les *Tischzuchten* et « traités de convenances » constituent un genre littéraire assez particulier. Quand on les examine sous l'angle de leur « importance littéraire », ils ne présentent en général que peu d'intérêt. Mais ils sont infiniment précieux, quand on analyse les comportements qu'une société donnée proposait à ses membres et en vue desquels elle entendait les conditionner, quand on porte son attention sur le changement des habitudes, des règles et tabous sociaux. Ils éclairent certains faits du processus social pour la compréhension duquel le passé nous offre peu de témoignages directs. Ils révèlent ce qui fait précisément l'objet de nos recherches, à savoir les normes de coutumes et de comportements que la société s'efforçait d'imposer aux individus à tel moment donné. Ces poèmes et ces traités sont les instruments efficaces du « conditionnement », de la « mise en forme » *(Fassonierung)*[40] de l'insertion de l'individu dans les modes de comportement rendus nécessaires par la structure ou la position d'une société donnée. Ils nous montrent par ce qu'ils blâment et par ce qu'ils louent l'écart entre ce qui passait à telle époque pour blâmable et ce qui était recommandable.

CHAPITRE IV

Comment se tenir à table

Documents

Une première série de textes illustre le comportement de l'aristocratie.

A
XIIIe siècle

C'est le poème de Tannhäuser[41] sur les manières courtoises :

1 Celui-là me paraît être un homme bien élevé
qui est parfaitement au courant des [convenances,
qui n'a jamais contracté d'habitudes [incongrues,
qui n'a jamais oublié les règles de bienséance.

2 Il existe beaucoup d'habitudes excellentes
et elles sont utiles dans bien des circonstances,
sachez que quiconque les respecte
n'aura que rarement une mauvaise conduite.
. . . .
3 Quand vous mangez, souvenez-vous
que vous ne devez jamais oublier les pauvres ;
s'ils bénéficient de vos bienfaits
Dieu vous tiendra en grande estime.

A rapprocher V. 25 de la première règle de Bonvicino da Riva :

La première (règle) est celle-ci :
Quand tu es à table,
pense d'abord au pauvre nécessiteux.

de : « *ein spruch der ze tische kêrt*[42] » (convenances de table).

313 Il ne faut jamais boire dans la soupière
mais se servir d'une cuiller, c'est plus
[convenable.

315 Celui qui se penche sur la soupière
et, malproprement, y laisse couler sa bave
comme un cochon, ferait mieux d'aller
[rejoindre les autres bestiaux.

---

33 Deux hommes de noble extraction ne doivent
se servir de la même cuiller ;
Quand des hommes courtois en sont réduits là,
[il leur arrive un désagrément.

37 Boire dans la soupière n'est pas convenable
[même s'il y a des gens qui font l'éloge
de la manière cavalière dont certains
[s'emparent de la soupière
et en ingurgitent le contenu comme s'ils
[avaient perdu la raison.

41 Et celui qui s'empare à table d'un plat
et mange comme un cochon
en grognant et en faisant du bruit
[avec sa bouche...

45 Quelques personnes mordent dans leur
[tranche de pain
et la replongent ensuite dans le plat
à la manière des paysans ;
les hommes « courtois » s'abstiennent de
[ces mauvaises habitudes.

---

319 Celui qui souffle comme un saumon
et claque de la langue comme un blaireau
et qui se râcle la gorge en se mettant à table
se conduit de façon incongrue.

ou bien

dans les *Courtoisies* de Bonvicino da Riva :

S'asseyant auprès d'elle, il lui dit, persuasif :
Ne fais pas tant de bruit avec ta bouche quand
Tu te sers d'une cuiller pour manger.
Celui qui produit un bruit pareil avec une
Cuiller agit comme une bête.

Ceux qui ont cette habitude, ils feront bien
De s'en débarrasser.

ou bien

dans *The Book of Nurture and school of good manners*[43] :

Pour rien au monde il ne faut
Jamais aspirer bruyamment son potage.

Cf. C. 45 : « *ein spruch der ze tische kêrt.* »

346 Les personnes « courtoises » se garderont
[bien de ronger un os
et de le remettre dans le plat...

ou bien

de « *Quisquis es in mensa* »[44] :

8 Il ne faut pas remettre dans le plat une
[bouchée prise.

---

49 Quelques personnes ressentent le besoin,
de remettre dans le plat l'os
qu'elles viennent de ronger ;
cette façon d'agir doit être rejetée.

53 Que ceux qui aiment la moutarde et la
saumure veillent soigneusement à ne pas
[faire de la saleté
en y plongeant leurs doigts.

57 Se râcler la gorge en se mettant à table
[se moucher dans la nappe
voilà deux choses peu convenables
pour autant que je puisse en juger.

65 Celui qui veut parler et manger,
qui veut faire deux choses en même temps...
celui qui veut parler tout en dormant
aura rarement l'occasion de se reposer.

69 Ne faites pas de tapage à table
quand vous mangez : quelques-uns le font ;
mais vous, mes amis, souvenez-vous
qu'il n'y a guère habitude plus malséante.

. . . .

81 Il me semble que c'est une grande
[incongruité
quand je vois des gens se livrer à la
[mauvaise habitude
de boire comme une bête
tant que la bouche est encore pleine de
[nourriture.

Ad. V. 65 *cf.* dans *Stans puer in mensam*[45] :

22 Tu ne riras ni ne parleras jamais la bouche
[pleine.

Ad. V. 81 *cf.* aussi dans : *Quisquis es in mensa :*

15 Qui veut boire doit d'abord vider sa bouche.

ou bien

dans *The Babees Book* :

Ne boire, en aucun cas, la bouche pleine.

85 Vous ne devez pas souffler dans votre
[boisson
comme certains aiment à le faire;
c'est là un comportement malséant
dont vous devriez vous abstenir.

94 Avant de boire vous devez vous essuyer
[la bouche
pour ne pas laisser des traces de graisse
[sur la coupe;
cette règle courtoise devrait toujours être
[suivie
car elle traduit une pensée courtoise.

105 Ceux qui pour manger se couchent sur la
table contreviennent à la bienséance,
de même que ceux qui agitent peu le heaume
en servant de nobles dames.

(Ce vers met peut-être en parallèle la paresse de certains convives et la paresse de certains guerriers au combat.)

109 Vous ne devez pas non plus vous gratter le
[cou
pendant le repas avec votre main;
si c'est indispensable, servez-vous
à cet effet poliment de votre habit.

113 Grattez-vous (avec votre habit), c'est plus
[convenable
que de se salir les mains,
car les spectateurs remarqueront
toute inconvenance de ce genre.

Ad. V. 85 *cf.* aussi *The Book of Curtesye*[46] :

111 Et que l'on ne te voie jamais affalé sur la table,
ni pour les refroidir ni pour les réchauffer.

Ad V. 94 *cf. The Babees Book* :

155 Lorsque tu bois,
Essuie ta bouche avec une serviette.

ou bien

cet extrait d'une *Contenance de table*[47] :

ne boy pas la bouche baveuse,
car la coustume en est honteuse.

Ad. V. 105 *cf.* vers analogue dans *The Babees Book* :

146 Ne souffle pas sur ta boisson ou sur tes aliments.

---

117 Vous ne devez pas vous curer les dents
avec votre couteau, comme cela se fait parfois
et comme cela se voit souvent :
c'est là une manière de faire peu convenable.

125 Celui qui a pris l'habitude de desserrer sa
ceinture en se mettant à table...
(Le sens des deux vers suivants est obscur.)
[(N.d.T.)

129 Celui qui se mouche sur la table
et essuie le résultat avec la main
est un sot qui, à mon avis,
ne sait pas se conduire.

141 Je me suis laissé dire
— si c'est vrai c'est une chose peu
[convenable —
que certaines personnes mangent sans s'être
[auparavant lavées ;
que leurs doigts soient frappés de paralysie !

157 Il est malséant de porter la main aux oreilles
ou aux yeux, comme certains le font,
ou de tirer la morve du nez :
ce sont là trois choses à ne pas faire.

Ad. V. 117 voir aussi *Stans puer in mensam*[48] :
30 A table évite de te curer les dents avec le couteau.

Ad. V. 141 *cf.* aussi *Stans puer in mensam* :
11 Ne prends jamais un mets avec des mains sales.

Ad. V. 157 *cf. Quisquis es in mensa* et d'autres.
9 Ne touche ni tes oreilles ni tes narines avec
[les doigts nus.

Nous avons relevé ces passages en feuilletant les différentes « contenances de table » et « courtoisies ». Notre choix n'est pas exhaustif, tant s'en faut ! Il vise simplement à montrer la similitude de tonalité et de contenu qui caractérise les préceptes et interdictions dans les différentes traditions et aussi aux différentes époques du Moyen Age.

B
XVe siècle ?

S'ensuivent les contenances de la table[49]
(Extraits)

I

Enfant qui veult estre courtoys
Et à toutes gens agreable,
Et principalement à table,
Garde ces rigles en françois.

II

Enfant soit de copper soigneux
Ses ongles, et oster l'ordure,
Car se l'ordure il y endure,
Quant ilz se grate yert roingneux.

III

Enfant d'honneur, lave tes mains
A ton lever, à ton disner,
Et puis au supper sans finer;
Ce sont trois foys à tous le moins,

XII

Enfant, se tu es bien sçavant,
Ne mès pas ta main le premier

Au plat, mais laisse y toucher
Le maistre de l'hostel avant.

XIII

Enfant, gardez que le morseau
Que tu auras mis en ta bouche
Par une fois, jamais n'atouche,
Ne soit remise en ton vaisseau.

XIV

Enfant, ayes en toy remors
De t'en garder, se y as failly,
Et ne presentes à nulluy
Le morseau que tu auras mors.

XV

Enfant, garde toy de maschier
En ta bouche pain ou viande,
Oultre que ton cuer ne demande,
Et puis apres le recrascher.

XVII

Enfant, garde qu'en la salière
Tu ne mettes point tes morseaulx
Pour les saler, ou tu deffaulx,
Car c'est deshonneste maniere.

XXIV

Enfant, soyes toujours paisible,
Doulx, courtois, bening, amiable,
Entre ceulx qui sierront à table
Et te gardes d'estre noysibles.

XXVI

Enfant, se tu faiz en ton verre
Souppes de vin aucunement,
Boy tout le vin entierement,
ou autrement le gecte à terre.

XXXI

Enfant, se tu veulx en ta pence
Trop excessivement bouter
Tu seras constraint à rupter
Et perdre toute contenance.

XXXIV

Enfant garde toy de frotter
Ensamble tes mains, ne tes bras
Ne à la nappe, ne aux draps
A table on ne se doit grater.

C
1530

Extrait de *De civilitate morum puerilium* (chap. IV) par Érasme de Rotterdam

Si on distribue des serviettes, pose la tienne sur ton épaule gauche ou sur ton bras.

Si tu t'attables avec des gens de qualité, ôte ton chapeau mais veille à être bien peigné.

A droite le gobelet et le couteau, à gauche le pain.

Beaucoup étendent, aussitôt assis, les mains vers les plats. C'est ainsi que font les loups.

Ne plonge pas le premier tes mains dans le plat que l'on vient de servir : on te prendra pour un goinfre et c'est dangereux. Car celui qui fourre, sans y penser, quelque chose de trop chaud dans la bouche doit le recracher ou se brûler le palais en avalant. Tu susciteras les rires ou la pitié.

Il est bon d'attendre un peu pour que le garçon apprenne à maîtriser ses instincts.

C'est d'un paysan que de plonger les doigts dans la sauce. On prend ce qu'on désire avec le couteau et la fourchette sans fouiller le plat tout entier comme font les gourmets (?), en s'emparant du morceau le plus près de soi.

On prend avec la *quadra* ce qu'on ne peut prendre avec les doigts.

Quand on t'offre un morceau de pâté ou de gâteau avec la cuiller, tends ton assiette ou prends la cuiller tendue, pose le morceau sur ton assiette et rends la cuiller.

Si on t'offre quelque chose de liquide goûtes-y et rends la cuiller, non sans l'avoir essuyée d'abord avec la serviette.

Il est discourtois de lécher ses doigts graisseux ou de les nettoyer à l'aide de son habit. Il vaut mieux se servir de la nappe ou de la serviette.

D
1558

Extrait du *Galateo* de Giovanni Della Casa, archevêque de Bénévent, selon l'édition en cinq langues, Genève, 1609 (p. 68)

Et que penscz vous cest Evesque et sa noble compagnie diroyent à ceux que nous voyons telle fois à guise de pourceaux la veuë basse, tousiours les ongles dans la souppe, ayans tousiours les yeux et les mains fichées à la viande et ayans les deux iouës bouffies, comme s'ils sonnoyent de la trompette, ou souffloyent le feu, ne manger pas mais englouttir. Et qui se barbouillent tellement les mains presques jusqu'au coude, qu'ils y salissent les nappes de telle façon que les torchons et panosses de la cuisine sont plus nettes et plus blanches ? Et encor bien souvent ils n'ont pas honte d'essuyer leur sueur avec lesdites nappes : sueur dis ie, qui leur dégoutte du front et du visage et d'entour le col, pour l'hastiveté qu'ils ont à la morfe, et pour leur excessive gourmandise : et ne se contentans pas de celà, s'il leur vient à point, ils se torchent le nez avec lesdites nappes.

E
1560

Extraits d'une *Civilité* de C. Calviac[50]

(De nombreux emprunts à Érasme, mais aussi des remarques personnelles.)

L'enfant estant assis, s'il ha une serviette devant luy sur son assiette, il la prendra et la mettra sur son bras ou espaule gauche, puis il mettra son pain de costé gauche, le cousteau du costé droit, comme le verre aussi, s'il le veut laisser sur la table, et qu'il ait la commodité de l'y tenir sans offenser personne. Car il pourra advenir qu'on ne sçaurait tenir le verre à table ou du costé droit sans empescher par ce moyen quelqu'un.

Il fault que l'enfant ait la discrétion de cognoistre les circonstances du lieu où il sera.

En mangeant... il doit prendre le premier qui luy viendra en main de son tranchoir.

Que s'il y a des sauces, l'enfant y pourra... tremper honnestement et sans tourner de l'autre costé après qu'il l'aura tremper de l'un...

Il est bien nécessaire à l'enfant qu'il apprenne dès sa jeunesse à despécer un gigot, une perdrix, un lapin et choses semblables.

C'est une chose par trop *ords* (sale) que l'enfant présente une chose après l'avoir rongée, ou celle qu'il ne daigneroit manger, *si ce n'est à son serviteur*.

Il n'est non plus honneste de tirer par la bouche quelque chose qu'on aura jà mâchée, et la mettre sur le tranchoir; si ce n'est qu'il advienne que quelquefoys il succe la moelle de quelque petit os, comme par manière de passe temps en attendant la desserte, car après l'avoir succé il le doit mettre sur son assiette, comme aussi les os des cerises et des prunes et semblables, pour ce qu'il n'est point bon de les avaler ny de les jecter à terre.

L'enfant ne doit point ronger indécentement les os, comme font les chiens.

Quant l'enfant voudra du sel il en prendra

avec la poincte de son cousteau et non point avec les trois doigs.

Il faut que l'enfant couppe sa chair en menus morceaux sur son tranchoir... et ne faut point qu'il porte la viande à la bouche tantost d'une main, tantost de l'autre, comme les petits qui commencent à manger ; mais que tousjours, il le face avec la main droicte, en prenant honnestement le pain ou la chair avec troys doigs seulement.

Quant à la manière de mâcher, elle est diverse selon les lieux ou pays où on est. Car les Allemans mâchent la bouche close, et trouvent laid de faire autrement. Les Françoys au contraire ouvrent à demy la bouche, et trouvent la procédure des Allemans peu ord. Les Italiens y procèdent fort mollement, et les François plus rondement et en sorte qu'ils trouvent la procédure des Italiens trop délicate et précieuse.

Et ainsi chacune nation ha quelque chose de propre et différent des autres. Pourquoy l'enfant y pourra procéder selon les lieux et coustumes d'iceux où il sera.

Davantage les Allemans usent de culières en mangeant leur potage et toutes les choses liquides, et les Italiens des fourchettes. Et les Francoys de l'un et de l'autre, selon que bon leur semble et qu'ilz en ont la commodité. Les Italiens se plaisent aucunement (en général) à avoir chacun son cousteau. Mais les Allemans ont cela en singulière recommandation, et tellement qu'on leur fait grand desplaisir de le prendre devant eux ou de leur demander. Les François au contraire : toute une pleine table de personnes se serviront de deux ou trois cousteaux, sans faire difficulté de le demander, ou prendre, ou le bailler (tendre) s'ilz l'ont. Par quoy, s'il advient que quelqu'un demande son cousteau à l'enfant, il luy doit bailler après l'avoir nettoyé à sa serviette, en tenant la poincte en sa main et présentant le manche à celuy qui le demande : car il seroit deshonneste de le faire autrement.

F
1672

Extrait d'une chanson du marquis de Coulanges

Jadis lc potagc on mangcoit
Dans le plat, sans cérémonie,
Et sa cuiller on essuyoit
Souvent sur la poule bouillie.
Dans la fricassée autrefois
On saussait son pain et ses doigts.
Chacun mange présentement
Son potage sur son assiette;

Il faut se servir poliment
Et de cuillier et de fourchette,
Et de temps en temps qu'un valet
Les aille laver au buffet.

G
1672

Extraits du *Nouveau Traité de Civilité* par Antoine de Courtin

P. 127. Si chacun prend au plat, il faut bien se garder d'y mettre la main, que les plus qualifiez ne l'y ayent mise les premiers n'y de prendre ailleurs qu'à l'endroit du plat, qui est vis à vis de nous : moins encore doit-on prendre les meilleurs morceaux, quand même on seroit le dernier à prendre.

Il est nécessaire aussi d'observer qu'il faut toujours essuyer vostre cuillere quand, après vous en estre servy, vous voulez prendre quelque chose dans un autre plat, *y ayant des gens si délicats qu'ils ne voudroient pas manger du potage où vous l'auriez mise, après l'avoir portée à la bouche*.

Et même si on est à la table de gens bien propres, il ne suffit pas d'essuyer sa cuillere ; il ne faut plus s'en servir, mais en demander une autre. Aussi sert-on à présent en bien des lieux des cuilleres dans des plats, *qui ne servent que pour prendre du potage et de la sauce.*

Il ne faut pas manger le potage au plat, mais en mettre proprement sur son assiette; et s'il estoit trop chaud, il est indecent de souffler à chaque cuillerée; il faut attendre qu'il soit refroidy.

Que si par malheur on s'estoit brûlé, il faut le souffrir si l'on peut patiemment et sans le faire paroître : mais si la brûlure estoit insupportable comme il arrive quelquefois, il faut promptement et avant que les autres s'en apperçoivent, prendre son assiette d'une main, et la porter contre sa bouche, et se couvrant de l'autre main remettre sur l'assiette ce que l'on a dans la bouche, et le donner vistement par derrière à un laquais. La civilité veut que l'on ait de la politesse, mais elle ne préetend pas que l'on soit homicide de soy-même. Il est tres-indecent de toucher à quelque chose de gras, à quelque sauce, à quelque syrop, etc. avec les doigts, outre que cela en même temps vous oblige à deux ou trois autres indecences, l'une est d'essuyer frequemment vos mains à vostre serviette, et de la salir comme un torchon de cuisine; en sorte qu'elle fait mal au cœur à ceux qui la voyent porter à la bouche, pour vous essuyer. L'autre est de les essuyer à vostre pain, ce qui est encore trés mal-propre; et la troisième de vous lécher les doigts, ce qui est le comble de l'impropreté.

P. 273... comme il y en a beaucoup (d'usages) qui ont déjà changé, je ne doute pas qu'il n'y en ait plusieurs de celles-cy, qui changeront tout de même à l'avenir.

Autrefois on pouvoit... tremper son pain dans la sausse, et il suffisoit pourvu que l'on n'y eût pas encore mordu; maintenant ce seroit une espèce de rusticité.

Autrefois on pouvoit tirer de sa bouche ce qu'on ne pouvait pas manger, et le jetter à terre, pourvu que cela se fist adroitement; et maintenant ce serait une grande saleté...

H
1717

Extraits de Callières, *De la Science du Monde et des Connaissances utiles à la Conduite de la vie*

P. 97. En Allemagne et dans les Royaumes du Nord, c'est une civilité et une bienséance pour un Prince de boire le premier à la santé de celui ou de ceux qu'il traite, et de leur faire présenter ensuite le même verre, ou le même gobelet, rempli d'ordinaire de même vin; et ce n'est point parmi eux un manque de politesse de boire dans le même verre, mais une marque de franchise et d'amitié ; les femmes boivent aussi les premières, et donnent ensuite, ou font porter leur verre avec le même vin, dont elles ont bu à la santé de celui à qui elles se sont adressées, sans que cela *passe pour une faveur particulière comme parmi nous...*

Je ne sçaurois approuver, répond une dame (p. 101) — n'en déplaise à Messieurs les Gens du Nort — cette manière de boire dans le même verre, et moins encore sur le reste des Dames (c'est-à-dire de boire ce que les dames ont laissé dans leurs verres), cela a un air de malpropreté, qui me feroit souhaiter qu'ils témoignassent leur franchise par d'autres marques.

Voici des documents, tirés d'ouvrages qui, comme *Les Règles de la Bien-séance et de la Civilité Chrétienne* de La Salle, traduisent l'emprise des coutumes et modèles de cour sur de larges couches bourgeoises ou dépeignent, comme l'exemple I, les normes du savoir vivre dans les milieux bourgeois et très probablement provinciaux.

L'exemple J de l'année 1729 montre qu'on mangeait encore dans un plat commun. Nulle indication ne permet de croire qu'on ne touchait pas avec la main la viande se trouvant dans son assiette personnelle. Les « mauvaises habitudes » dont parle le texte ont pour la plupart déjà disparu dans les couches supérieures.

La *Civilité* de 1780 citée plus loin est un petit fascicule de 48 pages, imprimé en mauvais caractère de « civilité » à Caen, sans indication de date. Le catalogue du British Museum fait suivre la date de 1780 d'un point d'interrogation. Cette petite publication est un exemple des innombrables ouvrages ou fascicules sur la « civilité » qui ne coûtaient pas cher et bénéficiaient d'une grande diffusion dans toute la France. A en juger par la présentation générale de cette *Civilité*, elle était sans doute destinée à la bourgeoisie citadine de province. Aucun autre traité de « civilité » du XVIIIe siècle ne parle avec autant de franchise que celui-ci d'actes physiques. Les normes qui lui servent de repère rappellent à plus d'un égard celles qu'Érasme attribue à la couche supérieure. On considère encore comme naturel de prendre la nourriture avec les mains. Cet extrait est extrêmement instructif car il met en évidence que la progression ne s'est pas opérée uniformément et d'une manière linéaire, mais par un mouvement multiple et parallèle, un peu comme une fugue, pour prendre un exemple dans le domaine de la musique.

L'extrait de 1786 illustre le fait que les normes nouvelles se répandirent parmi les couches inférieures à partir de la couche dirigeante. On peut le considérer comme typique en ce sens que nombre d'usages qui sont devenus depuis les modes de comportement de toute la « société civilisée » y sont dépeints comme les usages spécifiques de l'aristocratie de cour, encore peu familiers aux bourgeois. Beaucoup d'usages qui y paraissent encore comme appartenant à l'aristocratie de cour se sont figés sous cette forme et font aujourd'hui figure de « manières civilisées » en général.

L'extrait de 1859 est destiné à mettre en évidence qu'au XIXe siècle on avait — comme de nos jours — oublié jusqu'au souvenir de l'évolution passée, qu'on considérait les normes de « civilisation » qui venaient d'être atteintes comme allant de soi et tout ce qui les avait précédées comme « barbare ».

I
1714?

Extrait d'une *Civilité française anonyme* (Liège 1714?)

P. 48. Il n'est pas... honnête d'humer sa soupe quand on se serviroit d'écuelle si ce n'étoit que ce fut dans la famille aprés en avoir pris la plus grande partie avec la cuilliére.

Si le potage est dans un plat portez-y la cuilliére à votre tour sans vous précipiter.

Ne tenez-pas toujours votre couteau à la main comme font les gens de village ; il suffit de le prendre lorsque vous voulez vous en servir.

Quand on vous sert de la viande, il n'est pas séant de la prendre avec la main ; mais il faut présenter votre assiette de la main gauche en tenant votre fourchette ou votre couteau de la droite.

Il est contre la bienséance de donner à flairer les viandes et il faut se donner bien de garde de les remettre dans le plat après les avoir flairées. Si vous prenez dans un plat commun ne choisissez pas les meilleurs morceaux. Coupez avec le couteau après que vous aurez arrêté la viande qui est dans le plat avec la fourchette de laquelle vous vous servirez pour porter sur votre assiette ce que vous aurez coupé, ne prenez donc pas la viande avec la main. (Rien dans ce passage n'indique qu'on ne puisse prendre la viande avec la main quand elle se trouve dans l'assiette personnelle du convive.)

Il ne faut pas jetter par terre ni os ni coque d'œuf ni pelure d'aucun fruit.

Il en est de méme des noyaux que l'on tire plus honnétement de la bouche avec les deux doigts qu'on ne les crache dans la main.

J
1729

Extrait de La Salle : *Les Règles de la Bien-séance et de la Civilité Chrétienne* (Rouen 1729)
Des choses dont on doit se servir lorsqu'on est à table (p. 87)

On doit se servir à Table d'une serviette, d'une assiette, d'un couteau, d'une cuillier, et d'une fourchette : il serait tout à fait contre l'honnêteté, de se passer de quelqu'une de toutes ces choses en mangeant.

C'est à la personne la plus qualifiée de la compagnie à déplier sa serviette la première, et les autres doivent attendre qu'elle ait déplié la sienne, pour déplier la leur. Lorsque les personnes sont à peu prés égales, tous la déplient ensemble sans cérémonie. (N.B. Ce dernier précepte devient la règle au fur et à mesure que la société et la famille se « démocratisent ». Les structures sociales qui sont ici encore hiérarchisées et aristocratiques se reflètent dans les relations humaines les plus élémentaires.)

Il est malhonneste de se servir de sa serviette pour s'essuier le visage; il l'est encore bien plus de s'en frotter les dents et ce serait une faute des plus grossières contre la Civilité de s'en servir pour se moucher... L'usage qu'on peut et qu'on doit faire de sa serviette lorsqu'on est à Table, est de s'en servir pour nettoier sa bouche, ses lévres et ses doigts quand ils sont gras, pour dégraisser le couteau avant que de couper du Pain, et pour nettoier la cuiller, et la fourchette après qu'on s'en est servi. (N.B. C'est là un des exemples du nombre important de règles que comportent les usages à table. L'utilisation de chaque objet est déterminée et délimitée par toute une série de préceptes et d'interdictions précis. Aucun d'eux n'est vraiment évident en dépit de ce qu'en pourront penser les générations à naître. Les usages suivent dans un mouvement lent les structures et modifications des rapports humains.)

Lorsque les doits sont fort gras, il est à propos de les dégraisser d'abord avec un morceau de pain, qu'il faut ensuite laisser sur l'assiette avant que de les essuier a sa serviette afin de ne la pas beaucoup graisser, et de ne la pas rendre malpropre.

Lorsque la cuillier, la fourchette ou le couteau sont sales, ou qu'ils sont gras, il est très mal honnète de les lecher, et il n'est nullement séant de les essuier, ou quelqu'autre chose que ce soit, avec la nape ; on doit dans ces occasions et autres semblables, se servir de la serviette et pour ce qui est de la nape, il faut avoir égard de la tenir toujours fort propre, et de n'y laisser tomber, ni eau, ni vin, ni rien qui la puisse salir.

Lorsque l'assiette est sale, on doit bien se garder de la ratisser avec la cuillier, ou la fourchette, pour la rendre nette, ou de nettoier avec ses doigts son assiette, ou le fond de quelque plat : cela est très indécent, il faut, ou n'y pas toucher ou si on a la commodité d'en changer, se la faire déservir, et s'en faire aporter une autre.

Il ne faut pas lorsqu'on est à Table tenir toujours le couteau à la main, il suffit de le prendre lorsqu'on veut s'en servir.

Il est aussi très incivil de porter un morceau de pain à la bouche aïant le couteau à la main ; il l'est encore plus de l'y porter avec la pointe du couteau. Il faut observer la mème chose en mangeant des pommes, des poires ou quelques autres fruits. (N. B. Exemples de tabous concernant les couteaux.)

Il est contre la Bien-séance de tenir la fourchette ou la cuillier à plaine main, comme si on tenoit un bàton ; mais on doit toujours les tenir entre ses doigts.

On ne doit pas se servir de la fourchette pour porter à sa bouche des choses liquides... c'est la cuillier qui est destinée pour prendre ces sortes de choses.

Il est de l'honnèteté de se servir toujours de la fourchette pour porter de la viande à sa bouche, *car la Bien-séance ne permet pas de toucher avec les doigts à quelque chose de gras,* à quelque sauce, ou à quelque sirop ; et si quelqu'un le faisoit, il ne pouoit se dispenser de commettre ensuite plusieurs autres incivilitez : comme seroit d'essuïer souvent ses doigts à sa serviette, ce qui la rendroit fort sale et malpropre, ou de les essuïer à son pain, ce qui seroit très incivil, ou de lécher ses doigts, ce qui ne peut être permis à une personne bien née et bien élevée. (Ce passage ainsi que bon nombre d'autres ont été empruntés au *Nouveau Traité* d'A. de Courtin, de 1672. *Cf.* exemple n° G, pages 199/200. On le retrouve aussi dans d'autres traités de *Civilité* du XVIIIe siècle. La motivation de l'interdiction de manger avec les mains est particulièrement instructive. Courtin ne vise d'abord que des mets gras et des sauces parce que cette façon de manger aboutit à une série de gestes « pénibles à voir ». Chez La Salle ce passage semble en contradiction avec un autre où il dit : « Si tes doigts sont graisseux... etc. » Nous voyons que cette interdiction n'était de loin pas aussi stricte que de nos jours. Peu à peu, elle s'est transformée en habitude invétérée, en « autocontrainte ».)

K

1774

Extraits de La Salle : *Les Règles de la Bien-séance et de la Civilité Chrétienne* (Éd. de 1774 p. 45 sqq.)

(N.B. Pendant la période critique à la fin du gouvernement de Louis XV qui a vu se préciser, comme signe extérieur des réformes sociales, les aspirations réformatrices et qui a assuré la victoire définitive de la notion de « civilisation », on a ressenti le besoin de refondre aussi la *Civilité* de La Salle qui, malgré de nombreuses rééditions, n'avait subi que peu de modifications. Les changements auxquels les normes ont été soumises sont extrêmement instructifs. Ils sont à plusieurs égards considérables. Ainsi, on se rend parfaitement compte que certaines choses n'ont plus besoin d'être dites. Les chapitres sont plus courts. Beaucoup de « mauvaises habitudes » auxquelles l'auteur s'était arrêté naguère ne sont traitées qu'incidemment. La même remarque s'applique à des actes physiques qui étaient autrefois passés en revue d'une manière détaillée. L'accent général est moins persuasif, le ton bien plus impérieux que dans la première version de l'ouvrage.)

La serviette qui est posée sur l'assiette, étant

destinée à préserver les habits des taches ou autres malpropretés inséparables des repas, il faut tellement l'étendre sur soi qu'elle couvre les devants du corps jusques sur les genoux, en allant au-dessous du col et non la passant en dedans du même col. La cuillier, la fourchette et le couteau doivent toujours être placés à la droite.

La cuiller est destinée pour les choses liquides, et la fourchette pour les viandes de consistance.

Lorsque l'une ou l'autre est sale, on peut les nettoyer avec sa serviette, s'il n'est pas possible de se procurer un autre service ; il faut éviter de les assuyer avec la nappe, c'est une malpropreté impardonnable.

Quand l'assiette est sale, il faut en demander une autre ; ce seroit une grossiéreté révoltante de la nettoyer avec les doigts, avec la cuillier, la fourchette et le couteau.

Dans les bonnes tables, les domestiques attentifs changent les assiettes sans qu'on les en avertisse.

Rien n'est plus mal-propre que de se lécher les doigts, de toucher les viandes, et de les porter à la bouche avec la main, de remuer les sauces avec le doigt, ou d'y tremper le pain avec la fourchette pour la sucer.

On ne doit jamais prendre du sel avec les doigts. Il est très ordinaire aux enfants d'entasser morceaux sur morceaux, de retirer même de la bouche ce qu'ils y ont mis et qui est maché, de pousser les morceaux avec les doigts. (Ce qui autrefois était considéré comme le « bon usage » n'est mentionné ici que comme « mauvaise habitude » propre aux enfants. Les adultes ne mangent plus ainsi.) Rien n'est plus mal honnête.

... porter les viandes au nez, les flairer, ou les donner à flairer est une autre impolitesse qui attaque le Maître de la table ; et s'il arrive que l'on trouve quelque malpropreté dans les aliments, il faut les retirer sans les montrer.

L
1780 ?

Extraits d'un ouvrage anonyme :
La Civilité honete pour les Enfants
(Caen, sans indication de date, p. 35)
(*Cf.* note liminaire à b)

... Après, il mettra sa serviette sur lui, son pain à gauche et son couteau à droite, pour couper la viande sans le rompre. (La progression dont nous voyons ici un exemple se retrouve dans beaucoup de textes : l'usage le plus élémentaire qui s'appliquait primitivement aussi à la couche supérieure consistait à déchirer la viande avec les mains ; ici nous voyons le degré suivant, la viande est coupée avec le couteau. Il n'est pas fait mention de l'usage de la fourchette. Détacher les morceaux de viande avec la main est considéré comme un procédé paysan : à la ville, on se sert du couteau.) Il se donnera aussi de garde de porter son couteau à sa bouche. Il ne doit point avoir ses mains sur son assiette... Il ne doit point non plus s'accouder dessus, car cela n'appartient qu'à des gens malades ou vieux.

Le sage Enfant s'il est avec des Supérieurs mettra le dernier la main au plat...

... après si c'est de la viande, la coupera proprement avec son couteau et la mangera avec son pain.

C'est une chose rustique et sale de tirer de sa bouche la viande qu'on a déjà mâchée et la mettre sur son assiette. Aussi ne faut-il jamais remettre dans le plat ce qu'on en a osté.

M
1786

Extrait d'une conversation entre le poète Delille et l'abbé Cosson[51]

Dernièrement, l'abbé Cosson, professeur de belles lettres au collége Mazarin, me parla d'un dîner où il s'étoit trouvé quelques jours auparavant avec des gens de la cour... à Versailles.

Je parie, lui dis-je, que vous avez fait cent incongruités.

— Comment donc, reprit vivement l'abbé Cosson, fort inquiet. Il me semble que j'ai fait la même chose que tout le monde.

— Quelle présomption ! Je gage que vous n'avez rien fait comme personne. Mais voyons, je me bornerai au dîner. Et d'abord, que fîtes-vous de votre serviette en vous mettant à table ?

— De ma serviette ? Je fis comme tout le monde ; je la déployai, je l'étendis sur moi et l'attachai par un coin à ma boutonnière.

— Eh bien mon cher, vous êtes le seul qui ayez fait cela ; on n'étale point sa serviette, on la laisse sur les genoux. Et comment fîtes-vous pour manger votre soupe ?

— Comme tout le monde, je pense. Je pris ma cuillier d'une main et ma fourchette de l'autre...

Votre fourchette, bon Dieu ! Personne ne prend de fourchette pour manger sa soupe... Mais dites-moi quelque chose de la manière dont vous mangeâtes votre pain.

— Certainement à la manière de tout le monde : je le coupai proprement avec mon couteau.

— Eh, on rompt son pain, on ne le coupe

pas... Avançons. Le café, comment le prîtes-vous ?

— Eh, pour le coup, comme tout le monde ; il était brûlant, je le versai par petites parties de ma tasse dans ma soucoupe.

— Eh bien, vous fîtes comme ne fit sûrement personne : tout le monde boit son café dans sa tasse, et jamais dans sa soucoupe...

N
1859

Extrait de *The Habits of Good Society,*
Londres 1859 (2e édition,
non remaniée de 1889, p. 257)

Les fourchettes ont sans aucun doute été inventées après les doigts, mais comme nous ne sommes pas des cannibales j'incline à croire qu'il s'agit d'une bonne invention.

Commentaires

Les extraits que nous avons réunis sont destinés à illustrer un processus réel, une modification du comportement des hommes. Le choix a été fait en général de telle manière qu'ils peuvent passer pour typiques à tout le moins de quelques couches et groupes sociaux déterminés. Aucun personnage isolé, fût-il marqué d'une individualité aussi forte qu'Érasme, n'a pu inventer le savoir-vivre de son temps.

Des hommes ayant vécu à des époques différentes s'expriment ici sur un sujet à peu près analogue. Ainsi, les différences ressortent mieux que quand on les décrit de façon directe. A partir du XVIe siècle au plus tard, les préceptes et les interdictions par lesquels on s'efforçait de modeler les individus selon les normes de la société sont entrés dans un stade d'instabilité. Le mouvement n'est certes pas rectiligne, mais on n'en reconnaît pas moins à travers les fluctuations et tendances isolées une sorte d'orientation générale, qui lui imprime, au cours des siècles, une direction déterminée.

Les traités de savoir-vivre au XVIe siècle sont l'incarnation de la nouvelle aristocratie de cour au creuset de laquelle se fondent lentement des éléments d'origine sociale diverse. Comme elle se développe, le code distinctif du comportement s'amplifie.

De Courtin — dans la deuxième moitié du XVIIe siècle — s'insère dans le cadre d'une société de cour très consolidée, la société de la cour de Louis XIV. Il s'adresse essentiellement à des hommes de qualité qui ne vivent pas à la cour mais tiennent à s'informer des coutumes et usages qui y sont en vigueur.

Dans son *Avertissement,* il précise :

« Le Traité n'avoit pas esté fait pour estre

imprimé, mais seulement pour satisfaire un Gentilhomme de Province qui avoit prié l'Auteur, comme son amy particulier, de donner quelques préceptes de Civilité à son fils, qu'il avoit dessein d'envoyer à la Cour, en sortant de ses études et de ses exercices.

« ... il (l'Auteur) n'a entrepris ce travail que *pour les honnestes gens ; ce n'est qu'à eux qu'il l'adresse,* et particulièrement à la jeunesse qui peut tirer quelque utilité de ces petits avis, chacun n'ayant pas la commodité ny le moyen de *venir à Paris à la Cour, pour y apprendre le fin de la politesse.* »

Des hommes évoluant dans le milieu même qui sert de modèle au savoir-vivre n'ont pas besoin de livres pour s'informer de la manière de s'y conduire, c'est l'évidence même. Il est donc important de connaître les objectifs et le champ d'application d'un écrit destiné à divulguer les coutumes considérées au départ comme le secret distinctif des cercles aristocratiques de la cour.

Dans ce cas précis, les destinataires du traité sont bien connus : l'auteur nous avertit qu'il a rédigé son texte à l'intention exclusive des « honnestes gens », c'est-à-dire de l'ensemble des membres de la couche dirigeante. L'ouvrage répond donc en premier lieu aux besoins de la noblesse de province désireuse de s'informer des manières de la cour et aussi de quelques étrangers distingués ; mais on peut supposer que le grand succès de l'ouvrage repose entre autres sur l'intérêt qu'il suscita parmi les éléments les plus avancés de la bourgeoisie. De nombreux documents attestent qu'à cette époque beaucoup de coutumes, de comportements et de modes de la cour furent introduits dans les couches moyennes supérieures, qu'ils y furent imités après avoir subi quelques légères retouches pour répondre aux besoins d'une autre classe sociale. C'est d'ailleurs cet effort d'adaptation qui leur a fait perdre jusqu'à un certain point leur caractère de marque distinctive de la couche dirigeante. Ils ont été en quelque sorte « dévalués ». Il s'en est suivi pour les couches supérieures la nécessité d'affiner et de développer leurs modes de comportement. C'est en partie ce mécanisme : mise au point d'usages de cour, diffusion de ces usages vers le bas, légère déformation sociale, dévaluation en tant que signe distinctif, qui a maintenu le mouvement des modes de comportement de la couche supérieure. Ce qu'il importe de retenir c'est le fait que la modification des mœurs de cour qui, à première vue, semble obéir à des fantaisies fortuites et des vogues passagères s'opère en réalité à travers les siècles selon certaines directions et lignes évolutives déterminées, qu'elle se traduit par un déplacement du seuil de ce qui est considéré comme pénible et honteux et aboutit à ce que nous appelons aujourd'hui le « raffinement », la « civilisation ». Un certain dynamisme social déclenche un dynamisme psychique soumis à des règles propres.

Au XVIIIe siècle, les couches bourgeoises s'enrichissent et accèdent de par là même à un niveau social plus élevé. Le milieu de la cour comprend maintenant à côté des cercles aristocratiques bien plus de cercles bourgeois qu'au siècle précédent, sans que la hiérarchie sociale s'en trouve abolie. A la veille de la Révolution, la tendance de l'aristocratie, en perte de vitesse, à l'isolement, va même en s'accentuant.

Il faut cependant envisager comme un tout cette société de cour élargie et sans frontières précises vers le bas, au sein de laquelle les éléments aristocratiques et les éléments bourgeois rapprochés sous le signe de la cour se fréquentent réciproquement. Elle représente l'élite hiérarchisée du pays. A mesure que s'accroissent l'interpénétration et la prospérité de couches toujours plus larges, le désir de faire partie de l'élite ou du moins de l'imiter se précise. Les milieux ecclésiastiques contribuent avec d'autres à vulgariser les usages de la cour. La discipline modérée, la maîtrise de l'affectivité, la réglementation et la normalisation du comportement parmi les hommes dont le terme de « civilité » est d'abord l'expression purement mondaine — aboutissement d'une forme particulière de la vie en société — répondent à certaines tendances de l'attitude traditionnelle de l'Église. On s'efforce donc de donner à la « civilité » une infrastructure chrétienne-religieuse. L'Église se fait — comme si souvent — un des agents les plus efficaces de l'implantation de « modèles » dans les couches inférieures.

« C'est une chose surprenante, dit le Père La Salle au début de son introduction à ses règles de la *Civilité Chrétienne,* que la plupart des Chrétiens ne regardent la Bien-séance et la Civilité que *comme une qualité purement humaine et mondaine* et que ne pensant pas à élever leur esprit plus haut, ils ne la considèrent pas comme une vertu, qui a rapport à Dieu, au prochain et à nous-mêmes. C'est ce qui fait bien connoître le peu de Christianisme qu'il y a dans le monde. » Comme l'éducation et l'enseignement se trouvaient en grande partie, en France, entre les mains d'organismes ecclésiastiques, une véritable marée de traités de *Civilité* se répandit par leur entremise — pas exclusivement, il est vrai — dans le pays. Ces traités faisaient figures de manuels élémentaires et on les imprimait et diffusait souvent en même temps que les premiers abécédaires et livres de lecture.

Cette évolution contribua pour une large part

à la dévalorisation de la « civilité » aux yeux de l'élite. Ainsi fut déclenché un processus analogue à celui qui jadis avait eu pour objet la notion de « courtoisie ».

Digression sur l'essor et la décadence des notions de « courtoisie » et de « civilité ».

On entendait à l'origine par « courtoisie » — comme nous l'avons dit — les modes de comportement qui se sont développés dans les cours des grands seigneurs féodaux à l'époque de la chevalerie. Déjà au Moyen Age, le terme perdit peu à peu de sa signification primitive qui en limitait le sens social aux cours féodales. Il envahit progressivement les cercles bourgeois. Avec la lente décadence de la noblesse militaire de l'époque féodale et la formation d'une aristocratie de cour de tendance absolutiste, la notion de « civilité » accéda aux XVIe et XVIIe siècles au rôle de symbole du comportement de la « bonne société ». Les notions de « courtoisie » et de « civilité » subsistaient côte à côte tout au long du XVIe siècle, chacune conservant son caractère mi-chevaleresque-féodal, mi-absolutiste-curial. Dans le courant du XVIIe siècle le terme de « courtoisie » passe, en France, peu à peu de mode.

« Les mots de courtois et de courtoisie,

déclare un auteur français en 1676[52], commencent à vieillir et ne sont plus du bel usage. Nous disons civil, honneste ; civilité, honnesteté. Disons même que le terme de “courtoisie” sert de plus en plus à désigner une attitude bourgeoise.

« Mon voisin — le Bourgeois suivant le langage de la bourgeoisie de Paris — lisons-nous dans un dialogue intitulé : *Du bon et du mauvais usage dans les manieres de s'exprimer. Des façons de parler bourgeoises*, de F. de Caillières paru en 1694 (p. 110 sqq.) dit... affable et courtoise... il ne s'exprime pas poliment, parce que les mots de courtois et d'affable ne sont plus guère dans le commerce des gens du monde, et les mots de civil et d'honnête ont pris leur place, de même que ceux de civilité et d'honnêteté ont pris la place de courtoisie et d'affabilité. »

De la même manière, la notion de « civilité » perd progressivement, au XVIIIe siècle, sa vogue dans les milieux absolutistes de cour. En effet, ces milieux sont soumis à un lent processus de transformation qui les rapproche de la bourgeoisie, tandis que certains éléments de la bourgeoisie subissent simultanément un processus de curialisation *(Verhöflichungsprozess).* Les données du problème apparaissent en filigrane dans un traité de l'abbé Gedoyn de 1745 qui porte le titre *De l'urbanité Romaine* (*Œuvres diverses*, p. 173). Comment se fait-il, se demande l'auteur, que le terme d'urbanité — qui désigne pourtant quelque chose de très beau — n'ait jamais eu, dans notre société, la vogue de « civilité », « humanité », « politesse » ou « galanterie ». Voici sa réponse : « Urbanitas signifiait cette politesse de langage, d'esprit et de manières, attachée singulièrement à la ville de Rome, qui s'appeloit par excellence *Urbs,* la Ville, au lieu que parmi nous cette politesse n'étant le privilège d'aucune ville en particulier pas même de la Capitale, mais uniquement de la Cour, le terme d'urbanité devient un terme... dont on peut... se passer. »

Quand on sait que « ville » désignait à cette époque la « bonne société bourgeoise » par opposition à la « société de la cour » au sens le plus restrictif du mot, on se rend compte de l'actualité du problème.

Dans la plupart des documents de cette époque, nous voyons — comme ici — le terme de « civilité » céder le pas à celui de « politesse » : on a tendance à désigner le problème dans sa totalité par le terme d'« humanité ».

Voltaire a déjà mis en évidence cette orientation en 1733, dans la dédicace de sa *Zaïre* à un roturier, A.M. Faulkner, marchand anglais :

« Depuis la régence d'Anne d'Autriche ils (les Français) ont été le peuple le plus sociable et le plus poli de la terre... *et cette politesse n'est point une chose arbitraire, comme ce qu'on appelle "civilité", c'est une loi de la nature* qu'ils ont heureusement cultivée plus que les autres peuples. »

Après la notion de « courtoisie » celle de « civilité » tombe petit à petit en désuétude. Peu après, sa teneur et celle des termes apparentés renaissent dans une autre notion qui sera l'expression d'une nouvelle prise de conscience, la « civilisation ». Les mots de « courtoisie », de « civilité » et de « civilisation » marquent trois étapes d'une évolution sociale. Ils indiquent à quelle société appartient le locuteur, à quelle société il s'adresse. Or, la transformation essentielle de la conduite des couches supérieures, l'élaboration effective des modèles de ce comportement qu'on qualifiera — dans la mesure au moins où on peut le discerner dans la période envisagée — de « civilisé » s'opèrent dans la *phase du milieu.* Quand on emploie au XIXe siècle le terme de « civilisation », on implique que le *processus de la civilisation* — ou plus exactement une phase de ce processus — est achevé et oublié. On considère en effet que seuls les peuples étrangers et — pendant un certain temps — les couches inférieures de sa propre nation peuvent encore bénéficier du processus de la civilisation. Les couches dirigeantes et moyennes de la société dont on fait soi-même partie tiennent la « civilisation » pour un fait acquis. On est surtout désireux de la diffuser et, à la rigueur, de la faire progresser à partir des normes auxquelles on est parvenu.

Les extraits ci-dessus illustrent la tendance générale du mouvement pendant la phase absolutiste-curiale.

Regard sur la courbe évolutive de la « civilisation » à table

Vers la fin du XVIIIe siècle, à la veille de la Révolution, la couche dirigeante française a atteint à peu près les normes des « manières de table » et du « savoir-vivre » en général qui seront adoptées bientôt par la société « civilisée » tout entière. L'exemple M de l'année 1786 est particulièrement éclairant à cet égard : il montre que l'usage de la serviette, qui, depuis, est entré dans les mœurs de toute la société bourgeoise « civilisée », relevait à cette époque encore des règles de la cour. Nous y découvrons aussi l'interdiction de prendre la soupe avec la fourchette : il faut se souvenir dans ce contexte que la soupe contenait et contient encore en France plus de matières solides qu'ailleurs. La règle — démocratisée depuis — de ne pas couper son pain à table mais de le rompre y apparaît également comme une coutume de la cour. La même remarque s'applique à la manière de prendre le café.

Tous ces exemples illustrent bien la ritualisation de notre vie quotidienne. Si on accumulait les exemples à travers l'histoire jusqu'à notre époque, on constaterait que des détails continuent de se modifier ; de nouvelles règles surviennent, des règles anciennes tombent en désuétude ; on note une infinité de variantes nationales et sociales dans les manières de table ; la pénétration du rituel uniforme de la civilisation et de la régulation des pulsions indispensable à son application au sein des masses, des couches moyennes, du monde ouvrier et paysan varie de cas en cas. Mais les normes qu'on exige des rapports humains dans une société civilisée, les tabous et interdictions, la tenue à table, l'usage qu'il faut faire du couteau, de la fourchette, de la cuiller, de la serviette et des autres ustensiles, tout cela s'est maintenu, pour l'essentiel. Même l'évolution technique dans tous les domaines — y compris la technique de la préparation de la nourriture — et l'introduction de nouvelles sources d'énergie n'ont guère modifié les règles principales de la tenue à table et des autres formes du savoir-vivre. Il faut y regarder de très près pour remarquer certaines tendances révélatrices de l'évolution ultérieure.

Ce qui change encore, c'est surtout la technique de production. La technique de consommation a été développée et maintenue en mouvement par des groupes sociaux qui furent, dans une mesure jamais retrouvée, des groupes de consommateurs purs. Leur déclin social aboutit à l'arrêt de l'imprégnation accélérée et intense des manières d'agir qui, par opposition à la vie professionnelle des hommes, sont considérées comme faisant partie de leur vie privée ; le rythme des modifications dans ce domaine, rythme relativement rapide pendant la phase curiale, se ralentit.

Même les formes des ustensiles de table, des assiettes, plats, couteaux, fourchettes, cuillers, ne seront plus, à l'avenir, que des « variations sur un thème du XVIIIe siècle » et des siècles précédents. Il suffit de regarder la différenciation des ustensiles : souvent, on ne se contente plus de changer d'assiette après chaque service, on remplace aussi le couvert. On ne se sert plus simplement du couteau, de la fourchette et de la cuiller. La couche supérieure choisit de plus en plus des ustensiles différenciés pour les différents mets. La cuiller à soupe, le couteau à poisson et le couteau à viande se trouvent sur un des côtés de l'assiette. Les fourchettes à hors-d'œuvre, à poisson et à viande de l'autre. En haut de l'assiette se placent — selon la coutume du pays — les fourchettes, cuillers ou couteaux à dessert. Pour le dessert et les fruits, on apporte d'autres couverts. Tous ces instruments se distinguent par des formes et des présentations diverses. Ils sont plus ou moins grands, pointus ou arrondis. Mais ils ne constituent pas en soi des nouveautés : une fois de plus, nous avons affaire à des variantes, à des différenciations à l'intérieur des mêmes normes. Quelques points de détail, notamment dans l'usage du couteau, indiquent des tendances visant à dépasser les normes actuelles. Nous reviendrons sur la question.

La même remarque s'applique dans un certain sens aussi à l'époque qui a précédé le XVe siècle. Pour des raisons tout à fait différentes, les normes de la tenue à table, l'essentiel de ce qui est interdit et permis en société, l'attitude des hommes envers leurs semblables, dont ces interdictions et préceptes sont l'expression, ne changent guère, bien que là encore on note des modes, des fluctuations, des variations régionales et sociales ainsi qu'une tendance générale révélatrice d'un lent mouvement vers un but déterminé.

Il n'est pas non plus possible de définir avec précision les transitions d'une phase à l'autre. Le mouvement s'accélère à tel endroit, se ralentit à tel autre, il commence ici et s'arrête là, il s'annonce par de petites poussées préparatoires. Mais l'évolution dans son ensemble présente partout à peu près le même aspect : la phase médiévale, dont l'apogée se situe à l'époque de la chevalerie féodale, est caractérisée par l'habitude de manger avec les mains. Suit une phase de transformation rapide qui s'étend du XVIe au XVIIIe siècle approximativement : pendant cette période, une certaine contrainte sociale s'exerce sur les convives visant à des normes nouvelles en matière de savoir-vivre et de tenue à table.

La troisième phase s'en tient au cadre des normes acquises ; s'il y a évolution, celle-ci s'opère très lentement et dans une direction déterminée. Le façonnement du comportement quotidien ne perd jamais tout à fait son rôle d'instrument de la distinction sociale. Mais ce rôle est moins manifeste que dans la phase précédente. Car les distinctions sociales se fondent de plus en plus sur la richesse. Par conséquent, le comportement des hommes est moins pris en considération que leurs réalisations et leurs produits.

Ces exemples replacés dans leur contexte montrent très clairement la direction du mouvement.

Les interdictions de la société médiévale, y compris la société courtoise-chevaleresque, n'imposent pas encore de limites sérieuses au libre déploiement des réactions affectives. Comparé aux phases suivantes, le contrôle social est encore relativement modéré. Les manières sont désinvoltes si on les mesure aux critères ultérieurs. Il ne faut pas faire du bruit en mangeant, il ne faut pas renifler, il ne faut pas cracher sur la table ; il ne faut pas se moucher dans la nappe qui sert à essuyer ses doigts graisseux, il ne faut pas non plus se moucher dans les doigts qu'on plonge dans le plat commun. Mais on considère comme allant de soi de manger dans le même plat, sur la même assiette que les autres. Il ne faut pas se précipiter comme un cochon sur les victuailles ni replonger le morceau dans lequel on a mordu dans la sauce commune.

Beaucoup de ces usages sont encore mentionnés dans les ouvrages d'Érasme et leur adaptation par Calviac. Quand on embrasse du regard le mouvement dans son ensemble, on distingue mieux son orientation dans le miroir des mœurs du temps que dans quelque observation isolée. Les ustensiles dont on se sert à table sont toujours en nombre limité : le pain est placé à gauche du convive, à droite se trouvent le verre et le couteau. C'est tout. La fourchette est déjà mentionnée, mais sa fonction est limitée : elle sert à prendre les mets dans le plat commun. Le mouchoir fait son apparition de même que la serviette, mais — symbole de la transition — ils n'ont pas encore un caractère obligatoire : « Si tu as un mouchoir, lisons-nous, mieux vaut t'en servir que de te moucher avec les doigts. Si on distribue des serviettes à table, pose la tienne sur ton épaule gauche. » Cent cinquante ans plus tard la serviette et le mouchoir sont — tout comme la fourchette — des accessoires plus ou moins indispensables dans les milieux de la cour.

L'évolution des autres habitudes et coutumes obéit au même schéma. Au début, on boit souvent la soupe, soit dans la soupière commune, soit dans des louches utilisées par plusieurs convives. Les traités courtois prescrivent de se servir de la cuiller. Il est probable que plusieurs personnes se partageaient la même cuiller. La citation de Calviac de l'année 1560 marque un autre progrès. L'auteur explique qu'il est d'usage, chez les Allemands, de remettre à chaque convive une cuiller. La communication de Courtin de l'année 1672 indique un nouveau pas en avant : on ne mange plus la soupe dans la soupière commune, mais on verse — d'abord avec sa propre cuiller — une certaine quantité de soupe dans son assiette personnelle. Il y a même des gens, y lisons-nous, si délicats qu'ils refusent de manger dans un plat où d'autres ont plongé leurs cuillers souillées. Il est donc indispensable de l'essuyer avec la serviette. Mais c'est là une règle que quelques personnes n'acceptent plus : selon elles, il ne faut plus jamais replonger une cuiller dans le plat commun, mais il faut en demander une autre.

Ces remarques montrent non seulement que le rituel de la vie en commun est en train de se transformer, mais que les hommes commencent à en prendre conscience.

On assiste ainsi à la mise en place progressive d'une nouvelle manière de manger la soupe qui passe aujourd'hui pour la seule convenable : chaque convive a une assiette, une cuiller personnelle : le potage est servi avec un instrument spécialement conçu pour cet usage. Le repas a pris un style nouveau qui répond aux nouveaux besoins de la vie en société.

Rien dans les manières de table ne « va de soi », rien ne peut être considéré comme le résultat d'un « sentiment de gêne » naturel. Ni la cuiller, ni la fourchette, ni la serviette n'ont été inventées un jour, comme un outil technique, avec une finalité précise et un mode d'emploi détaillé : leur fonction s'est précisée peu à peu à travers les âges par l'influence directe des relations et coutumes sociales, leur forme a été fixée non sans tâtonnements. La moindre coutume de ce rituel flottant est l'aboutissement d'une évolution infiniment lente, et cette remarque s'applique même aux modes de comportement que nous jugeons « élémentaires » ou simplement « raisonnables », comme par exemple l'usage de prendre les liquides uniquement avec la cuiller ; chaque geste, la manière de tenir et de manipuler le couteau, la cuiller ou la fourchette sont soumis à des normes élaborées pas à pas. Le mécanisme social de cette normalisation apparaît lui-même dans ses grandes lignes quand on examine ses différents aspects dans leur ensemble : il existe un milieu de cour plus ou moins fermé qui crée des modèles destinés d'abord à subvenir aux besoins de sa propre situation sociale et de la situation psychique qui en découle. La structure et l'évolution de la société française prédisposent et engagent apparemment d'autres couches à adopter les modèles créés par la couche dirigeante : c'est ainsi qu'ils se répandent lentement dans la société tout entière, non sans subir les modifications qui s'imposent.

L'adoption, la transplantation de modèles d'une unité sociale à l'autre — transplantation qui peut se faire soit à partir du centre vers les positions excentriques, de la cour de Paris vers les autres cours princières, soit à l'intérieur de la même unité sociale politique, en France ou en Saxe, de haut en bas ou de bas en haut — sont les mouvements isolés les plus importants à l'intérieur du processus de civilisation. Ce que les exemples en révèlent n'est qu'un secteur limité. Ce n'est pas seulement la manière de se tenir à table, c'est le mode de pensée, c'est le langage, bref c'est l'ensemble du comportement humain qui est modelé en

France selon ce schéma, bien que les dates et l'orientation des différents mouvements varient fortement d'un domaine à l'autre. La mise au point d'un certain rituel des rapports humains en fonction de la situation sociale et psychologique ne saurait être isolée de son contexte bien que nous limitions notre champ d'investigation à ce domaine précis. Un exemple tiré du processus de la « civilisation » du langage nous fera prendre conscience du fait que l'étude des formes du savoir-vivre et de ses modifications ne révèle qu'un secteur particulièrement simple et accessible d'un changement plus fondamental de la société considérée.

Digression sur le façonnement du langage par la cour

Le langage est également soumis aux normes élaborées d'abord par des cercles limités.

De même qu'en Allemagne — bien que dans une mesure nettement moindre — la société de cour pratique aussi en France un langage qui se distingue de celui de la bourgeoisie.

« Vous sçavez, lisons-nous dans un petit ouvrage de Caillières intitulé *Mots à la mode* (édition de 1963, p. 46) qui bénéficiait en son temps d'une large diffusion, que les Bourgeois parlent tout autrement que nous. »

Lorsqu'on examine de plus près ce qui se passe pour « bourgeois » et pour « typique de la couche supérieure de cour » on découvre le même phénomène qui marque par exemple les « contenances de table » ou le savoir-vivre en général : beaucoup d'expressions et formes de langage qui au XVIIe et en partie encore au XVIIIe siècle sont considérées comme distinctives de la société dc cour passent peu à peu dans la langue nationale française.

L'auteur nous présente un jeune fils de bourgeois dans une petite compagnie aristocratique. La maîtresse de maison s'enquiert de la santé de son père :

« Il est vôtre serviteur bien humble, Madame, répond le jeune homme, et il est toûjours maladif comme bien sçavez, puisque de votre grâce, vous avez souventes fois envoyé sçavoir l'état de sa santé. »

La situation est claire. Il existe certains rapports mondains entre le cercle aristocratique et la famille bourgeoise. La maîtresse de maison y a déjà fait allusion. Elle précise que monsieur Thibault père est un homme fort agréable, non sans ajouter que de telles relations peuvent être fort utiles aux aristocrates, puisque ces gens disposent de beaucoup d'argent[53]. Cette remarque fait penser aux structures sociales allemandes qui se distinguaient nettement de celles de la France.

Or, si l'on fait abstraction de l'intelligentsia bourgeoise, les rapports entre aristocrates et classes moyennes ne sont pas encore si étroits que les différences de langages se soient effacées. Un mot sur deux que prononce le jeune Thibault est, jugé dans la perspective de la société de cour, gauche, lourd, et sent, selon les propres termes de l'auteur, « à plein nez le bourgeois ». La société de cour ne dit pas « comme bien savez », « souventes fois », ou « maladif ».

On ne dit pas, comme le jeune monsieur Thibault le fera dans le cours de la conversation : « Je vous demande excuse. » On dit dans la société de cour comme aujourd'hui encore dans la société bourgeoise : « Je vous demande pardon. »

Monsieur Thibault dit : « Un mien ami, un mien parent, un mien cousin. » Or, le langage des milieux de cour exige : « Un de mes amis, un de mes parents » (p. 20). Il dit : « deffunct mon père, le pauvre deffunct ». On lui explique que ce n'est pas là une des expressions « que la civilité a introduit parmy les gens qui parlent bien » (p. 22). « Les gens du monde ne disent point qu'un homme est défunct, pour dire qu'il est mort. » On peut se servir, à la rigueur, de ce terme dans l'expression : « Il faut prier Dieu pour l'âme du defunct... mais ceux qui parlent bien disent plutôt : feu mon père, feu M. un tel, le feu Duc, etc. » L'auteur constate : « Pour le pauvre deffunct, c'est une façon de parler très-bourgeoise. »

On observe ici, comme pour les formes du savoir-vivre, un mouvement à double sens : la curialisation des bourgeois, l'embourgeoisement des hommes de cour. Ou, pour être plus précis : les bourgeois sont influencés par le comportement des hommes de cour, les hommes de cour par le comportement des bourgeois. L'influence des couches inférieures sur les couches supérieures est moins sensible en France au XVIIe qu'au XVIIIe siècle, mais elle n'en existe pas moins. Le château de Vaux-le-Vicomte du surintendant des Finances Foucquet, d'origine bourgeoise, a été construit avant celui de Versailles auquel il a servi de modèle à plus d'un égard. C'est là un exemple très éclairant. La richesse des couches bourgeoises supérieures suscite l'émulation. L'afflux incessant d'éléments bourgeois dans les milieux de cour provoque aussi un mouvement spécifique du langage : les hommes nouveaux apportent à la cour un mode d'expression nouveau, le « jargon » de la bourgeoisie. Le langage aristocratique en absorbe sans cesse des éléments, les assimile, les affine, les transforme ; ils sont « curialisés », c'est-à-dire accordés à la sensibilité et aux normes affectives des cercles de cour ; ainsi aménagés, ils servent à distinguer les « gens de la Cour » de la bourgeoisie qui, après un certain temps, les réintroduit, affinés et transformés, dans son parler spécifiquement bourgeois.

Il y a, dit le duc dans un des dialogues cités de Caillières (*Du bon et du mauvais usage*, p. 98), une manière de parler « fort ordinaire parmi les Bourgeois de Paris et même parmi quelques Courtisans, qui ont été élevez dans la Bourgeoisie. C'est lors qu'ils disent "voyons voir" au lieu de dire "voyons" et de retrancher le mot de "voir" qui est absolument inutile et désagréable en cet endroit-là ».

« Mais il s'est introduit depuis peu, reprend le duc, une autre mauvaise façon de parler, qui a commencé par le plus bas Peuple et qui a fait fortune à la Cour, de même que ces Favoris sans merite qui s'y élevoient autrefois. C'est "il en sçait bien long" pour dire que quelqu'un est fin et adroit. Les femmes de la Cour commencent aussi à s'en servir. »

L'auteur continue sur ce ton. Les bourgeois et même quelques hommes de cour disent : « Il faut que nous faisions cela » au lieu de « il faut que nous fassions cela ». Quelques-uns prononcent : « l'on za » et « l'on zest » au lieu du courtois « l'on a » et « l'on est ». Ils disent aussi : « Je le lai » au lieu de « je l'ai ».

Dans la plupart des cas, la manière de parler qui est présentée ici comme le langage de la cour est devenue langue nationale. Mais il y a aussi des expressions de la cour « trop affinées », « trop affectées » qui ont été peu à peu éliminées.

Ces exemples illustrent aussi nos propos antérieurs sur les différences sociogénétiques entre le caractère national allemand et le caractère national français. La langue est une des manifestations les plus évidentes de ce que nous ressentons comme le « caractère national » d'un peuple. Elle permet de vérifier par des exemples isolés et concrets de quelle manière s'élaborent les particularités nationales en fonction de certaines formations sociales déterminées. La cour et la société de cour ont exercé une influence déterminante sur les destinées de la langue française. La chambre et la chancellerie impériales ont joué, pendant un certain temps, un rôle analogue pour l'allemand, mais leur impact ne peut de loin se comparer à celui de la cour de France. En 1643 encore quelqu'un présente son style comme un modèle du genre « puisqu'il se conforme aux habitudes d'écriture de la Chambre de Spire[54] ». Plus tard, ce sont les universités qui exercent une influence comparable à celle de la cour en France sur la formation *(Bildung)* et la langue allemandes. Mais ces deux institutions apparentées, la Chancellerie et l'Université, font sentir leur action bien plus dans le style écrit que dans le langage parlé ; elles ne modèlent pas l'allemand de conversation, mais modèlent par des documents, des lettres et des livres l'« allemand écrit » *(Schriftsprache).* Quand Nietzsche remarque que même la chanson à boire allemande a une allure érudite, quand il oppose la suppression de tous les termes techniques telle que la pratiquait Voltaire à l'usage qu'en font les Allemands, il montre par là qu'il se rend bien compte des conséquences de l'évolution différente dans les deux pays.

Quand, en France, les « gens de cour » affirment : « Cela est bien dit et cela est mal dit », ils touchent à un problème qui nous fournit ample matière à réflexion et qui mérite au moins qu'on s'y arrête brièvement : sur quoi se fondent-ils pour juger de la qualité de la langue ? Selon quels critères procèdent-ils aux choix de tels mots, à l'affinement et à la transformation de telle tournure ?

Il est arrivé à ces hommes de réfléchir sur la question. Leur avis est parfois étonnant et dépasse en importance le domaine purement linguistique : tels tournures, termes et expressions sont bons parce que *l'élite sociale* s'en sert, ils sont mauvais parce que les *couches sociales inférieures* les ont adoptés.

Dans le dialogue cité plus haut, monsieur Thibault se défend parfois de l'accusation d'utiliser des tournures déplaisantes : « Je vous suis bien obligé, Madame, répond-il (*Du bon et mauvais usage*, p. 23), de la peine que vous prenez de m'instruire, mais il me semble pourtant que le terme de "deffunct" est un mot bien établi, et dont se servent quantité d'honnêtes gens. »

« Il est fort possible, réplique la dame, qu'il y ait quantité d'honnêtes gens qui ne connoissent pas assez la délicatesse de nôtre Langue... Cette délicatesse qui n'est connue que d'un petit nombre de gens qui parlent bien, qui fait qu'ils ne disent point qu'un homme est deffunct, pour dire qu'il est mort. »

« Un petit nombre de gens seulement... connaissent la délicatesse de la langue » : leur manière de parler est donc la seule correcte. Ce que disent les autres ne présente pas le moindre intérêt. Ce sont là des jugements apodictiques. Ils s'appuient toujours sur la même motivation : nous autres hommes de cour qui appartenons à l'élite sommes doués d'une sensibilité qui nous permet de déterminer le bon langage. Un autre passage du traité précise encore cette pensée : « A l'égard des fautes qui se commettent contre le bon usage, comme il n'a point des règles déterminées, et qu'il ne dépend que du consentement d'un certain nombre de gens polis, dont les oreilles sont accoutumées à certaines façons de parler, et à les préférer à d'autres » (p. 98). Suit l'énumération des mots à éviter.

Les termes vieillis ne se prêtent pas au discours ordinaire et sérieux. Les néologismes risquent de paraître affectés ou précieux, nous dirions qu'ils relèvent du « snobisme ». Les mots savants d'allure grecque ou latine suscitent la méfiance de tous les « gens du monde ». Ils entourent ceux qui les utilisent d'un halo de pédantisme, surtout s'il existe des mots connus qui expriment la même pensée.

Les expressions triviales dont se sert le bas peuple doivent être évitées à tout prix ; car les personnes qui s'en servent montrent par là qu'elles ont reçu une « basse éducation », une éducation de classe inférieure : « C'est de ces mots, des mots bas que nous parlons dans ce contexte », explique le locuteur : il entend par là l'opposition entre le langage de cour et le langage bourgeois.

On justifie l'élimination des « éléments mauvais » du langage par la « délicatesse », par cette sensibilité affinée qui joue un rôle non négligeable dans le processus de civilisation. Mais cet « affinement » est un attribut de groupes relativement limités. On a cette délicatesse ou on ne l'a pas : voilà en résumé l'avis de l'auteur. Or, c'est ce petit cercle de personnes dotées de « délicatesse » qui, par un accord tacite, décide de ce qui est « bon » ou « mauvais ».

Quand il s'agit de motiver la sélection de certains termes, on préfère toujours les *motivations sociales* aux motivations rationnelles : autrement dit, on choisit tel terme pour la raison même que la couche supérieure — ou parfois seulement l'élite de cette couche — s'en sert.

Les « termes vieillis » et passés de mode sont l'apanage de la génération ancienne d'hommes ayant perdu le contact avec la cour, de courtisans « mis au rancart ». Les néologismes sont employés par les coteries de jeunes soucieux de faire carrière : ils apportent leur propre « jargon » dont certains éléments feront peut-être fureur demain. Les « termes savants » sont réservés en France, comme d'ailleurs en Allemagne, aux universitaires, aux juristes, aux hauts fonctionnaires, à ce qu'on appelle en France la « noblesse de robe ». Les expressions triviales sont réservées aux bourgeois de tous niveaux, y compris la « populace » : la polémique linguistique correspond à une stratification sociale très caractéristique. Elle met en évidence la supériorité et les limites du groupe qui, à tel moment de l'histoire, exerce le pouvoir linguistique. Ce sont, au sens large du mot, les « gens de la cour », au sens restrictif les milieux aristocratiques dont l'influence à la cour est prépondérante, et qui tiennent à marquer leurs distances à l'égard des « parvenus sociaux », des courtisans d'extraction roturière, des personnes « vieux jeu » et des jeunes ambitieux, des rivaux « snobs » de la génération montante, des fonctionnaires technocrates de formation universitaire, qui déterminent en premier lieu l'évolution linguistique. Les gens « comme il faut » s'appliquent à s'exprimer comme les milieux de la cour au sens large et restrictif du terme. Ce sont eux qui élaborent les modèles du beau langage, qui trouvent ensuite un écho plus ou moins large. L'évolution et la formation du langage répondent à une certaine structure sociale. Il s'ensuit qu'à partir du milieu du XVIIIe siècle les influences bourgeoises se font de plus en plus sentir aussi sur le plan linguistique. De nos jours encore, la langue française se ressent de ce passage par une phase aristocratique-curiale de même que l'allemand se ressent de l'influence savante de l'intelligentsia de la classe moyenne. Dès qu'il se forme en France des élites ou des pseudo-élites, elles tentent toujours de renouer avec les anciennes tendances à se distinguer dans leur manière de parler.

Remarque sur les critères servant à déterminer la « mauvaise » et la « bonne » conduite

Le langage est une des concrétisations de la vie sociale et psychique. Un nombre considérable des observations qui se dégagent de l'évolution linguistique s'appliquent aussi à d'autres concrétisations de la société. Ainsi, les raisons invoquées pour qualifier telle attitude à table de « plus convenable » que telle autre ne se distinguent guère de celles servant à justifier telles préférences linguistiques.

Cette constatation déconcerte un peu l'observateur du XXe siècle : il s'imaginerait volontiers qu'on a motivé par exemple l'interdiction de « manger avec les mains », l'introduction de la fourchette et du couvert personnel et toutes les autres normes du rituel par des motifs d'« hygiène » : car c'est là sa propre façon d'expliquer les usages auxquels il se conforme. Mais jusqu'en 1750, on ne trouve à peu près aucun texte tendant à expliquer la plus grande retenue exigée des convives par des motifs de cet ordre. Les « motivations rationnelles » s'effacent plus ou moins complètement devant les motivations d'un autre ordre.

En effet, pendant la première phase du changement on justifie le précepte de retenue par des arguments de ce genre : ne fais pas ceci ou cela, parce que ce n'est pas « courtois », parce qu'un homme « bien né » ne fait pas une telle chose ; quelquefois on invoque le sentiment de gêne des autres convives, comme par exemple dans la *Hofzucht* de Tannhäuser : « Ne te gratte pas avec la main — que tu plonges ensuite dans le plat commun — puisque tes compagnons pourraient s'en apercevoir : prends ton vêtement pour te gratter » (Exemple A V 113). Il est évident que ce qui serait aujourd'hui ressenti comme extrêmement pénible ne l'était pas ou peu à l'époque de Tannhäuser : le niveau de la sensibilité s'est élevé.

Plus tard, les « contenances » de table sont motivées par des arguments analogues : ne fais pas cela, c'est « incivil » et contraire à la « bienséance ». Ou bien on invoque le respect dû aux personnes d'un rang social plus élevé. Comme pour la formation du langage, les motifs tirés de l'imitation des milieux compétents priment tous les autres aussi dans le domaine de la bienséance et du savoir-vivre. Mieux, le vocabulaire servant à définir ce qui est « convenable » à table est souvent identique à celui servant à décrire le « beau langage ».

Ainsi, Callières mentionne dans *Du bon et du mauvais usage dans les manières de s'exprimer* les expressions « que la civilité a introduites parmy des gens qui parlent bien » (p. 22).

C'est cette même notion de « civilité » que

Courtin et La Salle utilisent toujours pour marquer la différence entre la « bonne » et la « mauvaise » conduite en société. De même que Callières parle simplement de gens « qui parlent bien », Courtin constate (fin de l'extrait G) : « Autrefois » on « avait le droit de faire ceci ou cela, aujourd'hui » on « n'en a plus le droit ». En 1694, Callières note au sujet du langage : « C'est cette délicatesse qui n'est connue que d'un petit nombre de gens[55]. »

Courtin se sert en 1672 de la même tournure : il est indispensable d'essuyer sa cuillère avant de la plonger dans le plat commun, quand on s'en est déjà servi « y ayant les gens si *délicats* qu'ils ne voudraient pas manger du potage où vous l'auriez mise, après l'avoir portée à la bouche * » (exemple G).

Cette « délicatesse », cette sensibilité, ce « sentiment de gêne » sont d'abord la marque de quelques cercles fermés à la cour, mais ils débordent bientôt sur toute la société « curiale ». Cette remarque s'applique aussi bien au langage qu'à la tenue à table. Personne n'indique, personne ne demande sur quoi se fonde cette « délicatesse » et pourquoi elle commande ceci ou cela. La seule chose qu'on constate, c'est l'apparition de la « délicatesse », c'est-à-dire la progression du seuil de ce qui est

* En français dans le texte.

ressenti comme « pénible ». La sensibilité et les dispositions affectives se modifient en fonction d'une situation sociale donnée, d'abord dans la couche supérieure : les structures d'ensemble de la société ont pour effet de porter les nouvelles normes affectives dans les autres couches sociales. Rien n'indique que les normes affectives, que le degré de sensibilité se modifient pour des raisons que nous qualifierions de « rationnelles », que les changements s'opèrent sur la base d'une connaissance raisonnée et vérifiable des causes et des effets. Courtin ne dit nulle part, comme on dira plus tard, que quelques personnes jugent « peu hygiénique » ou « préjudiciable à la santé » la coutume de manger avec d'autres dans le même plat. Il est certain que le « sentiment de gêne » se répand dans tous les sens par suite de la pression sociale, qu'il trouvera en partie une justification dans des recherches scientifiques ultérieures ; mais un grand nombre de tabous que les hommes s'imposent dans leurs relations sociales n'ont, à l'encontre de ce qu'on pense communément, pas le moindre rapport avec l'« hygiène » : ils tirent leur justification encore aujourd'hui de la « sensation pénible » qui résulterait de leur inobservation. Le processus se déroule à rebours de ce qu'on tente de faire admettre aujourd'hui : au départ le seuil de ce qui est ressenti comme pénible se déplace pendant de longues périodes sous l'effet d'une modification des relations humaines ou de la société. On assiste dans la phase suivante à une altération profonde des dispositions affectives, de la sensibilité et du comportement, altération soumise à des fluctuations, mais orientées toujours dans un sens déterminé. Puis, à partir d'un moment donné, le nouveau comportement est reconnu comme « hygiénique », on s'efforce de l'asseoir sur une connaissance précise des causalités en jeu, de le consolider, de le développer en fonction de cette connaissance. Le déplacement du seuil de la sensibilité dans certains domaines, lié à des expériences rationnellement inexplicables sur la transmissibilité de quelques maladies ou, pour être plus précis, à des craintes et appréhensions qui dépassent de loin toute rationalité, se fait dans une direction que des connaissances acquises ultérieurement viennent souvent confirmer. La « connaissance rationnelle » n'est nullement l'agent moteur de la « civilisation » des mœurs de table ou d'autres modes de comportement.

La comparaison entre la « civilisation » des mœurs de table et celle du langage est à cet égard très instructive. Elle montre clairement que la modification de la tenue à table n'est que l'aspect partiel d'une modification très profonde de la sensibilité et des attitudes humaines. Elle montre aussi dans quelle mesure les impulsions de cette évolution proviennent de la structure sociale, des formes humaines d'intégration et de relation. On distingue mieux les cercles relativement limités qui sont le berceau du mouvement qui peu à peu gagne d'autres couches plus larges. Or, ce processus présuppose certains contacts rendus possibles par une structure déterminée de la société. Il n'aurait sans doute jamais pu avoir lieu s'il n'avait donné naissance dans les couches populaires, comme naguère dans les cercles dont le comportement sert de modèle aux autres, à des conditions de vie, autrement dit à une situation sociale ayant rendu possibles et nécessaires une lente transformation des réactions affectives et du comportement, un déplacement du seuil de ce qui était ressenti comme pénible.

Le processus que nous avons sous les yeux ressemble — pour la forme et non pour la substance — à certains processus chimiques où, dans un liquide en voie de restructuration moléculaire, par exemple de cristallisation, la forme cristalline affecte d'abord un petit noyau central autour duquel s'opère la fixation cristalline. Ce serait une très grave erreur de considérer le noyau comme la cause de la restructuration.

Le fait qu'une couche sociale déterminée soit le centre d'un processus et fasse ainsi figure de modèle pour d'autres couches sociales, que ces modèles atteignent d'autres couches et soient acceptés par elles, s'explique par une position, par une structure particulières de la société dans son ensemble grâce auxquelles tel milieu est chargé d'élaborer les modèles, tel autre de les diffuser et de les développer. Nous examinerons plus loin en détail quelles modifications de l'intégration sociale déclenchent ces changements de comportement.

Un cas particulier : la manière de consommer la viande

Quand nous isolons tels phénomènes humains, tels attitudes, désirs ou réalisations pour les considérer isolément et détachés du contexte de la vie sociale des hommes, nous constatons toujours qu'ils sont essentiellement des substantialisations des relations et attitudes humaines, des concrétisations de données humaines et psychiques. Cette remarque s'applique au « langage » lui-même, expression sonore des relations humaines, à l'art, à la science, à l'économie, à la politique, aux phénomènes que l'échelle des valeurs de notre esprit et de notre vie place très haut tout comme à ceux que nous considérons, aux termes de cette même échelle des valeurs, comme négligeables ou peu importants.

Or, ce sont précisément ces phénomènes en

apparence insignifiants qui nous renseignent mieux que les autres sur la structure et l'évolution des « âmes » et sur leurs relations.

Ainsi l'attitude des hommes face à l'alimentation carnée est-elle à certains égards révélatrice du dynamisme des rapports humains et de ses structures psychiques.

Nous distinguons au Moyen Age au moins trois attitudes fondamentales face à l'alimentation carnée. Là encore transparaît — comme dans beaucoup d'autres domaines — la diversité extrême des attitudes si on la compare aux usages modernes. La société médiévale se prête moins à l'élaboration, par un centre social, de modèles susceptibles de gagner peu à peu la société tout entière. On constate au contraire que tels comportements d'une couche sociale déterminée s'étendent sur tout l'Occident alors que d'autres couches sociales agissent de façon très différente. C'est pourquoi les différences de comportement entre les différents ordres de la même région sont parfois bien plus marquées que celles des représentants des mêmes ordres dans des régions parfois éloignées les unes des autres. Lorsque tels comportements passent d'une couche à l'autre, ce qui arrive toujours, ils changent davantage d'aspect en raison même de l'isolement plus marqué de chaque ordre.

L'attitude de l'homme médiéval face à l'alimentation carnée se situe entre deux extrêmes : la couche dirigeante séculière consomme, si nous la comparons à notre société moderne, des quantités de viande qui nous paraissent à peine croyables. Dans les monastères, par contre, on renonce, par souci d'ascèse, parfois totalement à l'alimentation carnée. Il ne s'agit donc pas de pénurie, mais d'un parti pris d'autodiscipline, de mépris général, d'usage modéré de la nourriture. Ce sont aussi les milieux monacaux qui condamnent en termes très sévères la « goinfrerie » des seigneurs séculiers.

La consommation de viande de la couche inférieure, des milieux ruraux, est également très limitée. Mais là, le motif n'est pas un besoin spirituel, un détachement plus ou moins volontaire dans la perspective de Dieu et de l'au-delà, mais la pauvreté. Le cheptel est précieux et réservé à la table des seigneurs : « Quand le paysan élevait du bétail, a-t-on fait remarquer[56], il le faisait en grande partie pour les privilégiés, pour les nobles et les bourgeois » — sans oublier le clergé dont certains membres s'éloignaient de l'idéal d'ascèse pour rejoindre celui de la couche dirigeante séculière. Il n'existe guère d'indications précises sur la consommation de viande de la couche supérieure au Moyen Age et au début de l'époque moderne. On peut supposer que des différences notables existaient entre un pauvre chevalier et un riche seigneur féodal. Le niveau de vie de la petite chevalerie se distinguait sans doute à peine de celui de la paysannerie.

Une évaluation de la consommation de viande d'une petite cour allemande[57] à une époque relativement récente, c'est-à-dire au XVIIe siècle, permet d'estimer la consommation par tête et par jour à un kilo, à quoi il faut ajouter d'importantes quantités de gibier, de volaille, de poissons. On attache beaucoup d'importance aux épices, peu aux légumes. Les autres documents confirment dans l'ensemble ces données. Mais des études de détail font encore défaut.

On est mieux renseigné sur un autre aspect du problème : la manière de présenter la viande a beaucoup évolué entre le Moyen Age et l'époque moderne. La ligne de ce changement est très instructive : dans les couches supérieures de la société médiévale, on portait sur la table des animaux entiers ou d'énormes quartiers de viande. C'était la façon habituelle de servir les poissons, les oiseaux — parfois avec leurs plumes —, les lièvres, moutons et veaux. Le gros gibier, les porcs et les bœufs étaient en entier rôtis à la broche[58].

L'animal est dépecé sur la table. C'est pourquoi les manuels du savoir-vivre insistent jusqu'au XVIIe et parfois jusqu'au XVIIIe siècle sur la nécessité, pour un homme bien élevé, de savoir découper les animaux.

« *Discenda a primis statim annis secandi ratio...* » dit Érasme en 1530.

Courtin explique en 1672 : « Si on sert, il faut toujours donner le meilleur morceau et garder le moindre, et ne rien toucher que de la fourchette, c'est pourquoy si la personne qualifiée vous demande dc quelque chose qui soit devant vous, il est important de sçavoir couper les viandes proprement et avec méthode, et d'en connoître aussi les meilleurs morceaux, afin de les pouvoir servir avec bienséance.

« L'on ne prescrit pas ici la manière de les couper ; parce que c'est un sujet dont on a fait des livres exprés, ou même toutes les pièces sont en figures, pour montrer par où il faut premièrement prendre la viande avec la fourchette pour la couper, car comme nous venons de dire, *il ne faut jamais toucher la viande... de la main non pas même en mangeant ;* puis où il faut placer le cousteau pour la couper ; *ce qu'il faut lever le premier... quel est le meilleur morceau,* et le morceau d'honneur qu'il faut servir à la personne plus qualifiée. Il est aisé d'apprendre à couper quand on a mangé trois ou quatre fois à quelque bonne table, de même, il n'est point honteux de s'en excuser et de s'en remettre à un autre si on ne le sçait pas. »

Un passage analogue allemand se trouve

dans le *New vermehrtes Trincier-Büchlein,* imprimé à Rintelen en 1650 :

« Comme la fonction de découpeur n'est pas la moins importante aux cours princières mais compte au contraire parmi les plus nobles, celui qui l'assume doit être lui-même un noble ou un homme de bonne naissance, droit et bien proportionné, doté de bras droits et solides et de mains légères. Il évitera pendant le découpage les gestes exagérés et les cérémonies superflues ou insensées... et s'armera de sang-froid car il se couvrirait de honte *s'il tremblait du corps et des mains,* parce que cela serait inconvenant à une table princière. »

C'est donc un grand honneur de découper et de servir la viande, réservé en général au maître de céans ou à quelque invité distingué qu'il prie de s'en charger : « Les jeunes et ceux qui sont de moindre considération ne doivent pas se mêler de servir, mais seulement prendre pour eux à leur tour », explique l'anonyme *Civilité Française* de 1715.

C'est au cours du XVIIe siècle que, dans la haute société française, le découpage de la viande cesse de faire partie des arts qu'un homme du monde est tenu de pratiquer au même titre que la chasse, l'escrime ou la danse. La phrase citée de Courtin en fait foi.

Beaucoup de facteurs ont contribué à mettre un terme à l'usage de découper l'animal sur la table. Le plus important ayant sans doute été le rétrécissement des ménages[59], la création d'unités familiales moins importantes ; citons aussi la division des tâches en production et transformation, le ménage ne s'occupant plus de travaux spécialisés tels que tisser, filer et abattre le bétail : toutes ces occupations passent aux mains de spécialistes, d'artisans, de commerçants, de fabricants, le ménage devenant peu à peu une unité de consommation.

Là encore, l'évolution du processus social répond à une évolution psychique : beaucoup se sentiraient de nos jours mal à l'aise s'ils devaient découper ou si d'autres découpaient sur la table des moitiés de veaux et de porcs ou des faisans ornés de leurs plumes.

Il existe même des « gens si délicats » — pour reprendre l'expression de Courtin, puisqu'il s'agit de fait d'un processus analogue — que l'étalage d'un boucher et de corps d'animaux morts leur est pénible ; il en est d'autres qui refusent pour des raisons de sensibilité rationalisée de consommer de la viande. Mais il s'agit là d'un déplacement du seuil de la sensibilité dépassant nettement les normes de la « société civilisée » du XXe siècle, qu'on considère pour cette raison comme « anormal ». On ne saurait oublier pourtant que ce sont des déplacements de ce genre qui ont abouti, dans le passé, à la modification des normes en vigueur, s'ils allaient dans le sens de l'évolution sociale générale et que la réaction affective que nous venons de relever s'inscrit parfaitement dans l'évolution passée.

L'orientation de cette évolution ne saurait faire le moindre doute : alors que la norme du départ considérait la vue d'une bête tuée et son dépeçage sur la table comme agréables ou du moins comme nullement déplaisantes, l'évolution s'oriente vers une autre norme qui postule qu'on oublie autant que possible qu'un plat de viande a quelque rapport avec un animal mort. Une bonne partie de nos plats de viande sont préparés et coupés de telle manière qu'en les dégustant on se rend à peine compte de leur provenance.

Nous verrons par la suite que les hommes s'appliquent, pendant le « processus de civilisation », à refouler tout ce qu'ils ressentent en eux-mêmes comme relevant de leur « nature animale » ; de la même manière, ils le refoulent dans leurs aliments.

Mais l'évolution, dans ce domaine, n'est certainement pas partout uniforme. En Angleterre par exemple, où les formes anciennes se conservent mieux que sur le continent dans leurs prolongements modernes, la cérémonie du « joint » (rôti) confirme la coutume de servir de grands morceaux de viande et de les faire découper par le maître de maison, coutume qui s'est à peu près perdue dans les milieux citadins de France et d'Allemagne. Mais indépendamment du fait que le « joint » anglais ne présente qu'une forme très atténuée de la consommation de grands morceaux de viande, il a été lui aussi la victime des progrès incessants du seuil de la sensibilité. L'adoption du « système russe » par les coutumes de tables de la société anglaise au milieu du siècle passé fait apparaître la tendance de cette évolution :

« Nous devons surtout au nouveau système d'avoir mis au ban de la société la coutume lourde et barbare du découpage de la viande. Rien ne saurait conférer d'élégance à une pièce de viande assez grande pour dissimuler le maître de maison condamné à cette misérable corvée... En vérité, à moins de jouir d'un immense appétit, la vue d'une pièce de viande empestant dans sa sauce suffit à vous fermer complètement l'estomac ; une grande pièce de viande est faite tout exprès pour dégoûter le gourmet. Si l'on tient absolument à offrir des pièces de viande, il faut les mettre sur une petite table de service où elles échapperont à la vue *. »

La tendance générale à soustraire à la vue de la société ce qui pourrait offenser sa sensibilité s'applique — si l'on fait abstraction de quel-

* *The Habits of Good Society,* 1859, p. 314.

ques rares exceptions — aussi au dépeçage de l'animal entier. Ce dépeçage faisait partie jadis — comme l'attestent de nombreux exemples — de la vie sociale de la couche supérieure. Mais peu à peu, la vue du dépeçage fut ressentie comme pénible. Le dépeçage comme tel ne pouvait être supprimé puisqu'il faut bien découper l'animal que l'on veut manger. Mais ce qui *offense la sensibilité* est relégué *maintenant dans la coulisse,* loin de la vie sociale. Des spécialistes s'en chargent au magasin ou à la cuisine. Nous verrons par la suite l'incidence de ce geste d'isolement, du déplacement dans la coulisse de ce qu'on ressent comme pénible, sur le processus que nous désignons par le mot de « civilisation ». La ligne qui aboutit, du dépeçage de grands animaux ou de grands morceaux de viande sur la table en passant par la progression du seuil de la sensibilité face à la vue de l'animal mort, au déplacement de l'opération dans des enceintes spécialisées, est typique de l'orientation suivie par la « civilisation ».

Reste à examiner si des phénomènes analogues survenus dans d'autres sociétés portent la marque de processus comparables. Dans l'ancienne « civilisation » chinoise le déplacement du découpage dans la coulisse s'est opéré d'une manière bien plus radicale qu'en Occident. En Chine, le processus est allé si loin que la viande y est coupée en petits morceaux, loin des yeux de tous, et que le couteau lui-même a été banni de la table.

L'usage du couteau pendant les repas

Dans ses usages sociaux, le couteau est lui aussi le symbole de l'« âme », de ses pulsions et désirs variables, il incarne des situations historiques et les lois de la structuration sociale.

Ce qui caractérise dans la société occidentale moderne l'usage du couteau comme ustensile de table c'est le grand nombre d'interdictions et de tabous qui l'entourent.

On peut sans doute qualifier le couteau, dans un sens strictement rationnel, d'instrument dangereux. Il est une arme offensive. Il peut occasionner des blessures, il sert à dépecer des animaux abattus.

Mais au danger qu'il représente vient s'ajouter une série de réactions affectives. Le couteau devient ainsi le symbole de sensations diverses attachées à son but et à sa forme mais qui ne découlent pas par une déduction rationnelle de sa finalité. La crainte qu'il suscite dépasse toute crainte fondée sur des considérations rationnelles, elle est sans commune mesure avec le danger « évaluable » et probable qu'il représente. La même remarque s'applique aussi au plaisir que sa vue et son usage confèrent, bien que cet aspect soit moins sensible de nos jours ; compte tenu des structures de notre société, le rituel social de l'usage du couteau est bien plus déterminé par le déplaisir et la crainte que par le plaisir. C'est la raison pour laquelle son utilisation à table est limitée par une série d'interdictions ; nous avons dit que ces interdictions transcendent de très loin le domaine de l'utilitarisme ; mais chacun croit pouvoir donner aux tabous du couteau une explication qui se veut rationnelle, mais qui, en réalité, est vague et difficilement vérifiable. C'est quand on regarde ces tabous d'un peu plus près, en les plaçant dans leur contexte propre, qu'on finit par se rendre compte que l'attitude de la société face au couteau, que les règles présidant à son usage à table, que les interdictions dont il s'entoure, sont de nature essentiellement *émotionnelle*. Le danger que présente le couteau disparaît derrière un ensemble de craintes, de pudeurs, de sentiments de culpabilité, d'associations et d'émotions. C'est sur ce fait que repose l'étrange ancrage de ces interdictions dans l'âme, leur caractère de « tabous ».

Au Moyen Age, époque où la couche dominante se composait de guerriers, où les hommes se préparaient sans cesse au combat, où on dominait peu ses réactions affectives, où on imposait relativement peu de restrictions et de réglementations à la vie pulsionnelle, l'usage du couteau comportait peu d'interdictions. « Ne nettoie pas tes dents avec ton couteau », lisons-nous dans beaucoup de textes médiévaux. Ce précepte fondamental est déjà révélateur de la direction de l'évolution future. N'oublions pas, d'autre part, que le couteau était au Moyen Age l'instrument de table par excellence. Il va sans dire qu'il était d'usage de le porter à la bouche.

Mais il arrive parfois, à l'époque du Moyen Age finissant, qu'on fasse allusion avec plus d'insistance que pendant les phases ultérieures au fait que les mesures de précaution rendues nécessaires par l'usage du couteau ne reposent pas exclusivement sur la crainte rationnelle d'un risque de lésion ou de blessure, mais essentiellement sur l'émotion suscitée par la vue d'un couteau braqué sur la figure de son propriétaire.

« Ne protégez pas votre visage à l'aide du couteau car ce geste est dangereux et très effrayant », lisons-nous dans le *Book of Curtesye* (vers 28) de Caxton. On se réfère ici, comme dans tous les écrits ultérieurs du même genre, à un danger réel et calculable, qui justifie partiellement la mise en garde ; mais c'est un ensemble d'associations et de souvenirs de mort et de danger, c'est la valeur de *symbole* de l'instrument qui, au fur et à mesure que la société se pacifie, font prévaloir les sentiments de malaise sur les sentiments de plaisir et aboutissent à la restriction et plus tard sans doute à la suppression pure et simple de l'usagc du couteau en société ; la vue d'un couteau tourné vers un visage humain fait peur : « Ne tourne pas ton couteau vers ton visage, cette vue est très effrayante ! » C'est là le fondement émotionnel du tabou rigoureux qui interdit de porter le couteau à la bouche.

Il en va de même de certaine interdiction qui se trouve formulée pour la première fois, en 1560, par Calviac (exemple E) : « Par quoy, s'il advient que quelqu'un demande son cousteau à l'enfant, il luy doit bailler... en tenant la poincte en sa main et présentant le manche à celuy qui le demande : car ce serait deshonneste de le faire autrement. »

Notons qu'on ne donne pas d'autre explication que celle-ci : « car ce serait deshonneste de le faire autrement » ; il en sera de même par la suite jusqu'à l'époque où l'on tentera de justifier le rituel social par des considérations « rationnelles ». On reconnaît facilement les dessous émotionnels de cette prescription : il ne faut pas avancer la pointe du couteau vers quelqu'un, comme si on l'attaquait. La simple valeur symbolique d'un tel geste, le souvenir même lointain d'une menace guerrière provoquent une réaction de malaise. Ici comme ailleurs, le rituel du couteau comporte une part de rationalité : quelqu'un pourrait profiter de l'occasion pour porter à son voisin un coup de couteau. Cette éventualité prend le caractère d'un rituel social parce que le geste dangereux et déplaisant s'ancre dans la sensibilité comme un symbole de danger et de mort. La société qui, à cette époque, commence à limiter les menaces pour la sécurité de chacun et à modifier en conséquence l'économie émotionnelle des individus entoure en même temps d'un arsenal de tabous les symboles, gestes et instruments de la menace.

Ainsi s'accroît aussi le nombre des restrictions et interdictions — et avec elles le nombre des contraintes — qu'on impose à l'usage du couteau.

Quand on fait abstraction des détails de l'évolution pour ne considérer que ses aboutissements, à savoir l'état actuel du rituel du couteau, on constate, en effet, qu'il est entouré d'un grand luxe de tabous plus ou moins stricts. Le précepte de ne jamais porter le couteau à la bouche en est le plus connu et le plus impératif. Il est évident qu'il ne reflète en rien le danger effectif ou probable que comporterait un tel usage; car des couches sociales habituées à manier le couteau et à manger avec le couteau ne risquent guère de se blesser à la bouche. En réalité l'interdiction est devenue un moyen de distinction sociale; le sentiment pénible qui s'empare de nous quand nous voyons un homme porter son couteau à la bouche résume en quelque sorte notre attitude : la peur très générale que suscite en nous ce symbole dangereux, la crainte plus spécifique de la dégradation sociale dont nos parents et éducateurs nous ont présenté de bonne heure le spectre, quand ils nous ont dit : « Voilà une chose qu'on ne fait pas ! » Mais l'usage du couteau est entouré d'autres interdictions n'ayant aucun rapport ou qu'un rapport lointain avec une menace pour le corps, et qui traduisent la valeur symbolique du couteau en tant qu'arme de guerre. Ainsi, l'interdiction rigoureuse de couper le poisson avec le couteau — interdiction contournée et modifiée par l'introduction du couteau à poisson — ne dévoile pas, au premier regard, son sens émotionnel, bien que la théorie psychanalytique projette quelque lumière sur les tenants et aboutissants de ce tabou. On sait qu'il est défendu de saisir le couteau « à pleine main » : « comme si on tenait un bâton », selon une phrase de La Salle qui se rapporte, il est vrai, surtout à la cuiller et à la fourchette (exemple J). On remarque une tendance manifeste à éviter — ou du moins à restreindre — le contact du couteau avec des objets ronds ou ovales. Une règle connue et relativement sévère interdit de couper des pommes de terre avec le couteau. Moins sévère mais d'une orientation analogue est l'interdiction de couper des quenelles ou de « décapiter » des œufs à la coque ; dans quelques milieux très raffinés on pousse la sensibilité jusqu'à éviter de toucher avec son couteau des pommes ou des oranges. « Notons encore qu'aucun gourmet ne coupera une pomme avec son couteau et qu'une orange doit être pelée avec une cuiller », lisons-nous dans *The Habits of Good Society* de 1859 et 1890.

Ces interdictions plus ou moins sévères dont la liste pourrait être complétée nous fournissent pour ainsi dire la trajectoire générale des règles présidant à l'usage du couteau : cette trajectoire marque la tendance très nette de la société civilisée — tendance issue des couches supérieures et s'étendant aux couches inférieures — à limiter dans la mesure du possible, d'abord dans le cadre de la technique de table en vigueur, l'usage du couteau et de le supprimer totalement là où l'on peut s'en passer.

Cette tendance s'annonce déjà dans le précepte anodin et allant de soi que nous avons cité dans l'exemple J : « Il ne faut pas lorsqu'on est à Table tenir toujours le couteau à la main, (comme font les paysans,) il suffit de le prendre lorsqu'on veut s'en servir. » Elle apparaît déjà très nettement vers le milieu du siècle précédent : en effet, le traité de mœurs *The Habits of Good Society* spécifie : « Qu'il me soit permis de vous donner une règle : tout ce que l'on peut couper sans couteau, il faut le couper avec la seule fourchette. » Il suffit de bien regarder les usages modernes pour y trouver la confirmation de cette tendance. C'est là que se dessine un début d'évolution nettement discernable visant à dépasser les normes de la technique alimentaire et de la tenue à table telles qu'elles ont été élaborées par la société de cour. Ce qui ne veut pas dire que la « civilisation » de l'Occident suivra effectivement la voie ainsi tracée. Il s'agit bien plutôt d'une tendance, d'une virtualité, que la société recèle parmi beaucoup d'autres. On pourrait imaginer pourtant que la préparation des mets à la cuisine s'orientera de telle manière que l'usage du couteau à table s'en trouvera de plus en plus réduit, que les opérations de dépeçage se feront de plus en plus dans des enceintes spécialisées, à l'écart de la « société ».

Des mouvements nettement rétrogrades sont également possibles. On sait par exemple que le mode de vie de la dernière guerre a entraîné la transgression inévitable de plusieurs tabous plus ou moins impératifs datant de la civilisation de paix. Dans les abris, officiers et soldats se sont souvent vus obligés de manger avec le couteau et même avec les mains. Le seuil de la sensibilité s'est rapidement déplacé sous la pression de circonstances inéluctables.

Mais abstraction faite de tels incidents qui

pourraient, le cas échéant, aboutir à des normes nouvelles, la ligne générale de l'évolution de l'usage du couteau apparaît avec une grande netteté[60].

On assiste, en effet, à une réglementation et à une fixation de l'économie affective. Les préceptes et interdictions portant sur l'instrument symbole du danger s'accumulent et se différencient. Pour finir, on limite de plus en plus l'usage du symbole menaçant.

Quand on regarde la ligne suivie par l'évolution de la civilisation, on ne peut s'empêcher de souligner sa ressemblance avec celle déjà ancienne de la Chine. Nous avons vu qu'en Chine l'usage du couteau à table a disparu depuis des siècles. Pour la sensibilité de beaucoup de Chinois la manière de manger des Européens est « non civilisée » : « Les Européens sont des barbares, disent-ils parfois, ils se servent d'épées à table ! » On peut supposer que la suppression du couteau comme ustensile de table en Chine est due au fait que la couche dirigeante n'y était plus, depuis longtemps, une couche de guerriers mais une classe « pacifiée » à un très haut degré, une classe de fonctionnaires cultivés.

A quoi sert la fourchette ? Elle sert à porter à la bouche la nourriture coupée en morceaux. La fourchette est-elle nécessaire ? Pourquoi ne se sert-on pas de ses doigts ? Parce que c'est la manière de faire des « cannibales », nous explique en 1859 *L'Homme à la fenêtre du Club,* l'auteur anonyme de *The Habits of Good Society.* Pourquoi est-ce d'un cannibale de manger avec ses doigts ? Voilà une question qu'on ne pose pas : manger avec les doigts ne saurait être que la manière de faire d'un cannibale, d'un barbare, d'un homme dépourvu de civilisation...

Or, il s'agit précisément de savoir pourquoi il est « plus civilisé » de manger avec une fourchette.

La première réponse qui se présente à l'esprit est celle-ci : parce que manger avec les doigts est *peu hygiénique.*

Notre sensibilité nous dit qu'il est peu hygiénique de manger à plusieurs, avec les doigts, dans le même plat, puisque le contact avec les autres peut nous communiquer une maladie contagieuse. Chacun de nous semble craindre que le voisin ne soit atteint d'un mal contagieux.

Mais cette explication est boiteuse : nous n'avons plus l'habitude de manger avec d'autres dans le même plat. Chacun porte à sa bouche ce qui se trouve dans son assiette personnelle. Y puiser la nourriture avec les doigts ne saurait être moins « hygiénique » que de manger avec la main du gâteau, du pain ou du chocolat.

Pourquoi faut-il donc une fourchette ? Pourquoi est-il « barbare » et « peu civilisé » de prendre avec les doigts ce qui se trouve dans son assiette personnelle ?

Parce que nous éprouvons un sentiment de malaise quand nous salissons nos doigts ou du moins quand on nous aperçoit en société avec des mains crasseuses ou graisseuses. La transmission éventuelle de maladies, c'est-à-dire la « motivation rationnelle », a peu à voir avec l'interdiction de manger avec les doigts dans sa propre assiette. Quand nous analysons nos propres sensations face au rituel de la fourchette, nous nous rendons parfaitement compte du fait que l'instance suprême qui décide du caractère « civilisé » ou « non civilisé » de notre comportement est notre seule sensibilité. La fourchette n'est que la concrétisation d'une norme déterminée de ce que nous ressentons comme « pénible ». Ainsi apparaît à l'arrière-plan de l'évolution des mœurs de table depuis le Moyen Age jusqu'à nos jours un phénomène que nous avons déjà rencontré au cours de notre analyse d'autres concrétisations du même genre, à savoir une modification de notre économie pulsionnelle et affective.

Des comportements qui n'étaient nullement ressentis comme pénibles au Moyen Age éveillent de plus en plus des réflexes de déplaisir. Le niveau de ce qui est ressenti comme « pénible » trouve son reflet dans les interdictions réglant le comportement en société. Ces tabous ne sont rien d'autre, pour autant qu'on puisse en juger, que des sensations de déplaisir, d'embarras, de dégoût, d'angoisse ou de pudeur qu'on a inculquées aux hommes dans des circonstances sociales déterminées et qui ont été ritualisées et institutionnalisées ; elles se reproduisent non exclusivement mais surtout par leur ancrage institutionnel dans des rituels et des formes de comportement déterminés.

Quelques exemples — échantillonnage limité et relativement fortuit d'avis personnels — illustrent comment, au cours d'une phase évolutive pendant laquelle l'usage de la fourchette n'était pas encore considéré comme obligatoire, le sentiment de gêne qui s'était d'abord développé dans un cercle étroit a peu à peu gagné du terrain : « Il est très indécent, nous explique Courtin en 1672 (exemple G), de toucher à quelque chose de gras, à quelque sauce, à quelque syrop, etc. avec les doigts, outre que cela en même temps vous oblige à deux ou trois autres indécences, l'une est d'essuyer fréquemment vos mains à votre serviette, et de la salir comme un torchon de cuisine ; en sorte qu'elle fait mal au cœur à ceux qui la voyent porter à la bouche, pour vous essuyer. L'autre est de les essuyer à vostre pain, ce qui est encore très mal-propre ; et la troisième de vous lécher les doigts, ce qui est le comble de l'impropreté. »

La *Civilité* de La Salle de 1729 (exemple J), qui se propose d'assurer une large diffusion au comportement des cercles dirigeants, spécifie bien : « Lorsque les doigts sont fort gras, il est à propos de les dégraisser d'abord avec un morceau de pain... » ce qui montre que le seuil de sensibilité, que Courtin représente déjà quelques décennies plus tôt, n'avait pas encore atteint, de son temps, à l'universalité. Ailleurs, La Salle reproduit à peu près textuellement le précepte de Courtin : « car la Bien-séance ne permet pas de toucher avec les doigts à quelque chose de gras, à quelque sauce, ou à quelque sirop ». Il cite parmi les « incivilités » auxquelles cette pratique oblige, comme Courtin, « la nécessité d'essuyer ses mains avec du pain ou de les lécher ».

Comme on voit, tout est encore fluctuant. Les nouvelles normes n'apparaissent pas d'un seul coup. Certains comportements sont interdits, non parce qu'ils sont contraires à l'hygiène, mais parce qu'ils sont pénibles à voir et qu'ils donnent lieu à des associations déplaisantes ; beaucoup d'instances et institutions s'appliquent à inculquer à des milieux de plus en plus vastes la honte d'offrir à ses semblables de tels spectacles, la peur de déclencher des associations qui, à l'origine, n'existaient pas. Mais dès qu'elles se sont fixées dans certains rites tel le rite de la fourchette, elles se reproduisent de façon automatique tant que n'interviennent pas des modifications profondes de la structure des rapports humains. La génération des parents qui ont accepté comme allant de soi certaines normes de comportement poussent leurs enfants — qui, à leur naissance, ignorent ce genre de sensibilité — avec plus ou moins de sévérité à maîtriser leurs penchants, à refréner leurs pulsions. Quand un enfant étend sa main vers quelque chose de gluant, d'humide, de gras, on lui dit : « Il ne faut pas faire cela, cela ne se fait pas ! » Et le déplaisir que les parents éprouvent en voyant de tels gestes se transmet par l'habitude aux enfants, sans l'intervention d'une tierce personne.

Or, le comportement et la vie pulsionnelle de l'enfant sont orientés dans une large mesure par le seul exemple du monde environnant, en l'absence de toute recommandation verbale, par l'habitude qu'ont prise les adultes de se servir d'une certaine manière de leurs couteaux et de leurs fourchettes. Le fait même que l'exemple du monde environnant vient s'ajouter à la pression et à la contrainte exercées par quelques adultes aboutit, chez les adolescents, de très bonne heure à l'oubli ou au refoulement de l'idée que leurs sensations de pudeur et de malaise, leurs impressions de plaisir et de déplaisir puissent être modelées par des pressions et contraintes extérieures et réduites ainsi à une norme commune. La jeunesse les considère au contraire comme quelque chose de très personnel, de très « intime » que la nature a déposé dans leur berceau.

Alors que les recommandations de Courtin et de La Salle attestent qu'à leur époque les adultes agissaient par « politesse », par égard réciproque, pour épargner au voisin la vue d'un individu mangeant avec ses doigts, par crainte pudique d'être vus « les mains saucées », le comportement des convives obéira plus tard à une sorte d'automatisme, il reflétera les structures internes de la société, du Surmoi qui interdit de manger autrement qu'à l'aide de la fourchette. Les normes sociales qui ont été imposées à l'individu du dehors se reproduisent ensuite sans à-coups par l'autocontrainte qui jusqu'à un certain degré opère automatiquement même si, au niveau de la conscience, la personne en cause la refuse.

Ainsi s'accomplit dans chaque individu, en raccourci, un processus qui, dans l'évolution historique et sociale, a duré des siècles et dont l'aboutissement est la modification des normes de la pudeur et du déplaisir. Si l'on tenait à qualifier de « lois » les processus récurrents, on serait en droit de formuler à l'exemple de la « loi fondamentale de la biogenèse » une loi fondamentale de la sociogenèse et de la psychogenèse.

CHAPITRE V

De quelques fonctions naturelles

I. — Comment satisfaire les besoins naturels

Documents

A

xve siècle ?

Extrait de *S'ensuivent les contenances de la table*

VIII

Enfant, prends de regarder peine
Sur le siège où tu te sierras
Se aucune chose y verra
Qui soit deshonneste ou vilaine

B

Extrait de *Ein Spruch der ze tische kêrt*[61]

329 Ne prends pas à main nue ce qui est sous ton vêtement.

C
1530

Extrait de *De civilitate morum puerilium* d'Érasme de Rotterdam

[Les scolies proviennent d'une édition de Cologne de 1530 destinée sans doute à l'enseignement. Le titre est suivi de la remarque suivante : « Revu par l'auteur et illustré de nouvelles scolies, par Gisbertus Longolius d'Utrecht, Cologne 1530. » Le fait que de tels problèmes soient évoqués ici dans un manuel scolaire met en évidence les changements survenus ultérieurement.]

Il est mal poli de saluer qui urine ou défèque...

Un homme bien élevé ne se laissera jamais aller à découvrir sans nécessité les membres que la nature a associés au sentiment de pudeur. Quand la nécessité l'y contraint, il doit le faire avec décence et retenue, même s'il n'y a pas de témoin. Car les anges sont toujours présents. Rien ne leur est plus agréable chez un garçon que la pudeur, compagne et gardienne d'un comportement décent. Si la pudcur interdit déjà de les montrer à des regards étrangers il est encore bien moins admissible de les exposer au toucher d'autrui.

Il est mauvais pour la santé de retenir l'urine, honnête de la rendre en secret. Certains recommandent au jeune de retenir un vent en serrant les fesses. Eh bien ! il est mal d'attraper une maladie en voulant être poli. Si l'on peut sortir, il faut le faire à l'écart. Sinon, il faut suivre le très vieux précepte : cacher le bruit par une toux. Du reste, pourquoi les mêmes livres ne prescrivent-ils pas de ne pas déféquer, alors qu'il est plus dangereux de retenir un vent que de garder les fèces.

[A ce propos, la scolie précise, p. 33, entre autres :]

« Attraper une maladie » : écoute l'avis du vieillard de Cos [Hippocrate]... Si un pet sort sans bruit, c'est très bien... Cependant il vaut mieux qu'il sorte avec bruit que d'être retenu. Du reste, il est à ce point utile de fairc abstraction de la pudeur pour dégager le corps, que, selon l'avis de tous les médecins, serrer les fesses serait faire comme Aethon qui, chez l'épigrammatiste, faisait tout son possible pour ne pas péter dans un temple, et saluait Jupiter en serrant les fesses. Ce sont les parasites et les orgueilleux qui disent : j'ai appris à serrer les fesses.

« Cacher le bruit par une toux » : font semblant de tousser ceux qui, par pudeur, ne veulent pas faire entendre un bruit. Lire Chiliades : une toux pour un pet.

« Alors qu'il est plus dangereux de retenir un vent » : cf. les vers de Nicarchos au livre II des épigrammes, où il décrit l'effet fatal de pets contenus.

(N.B. Le luxe de détails, le sérieux et la franchise totale avec lesquels on passe ici publiquement en revue des problèmes qui depuis, appartiennent au domaine strictement privé et ne sauraient être décemment évoqués en société, montrent nettement le déplacement du seuil de la pudeur dans un sens déterminé. Le fait qu'on se réfère au cours de la discussion souvent à la « pudeur » illustre la différence des normes en cette matière.)

D
1558

Extrait du *Galateo* de Giovanni Della Casa, archevêque de Bénévent

(Cité d'après l'édition quinquélingue, Genève, 1609, p. 32)

Semblablement il n'est pas honneste à un gentilhomme bien appris de se préparer devant un chascun pour aller à ses necessités naturelles : et, ayans mis fin à icelles, il n'est pas bien seant de se revestir en presence d'autruy. Encor ne trouve ie pas bon que revenant d'icelles il se lave les mains en présence d'une honneste compagnie, pource que la raison pour laquelle il se lave represente quelque chose de mausade à l'imagination de ceux qui le voyent. Pour la mesme raison aussi quand on voit à rencontrer par chemin quelque chose de mauvais goust (comme il advient souvent) il n'est pas honneste de se tourner de vers la compagnie, à luy monstrer ceste ordure.

Encor moins doit on presenter à sentir à autruy chose puantes ce que quelques uns ont accoutumé de faire avec grande importunité, se l'approchans eux mesmes du nez et disans les sentez un peu, ie vous prie, comme cecy pue ains il devroyent dire, ne le flairez pas, car il pue.

E
1570

Extrait de *Wernigerodische Hofordnung* de 1570[62]

Personne n'a le droit de se livrer à ses besoins naturels, d'une manière effrontée et impudique, comme les paysans, n'ayant jamais fréquenté des personnes honorables et bien élevées, devant les portes et les fenêtres des chambres réservées aux femmes, aux hommes de la cour ou à d'autres résidants, mais chacun devra se comporter, par actions et par paroles, comme un être raisonnable, respectable et décent.

F
1589

Extrait de *Braunschweigische Hofordnung* de 1589[63]

Que personne ne s'avise, quel qu'il soit, pendant, avant ou après les repas, matin ou soir, de souiller les perrons, escaliers, couloirs, et chambres d'urine ou d'autres immondices, mais qu'il aille faire ses besoins aux endroits convenables et désignés à cet effet.

G
Vers 1619

Richard Weste, *The Booke of Demeanor and the Allowance and Disallowance of certaine Misdemeanors on Companie*[64]

Ne permets pas que tes membres cachés soient vus par d'autres personnes; c'est là une chose impudique et horrible, détestable et grossière. Ne retiens jamais l'urine ou les vents qui tourmentent ton corps : si c'est fait avec discrétion, ne t'en inquiète pas !

H
1694

Extrait de la correspondance de la duchesse d'Orléans (du 9 octobre 1694; selon une autre source du 25 août 1718)

L'odeur de la boue est horrible. Paris est un endroit affreux; les rues y ont une si mauvaise odeur qu'on ne peut y tenir; l'extrême chaleur y fait pourrir beaucoup de viande et de poisson et ceci, joint à la foule des gens qui... dans les rues, cause une odeur si détestable qu'il n'y a pas moyen de la supporter*.

* En français dans le texte.

I

1729

Extrait de La Salle, *Les Règles de la Bien-séance et de la Civilité Chrétienne* (Rouen 1729, p. 45 sqq.)

Il est de la Bien-séance, et de la pudeur de couvrir toutes les parties du Corps, hors la teste et les mains. On doit éviter avec soin, et autant qu'on le peut, de porter la main nue sur toutes les parties du Corps qui ne sont pas ordinairement découvertes ; et si on est obligé de les toucher, il faut que ce soit avec beaucoup de précaution. Il est à propos de s'accoutumer à souffrir plusieurs petites incommoditez sans se tourner, frotter, ni gratter...

Il est bien plus contre la Bien-séance et l'honnesteté, de toucher, ou de voir en une autre personne, particulièrement si elle est de sexe différent, ce que Dieu défend de regarder en soi. Lorsqu'on a besoin d'uriner, il faut toujours se retirer en quelque lieu écarté : et quelques autres besoins naturels qu'on puisse avoir, il est de la Bien-séance (aux enfants mesmes) de ne les faire que dans des lieux où on ne puisse pas estre appercú.

Il est très incivil de laisser sortir des vens de son Corps, soit par haut, soit par bas, quand mesme ce seroit sans faire aucun bruit, lorsqu'on est en compagnie; [ce précepte qui est conforme à l'usage moderne contredit les règles données en C et G] et il est honteux et indécent de le faire d'une manière qu'on puisse estre entendu des autres.

Il n'est jamais séant de parler des parties du Corps qui doivent estre cachées, ni de certaines nécessitez du Corps ausquelles la Nature nous a assujetti, ni mesme de les nommer*.

J
1731

Extrait de Joh. Christ. Barth, *Die galanthe Ethica, in welcher gezeiget wird, wie sich ein junger Mensch bey der galanten Welt sowohl durch manierliche Werke als complaisante Worte recommandiren soll. Allen Liebhabern der heutigen Politesse zu sonderbarem Nutzen und Vergnügen ans Licht gestellet. Dresden und Leipzig 1731* (4e édition, p. 288)**.

(L'évolution s'est accomplie un peu plus

* En français dans le texte.

** *L'Éthique galante* qui explique comment un jeune homme peut se faire bien voir dans le monde galant par de bonnes manières et des paroles complaisantes. Elle profitera et plaira particulièrement aux amateurs de la politesse moderne.

lentement en Allemagne qu'en France. Le traité donne dans la deuxième moitié du XVIIIe siècle un précepte de politesse qui se trouve tel quel dans la recommandation d'Érasme citée plus haut, p. 278 : « il est mal poli de saluer », etc.)

Quand on passe à côté d'une personne en train de se livrer à un besoin naturel, on fait semblant de ne pas le remarquer ; il est par conséquent contraire à la politesse de la saluer.

K

1774

Extrait de La Salle, *Les Règles de la Bien-séance et de la Civilité Chrétienne* (Édition de 1774, p. 24)

(N.B. Le chapitre sur les « Parties du Corps qu'on doit cacher et les nécessités naturelles » comprend deux pages et demie dans l'édition ancienne ; dans l'édition de 1774, il est réduit à une page et demie. Le paragraphe commençant par « On doit éviter avec soin » a été supprimé. Beaucoup de choses dont on pouvait encore parler dans la première édition sont maintenant taboues.)

Il est de la Bien-séance et de la pudeur de

couvrir toutes les parties du corps, hors de la tête et les mains.

Pour les besoins naturels il est de la Bienséance (aux enfants même) de n'y satisfaire que dans des lieux ou on ne soit pas apperçu.

Il n'est jamais séant de parler des parties du corps qui doivent toujours être cachées, ni de certaines nécessités du corps auxquelles la nature nous a assujettis, ni même de les nommer*.

L
1768

Lettre de Mme du Deffand à Mme de Choiseul du 9 mai 1768[65]

(Exemple de la valeur de prestige de l'instrument.) Je voudrais, chère grand'maman, venir peindre, ainsi qu'au grand-abbé, quelle fut ma surprise, quand hier matin on m'apporte, sur mon lit, un grand sac de votre part. Je me hâte de l'ouvrir, j'y fourre la main, j'y trouve des petits pois... et puis un vase... je le tire bien vite : c'est un pot de chambre. Mais d'une beauté, d'une magnificence telles que mes gens, tout d'une voix disent *qu'il en fallait*

* En français dans le texte.

faire une saucière. Le pot de chambre a été en représentation hier toute la soirée et fit l'admiration de tout le monde; les pois... furent mangés sans qu'il en restât un seul*.

Commentaires

Les vers courtois ne s'étendent guère sur ce sujet. Les préceptes et interdictions qui règlent ce domaine de l'existence sont relativement peu nombreux. Tout se passe, du moins dans la société séculière, d'une façon bien plus naturelle. Les actes eux-mêmes, les propos auxquels ils donnent lieu, les associations d'idées qui les accompagnent n'ont pas encore ce caractère « intime » et « privé » qui en fera plus tard des objets de pudeur et de sensations de malaise.

Dans ce domaine aussi, le traité d'Érasme marque une ligne de partage dans l'évolution de la civilisation : par rapport aux époques antérieures, on constate une progression sensible du « seuil de la pudeur » ; par rapport aux phases qui vont suivre, on parlerait bien plutôt d'une « absence de pudeur », que la plupart des hommes habitués à nos normes modernes jugeront incompréhensible et même « pénible ».

Mais il est tout aussi manifeste que l'objectif

* En français dans le texte.

du traité est précisément d'inculquer des sentiments de pudeur. La motivation de la maîtrise des pulsions à laquelle on invite l'enfant, par l'omniprésence des anges, est tout à fait caractéristique à cet égard. En effet, les motifs de la peur que l'on désire susciter dans l'adolescent pour qu'il réprime ses manifestations de plaisir conformément aux normes de comportement de la société varient avec les siècles. A l'époque d'Érasme, on explique et concrétise — pour soi-même et pour les autres — la peur qu'inspirent les pulsions ou la répression des pulsions comme une peur d'esprits extérieurs. Plus tard on interprète, surtout dans la couche dirigeante, dans les cercles aristocratiques de cour, la contrainte et l'autodiscipline qu'on est tenu de s'imposer de même que les sentiments de honte et de malaise qui s'emparent du transgresseur comme la honte et la peur qu'on éprouve à l'endroit d'autres personnes. Dans les milieux populaires, l'ange gardien restera longtemps encore l'instrument du conditionnement des enfants. Il est vrai qu'il s'éclipse peu à peu, à mesure que les mises en garde contre les actes « préjudiciables à la santé », que les motivations « hygiéniques » sont plus fréquemment invoquées pour obtenir le degré requis du refoulement des pulsions et du contrôle de l'affectivité. Ce sont ces mêmes motivations qui occupent aujourd'hui une si large place dans les méditations des adultes sur la « civilisation » sans que ceux-ci se rendent compte du rôle qu'elles tiennent dans le conditionnement des enfants. Or, ce n'est qu'après avoir pris conscience de ce rôle qu'on peut tenter de déterminer ce qui, dans ces motivations, est rationnel et ce qui est « pseudo-rationnel », c'est-à-dire fondé sur les sentiments de honte et de malaise des adultes.

Nous avons déjà dit qu'Érasme se fait par son traité le pionnier d'un nouveau niveau de pudeur et de sensibilité qui s'imposera d'abord à la couche dirigeante séculière.

Il parle aussi avec beaucoup de naturel de choses dont la seule évocation suscite en nous des sentiments de malaise. Tout en nous fournissant par son ouvrage la preuve palpable de sa délicatesse et de son tact, il n'hésite pas à nommer des fonctions du corps que notre sensibilité ne permet plus d'évoquer en société et encore bien moins dans des traités de savoir-vivre. En réalité, il n'y a aucune contradiction entre cette délicatesse et cette franchise naïve. Érasme se place à un niveau différent du nôtre dans l'évolution du contrôle et du refoulement de l'affectivité.

Cette différence du niveau des normes sociales apparaît très nettement quand Érasme met en scène une personne qui en rencontre une autre « qui urine et défèque ». Le sans-gêne naïf avec lequel on satisfaisait à cette époque à ses besoins naturels et avec lequel on en parlait nous fait penser au tableau qui s'offre de nos jours encore au voyageur en Orient. Or, le tact interdit de saluer quelqu'un en train de se livrer à un tel exercice.

La différence des normes apparaît aussi dans la remarque d'Érasme qu'on ne saurait demander à un jeune homme, sous prétexte de civilité, que « ventris flatum retineat » puisque cette pratique risquerait de compromettre sa santé. Érasme fait la même remarque au sujet de l'éternuement et d'autres manifestations du même genre.

Il est rare de trouver dans son traité des motivations hygiéniques. S'il y en a, elles servent presque toujours, comme ici, à rejeter des contraintes et des préceptes de répression de fonctions naturelles, alors que plus tard, et surtout au XIXe siècle, elles sont en premier lieu des instruments de conditionnement destinés à obtenir à tout prix la retenue et le refoulement des pulsions. Ce n'est qu'au XXe siècle qu'on assistera, en cette matière, à un léger changement d'attitude.

Les extraits de La Salle suffisent à montrer les progrès de la sensibilité, du sentiment de gêne que nous éprouvons en face de certaines choses.

Là encore, les modifications apportées en

1774 à l'édition de 1729 sont très instructives. Il est certain que l'édition ancienne marque déjà un niveau de sensibilité très différent de celui du traité d'Érasme. Elle formule avec précision le postulat d'accomplir toutes les fonctions corporelles en un lieu retiré, mais le fait même que l'auteur formule ce précepte indique qu'il n'était pas respecté par tous les adultes et encore bien moins par les enfants. Bien que La Salle précise qu'il est peu convenable de parler de tels actes et de telles parties du corps, il le fait avec un luxe de détails qui, pour notre sensibilité, a quelque chose d'étonnant ; il nomme les choses par leur nom tandis que la *Civilité* de Courtin de 1672, qui s'adresse aux couches supérieures, ne comporte pas de chapitre de ce genre et ne fait pas mention de ces choses.

L'édition suivante de La Salle renonce également à tous les détails : le voile du silence tombe de plus en plus sur ce domaine. En présence d'étrangers, l'homme ressent comme pénible le seul souvenir de ses besoins naturels et il écarte tout ce qui, en société, pourrait les évoquer de près ou de loin, ne fût-ce que par une association d'idées.

Mais les exemples cités montrent aussi combien a été lent le processus qui a abouti au rejet, hors de la vie publique, de toutes les fonctions corporelles.

Nous disposons d'une documentation relativement abondante[66] sur la question, parce que le « voile du silence » n'existait pas encore ou n'avait pas ce caractère strict qu'il a aujourd'hui. Il est vrai qu'on n'attribuait à la matière qu'une simple valeur de curiosité et que, pour cette raison, on a rarement essayé de grouper les tableaux selon une vue d'ensemble et d'en dégager une orientation générale. Mais quand on les survole du regard, on se rend compte qu'ils suivent une ligne évolutive très typique du processus de civilisation.

Au début, les fonctions du corps et leur vue ne s'accompagnaient que peu de sentiments de pudeur et de gêne ; par conséquent, on ne songeait guère à les entourer de discrétion ou à les réprimer. Elles semblaient aussi naturelles que le fait de se peigner ou de se chausser. Le conditionnement des enfants se faisait selon ces normes.

Dans un manuel scolaire de Mathurin Cordier édité en 1568 et portant le titre *Colloquiorum Scholasticorum Libri Quattuor*[67], le maître demande à un de ses élèves de lui raconter dans l'ordre ce qu'il a fait entre son lever et le petit déjeuner. « Écoutez bien, mes enfants ! ajoute-t-il, pour que vous puissiez suivre l'exemple de votre camarade. » « *Experrectus surrexi a lecto,* répond l'élève, *indui tunicam cum thorace, deinde egressus cubiculo, descendi infra, urinam in area reddidi ad parietem, accepi fri-*

gidam aquam e situla, manus et faciem lavi, etc. Je me suis réveillé, j'ai quitté mon lit, j'ai enfilé ma chemise, mes chaussettes et mes chaussures, j'ai bouclé ma ceinture, j'ai pissé contre le mur de la cour, j'ai puisé de l'eau fraîche dans le seau, j'ai lavé mes mains et ma figure, je les ai essuyées avec la serviette, etc. »

Aux siècles suivants, l'exercice dans la cour aurait été omis, car on aurait estimé qu'il présentait peu d'intérêt dans un ouvrage destiné à l'enseignement et conçu pour proposer des modèles de comportement aux enfants. Pour l'auteur du manuel, l'incident n'était ni « important », ni « négligeable », il allait de soi.

L'élève qui de nos jours rapporterait ce détail le ferait soit pour plaisanter, soit pour exécuter un peu trop fidèlement l'ordre du maître ; dans la plupart des cas, il aurait recours à une périphrase ; il dissimulerait sans doute son embarras sous un sourire auquel répondrait un « sourire entendu » de la part de ses camarades ; ce serait là leur réaction à une inobservation plus ou moins grave du tabou.

Le comportement des adultes est fonction de ces différents modes de conditionnement. Pendant longtemps la rue, ou quelque autre endroit, semble tout indiquée pour satisfaire ce besoin ou quelque besoin analogue. Personne ne se prive d'uriner dans les escaliers, les coins de chambre, contre les tapisseries et les murs d'un château si l'envie lui en prend. Les exemples E et F l'attestent. Mais ils montrent aussi que la forme spécifique et permanente de la vie en commun qu'est la vie à la cour expose les nombreuses personnes qui la partagent à des pressions d'en haut aboutissant à une régulation plus sévère de l'économie affective et partant à une plus grande retenue.

Au début, ce sont les personnes d'un rang social supérieur qui exigent des individus socialement inférieurs et, le cas échéant, de leurs pairs, sous une forme ou une autre, un contrôle plus rigoureux des pulsions entraînant certains renoncements relativement ordonnés ou un refoulement de l'affectivité. Ce n'est qu'à une époque relativement tardive, quand les couches bourgeoises composées de nombreux individus d'un rang social comparable — qui, à côté des anciennes couches dirigeantes, font figure de « masses humaines » — accèdent aux commandes de la société, que la *famille* se fait l'agent unique ou principal de la répression des pulsions ; c'est à partir de ce moment que la dépendance de l'enfant par rapport à ses parents devient une des premières sources d'énergie, et même la plus importante et la plus efficace de la régulation et de la formation socialement nécessaires de l'affectivité.

Déjà pendant la phase chevaleresque-courtoise et plus encore pendant la phase absolutiste-curiale, cette fonction a été assumée pour la couche supérieure par les cours elles-mêmes, c'est-à-dire directement par les échanges socio-mondains. Pendant cette période, bien des habitudes qu'on nous impose en quelque sorte comme une « seconde nature » ne font pas encore, sous cette forme, l'objet d'un conditionnement artificiel; elles n'ont pas encore ce caractère d'autocontrainte, d'automatisme qui, dans certaines limites, opère aussi quand l'individu est livré à lui-même; bien au contraire, quand on s'astreint à une discipline de ses pulsions, on le fait consciemment, par égard pour les autres, pour des raisons sociales. La nature et l'étendue de cette retenue sont fonction à la fois du rang social de celui qui se les impose et de celui dans l'intérêt duquel il les assume. Cette situation se modifie à mesure que les hommes se rapprochent socialement les uns des autres, que les rapports de dépendance et l'ordre hiérarchique de la société s'atténuent. C'est un fait que la progression de la division du travail augmente l'interdépendance des hommes et la dépendance des personnes d'un rang socialement plus élevé envers celles occupant les degrés inférieurs de l'échelle sociale. Ces dernières se rapprochent des premières au point que celles-ci éprouvent, en leur présence, des sentiments de pudeur. C'est seulement ce dernier phénomène qui confère à l'apprêt de la vie pulsionnelle ce caractère d'universalité que les membres de notre société démocratique et industrielle considèrent comme allant de soi.

Choisissons parmi les nombreux exemples un seul qui illustre de façon particulièrement convaincante ce contraste et éclaire, quand on l'examine sous un jour approprié, l'évolution tout entière :

Della Casa énumère quelque part dans son *Galateo* les mauvaises habitudes à éviter. Il ne faut pas s'endormir quand on est en société, explique-t-il. Il ne faut pas sortir des lettres et les lire; il ne faut pas se faire les ongles. « De plus, ajoute-t-il, (p. 92), il ne faut pas s'asseoir de manière à tourner à son voisin le dos ou le derrière, ni lever la cuisse de manière à faire voir les membres du corps humain que la décence commande de couvrir par des vêtements. *Car on ne fait de telles choses et d'autres du même genre qu'en présence de personnes à l'égard desquelles on ne ressent aucune honte (se non tra quelle persone, che l'huom non riverisce). Que si un grand seigneur faisait une telle chose en présence d'un de ses domestiques ou d'un ami de rang inférieur, il ne manifesterait pas par là son orgueil mais au contraire son affection et sa sympathie.* »

Il existe donc des personnes devant qui on a

honte et d'autres en présence desquelles on ne se gêne pas. Le sentiment de pudeur apparaît très nettement comme une fonction sociale et modèle comme telle la structure sociale. Cette pensée est rarement exprimée avec autant de franchise que dans le passage cité. Mais de nombreux témoignages attestent que le *comportement* des hommes s'accordait à cette vue. Encore au XVIIe siècle il était courant en France[68] que les rois ou les grands seigneurs se fissent accompagner par quelques subordonnés privilégiés, quand ils se rendaient là où le proverbe allemand indique « que même l'empereur se rend seul ». Recevoir des personnes d'un rang social inférieur au moment du lever et du coucher était pendant longtemps une coutume consacrée. La même conception de la pudeur transparaît dans l'attitude de l'amie de Voltaire, la marquise de Châtelet, réprimandant son valet de chambre parce que, troublé par la vue de sa nudité, il ne verse pas convenablement l'eau chaude[69].

Les comportements déterminés, comme ce sera plus tard le cas dans les sociétés plus « démocratisées », plus industrialisées, par un ensemble de tabous et de sentiments de honte et d'embarras inculqués par un conditionnement artificiel, n'obéissent encore que partiellement à cette définition. On y a recours quand on a affaire à des pairs ou des personnes d'un rang social plus élevé. Dans ce dernier cas, on s'impose des contraintes et des réserves qui suivent le schéma des mœurs de table examinées plus haut : « Je ne pense pas qu'il soit convenable, lisons-nous dans le *Galateo* (p. 580), de donner à quelqu'un quelque chose qui se trouve dans le plat commun destiné à tous les convives, à moins qu'il s'agisse d'une personne d'un rang social supérieur qui, en agissant ainsi, entend faire un honneur particulier à l'autre.

« Car puisqu'on en use ainsi entre pairs, tout semble indiquer que la personne qui répartit les mets favorise partiellement l'autre. »

Dans cette société fortement hiérarchisée tout geste revêtait, dans les réunions sociales, une valeur de prestige. Le refoulement de l'affectivité auquel nous donnons le nom de « politesse » se présentait autrement que plus tard, après le nivellement des différences de rang. Ce qui est présenté ici comme un cas spécial du commerce entre égaux — l'un ne donne pas la nourriture à l'autre — sera plus tard l'usage universel : en société, chacun se sert soi-même et tous commencent à manger en même temps.

Il en va de même de la nudité. Au début, on considère comme un affront pénible de montrer sa nudité à une personne d'un rang social égal ou supérieur au sien, alors que dans ses rapports avec des subordonnés un tel geste peut même avoir la valeur d'une faveur. Mais après un certain laps de temps, on n'a plus tellement conscience que les sentiments de pudeur et de gêne se rapportent essentiellement à des situations sociales. Le fait même que l'interdiction de se dévêtir ou de se livrer à ses besoins naturels en présence de tiers s'applique désormais à tous les hommes et est imposée à l'enfant sous cette forme la fait apparaître aux yeux de l'adulte comme un impératif de son propre moi, comme une autocontrainte actionnée par un automatisme plus ou moins parfait.

Mais ce rejet de la satisfaction des besoins naturels hors de la vie publique, la réglementation et le modelage de la vie pulsionnelle qui les régit, n'ont pu se faire que grâce à la mise au point d'un dispositif technique permettant la suppression de telles fonctions dans le cadre social et leur accomplissement dans une enceinte réservée à cet effet. Ce processus a quelque ressemblance avec celui de la technique de l'alimentation. Le processus des modifications psychiques, les progrès du seuil de la pudeur et de la sensibilité aux expériences « pénibles » ne sauraient s'expliquer par des arguments unilatéraux, et encore bien moins par l'évolution des techniques et des sciences. Bien au contraire, il serait très facile de démontrer la sociogenèse et la psychogenèse des réalisations et découvertes techniques.

Mais quand la restructuration générale des relations d'homme à homme eut déclenché une transformation des besoins humains, la mise au point d'un dispositif technique en accord avec les normes nouvelles a puissamment contribué à la fixation des habitudes modifiées. Le dispositif technique a également servi à la reproduction permanente et à la diffusion des normes.

Il est intéressant de noter qu'on observe de nos jours, alors que les nouvelles normes sont solidement installées et considérées comme allant de soi, un certain relâchement par rapport au XIXe siècle, du moins en ce qui concerne l'évocation verbale des besoins naturels. Depuis la guerre, on dit plus franchement, plus naturellement ce qu'on veut exprimer, sans recourir à ce sourire forcé ou à ces rires qui accompagnent habituellement les entorses aux tabous. Mais ce relâchement n'est possible — de même que celui de nos mœurs à la plage et au dancing — que parce qu'un minimum d'habitudes, d'autocontraintes ancrées dans des institutions techniques, de retenue dans la vie pulsionnelle et dans les comportements individuels semble assuré, en accord avec la progression du seuil de la sensibilité aux expériences « pénibles ». Bref, il s'agit d'un relâchement dans le cadre d'un niveau acquis une fois pour toutes.

Les normes qui découlent de notre phase de civilisation sont caractérisées par l'écart considérable séparant le comportement des « adultes » ou se disant tels de celui des enfants. Les enfants sont tenus d'accéder en très peu de temps au niveau de pudeur et de sensibilité avancé qui est en fait l'aboutissement d'une évolution séculaire. On veut assujettir en un minimum de temps leur vie pulsionnelle à la régulation sévère et au modelage spécifique qui confèrent à notre société son caractère particulier et qui, dans le cours de l'histoire, ont été l'objet d'une évolution très lente. Les parents ne sont, dans ce contexte, que les instruments — souvent imparfaits —, les premiers agents du conditionnement : en réalité, c'est la société dans sa totalité, c'est le réseau social où évolue le jeune, qui par mille intermédiaires exerce une pression constante sur lui et le modèle plus ou moins parfaitement à son image.

Au Moyen Age, l'organe formateur était également la société dans son ensemble, mais les mécanismes de formation, les agents et instruments de conditionnement n'étaient pas — comme nous allons le montrer —, surtout dans la couche supérieure, les mêmes qu'aujourd'hui. Notons surtout que la contrainte et la répression de la vie pulsionnelle auxquelles on soumettait les adultes étaient moins sévères que dans la phase suivante de la civilisation, et que, de ce fait même, la différence entre le comportement des adultes et celui des enfants était moins marquée.

Les penchants et tendances qui font l'objet des traités de savoir-vivre médiévaux ne se distinguent guère de ceux des enfants d'aujourd'hui. Mais aujourd'hui on travaille les enfants déjà de si bonne heure que certaines « mauvaises habitudes » qui étaient monnaie courante au Moyen Age n'ont plus le temps de se manifester dans la vie de société.

De nos jours encore, on recommande aux enfants de ne pas s'emparer à table de la première chose qu'ils voient, de ne pas se gratter, de ne pas toucher leur nez, leurs oreilles et d'autres parties du corps. On leur enjoint de ne pas parler ou boire la bouche pleine, de ne pas s'appuyer sur la table, etc. Bon nombre de ces préceptes se trouvent aussi dans la *Hofzucht* de Tannhauser, mais il est évident que ce dernier s'adresse autant aux adultes qu'aux enfants. Cela apparaît plus nettement encore quand on songe à la manière dont les adultes satisfaisaient leurs besoins naturels. Les exemples nous montrent qu'ils agissaient d'une façon qu'on pardonnerait de nos jours précisément à des enfants. On se soulageait souvent n'importe où quand l'envie s'en faisait sentir. La retenue et la répression des pulsions que les adultes attendaient les uns des autres correspondaient à peu près à celle qu'ils imposaient à leurs enfants. Aussi, la distance entre adultes et enfants était-elle moins marquée que de nos jours.

Aujourd'hui l'homme est soumis à un réseau si étroit de préceptes et de règlements, la censure et la pression de la vie sociale responsables de la formation de ses habitudes sont si fortes que l'adolescent n'a le choix qu'entre deux possibilités : ou bien il conforme son comportement aux exigences de la société, ou bien il s'exclut de la « société civilisée ». Un enfant qui ne parvient pas à la norme affective exigée par la société est considéré, à un degré variable, comme « malade », « anormal », « criminel » ou — dans la perspective d'une caste ou couche donnée — comme « impossible » et rejeté de la vie sociale. Mieux, l'épithète de « malade » (dans le sens psychique), d'« anormal », de « criminel », d'« impossible » ne désigne, jusqu'à une certaine limite, que ce genre de comportement, son sens précis variant selon les modèles historiques de la formation de l'affectivité.

Très instructive à cet égard est la conclusion de l'exemple D : « Encor moins doit on présenter à sentir à autruy choses puantes ce que quelques uns ont accoutumé de faire... » Une telle attitude pulsionnelle et un tel comportement feraient qualifier aujourd'hui un homme, compte tenu de notre niveau de pudeur et de sensibilité aux expériences « pénibles », du refoulement de l'affectivité exigée de chacun, de « malade », de « psychopathe », de « pervers ». On le reléguerait — selon son rang social — à l'intérieur de la maison ou on l'enverrait dans une clinique psychiatrique. Si une telle tendance se faisait jour « derrière les décors » de la vie sociale, on chargerait, dans la meilleure hypothèse, un neurologue de la correction de ce conditionnement mal réussi. En général, les tendances pulsionnelles de ce genre ont disparu, sous l'effet des contraintes du conditionnement, de la conscience éveillée des adultes. Seule la psychanalyse les découvre sous forme de tendances non réalisées et non réalisables *(unauslebbar)* qui appartiennent au « subconscient » ou à la « couche onirique ». Dans notre société, les tendances de ce genre revêtent un caractère d'« infantilisme » résiduel parce que les normes sociales exigent de l'adulte leur répression ou leur transformation complètes, si bien qu'elles apparaissent comme des « résidus » du stade infantile.

Le niveau de sensibilité aux expériences « pénibles » représenté par le *Galateo* exige également le renoncement aux tendances pulsionnelles de ce genre. Mais la pression exercée par la société en vue de leur refoulement est minime comparée à la pression actuelle. Le sentiment de répulsion, d'embarras ou de dégoût qu'inspire à la société un tel comportement est infiniment plus faible que le nôtre. Aussi, les anathèmes sociaux qu'elle lance à l'endroit de telles manifestations affectives et de tels comportements sont-ils moins sévères. Une telle attitude n'est pas considérée comme une « anomalie morbide », comme une « perversion », mais comme un manquement au tact, à la politesse, aux bonnes manières.

Della Casa mentionne cette « mauvaise habitude » avec le même détachement avec lequel nous signalerions à l'occasion que telle personne a l'habitude de ronger ses ongles en société. Le simple fait qu'il cite « une telle habitude » prouve qu'on la considérait comme parfaitement anodine.

Il n'en reste pas moins que cet exemple marque en quelque sorte un tournant : car il est plus que probable que de telles manifestations affectives n'ont pas fait défaut au cours des époques précédentes. Soudain, on y prête attention. La société commence à réprimer la composante de plaisir positive de certaines fonctions en suscitant des sentiments d'angoisse, ou — pour être plus précis — à la reléguer dans le domaine privé, dans le « moi » de l'individu, dans l'« intimité » ; elle s'efforce de « conditionner » les membres de la société de telle manière qu'ils ne ressentent plus, face à de telles actions, que les émotions négatives, le déplaisir, la répugnance, l'embarras. Mais le renforcement de la répression sociale de beaucoup de manifestations affectives et leur « refoulement » de la surface de la vie sociale et de la conscience entraînent nécessairement aussi un accroissement de la distance qui sépare la structure psychologique et le comportement des adultes de ceux des enfants.

II. — Comment se moucher

Documents

A
XIIIe siècle

Extraits de Bonvesin de la Riva (Bonvicino da Riva), *De le zinquanta cortexi da tavola*

a) précepte pour les seigneurs

La dix-septième (règle) est la suivante : quand tu éternues ou quand tu tousses, prends garde à la façon de te tenir. Tourne-toi de l'autre côté, pense aux bonnes manières, afin qu'il ne se répande pas de salive sur la table.

(Quand tu te mouches ou quand tu tousses, détourne-toi pour empêcher que quelque chose tombe sur la table.)

b) précepte pour les pages et domestiques

La trente et unième (règle) est la suivante : tout damoiseau courtois qui veut se moucher, qu'il se nettoie avec la serviette. Celui qui mange ou qui sert (à table) ne doit pas se moucher avec les doigts, avec la serviette pour les pieds votre bonne éducation se nettoie *.

B
XVe siècle

Extrait de *Ein spruch der ze tische kêrt*

323 Ce n'est pas de bonne tenue de se
[moucher dans la nappe.

* Ce passage n'est pas très clair. Il est évident qu'il s'adresse spécialement à ceux qui sont chargés du service à table. Un commentateur, Ugocccione Pisano, explique : « Donnizelli et Domicellae dicuntur quando pulchri juvenes magnatum sunt sicut servientes... » Ces « Donnizelli » n'avaient pas le droit de manger à la table des chevaliers, et si on leur accordait ce droit, ils devaient prendre place sur des chaises plus petites. C'est donc à eux, c'est-à-dire à une sorte de « pages » ou de subordonnés, qu'on recommande : « *Die* 31. *Curtesie ist dies ; Jeder courtoise "donzel", der*

C

Extrait de *S'ensuivent les contenances de la table*

Enfant se ton nez est morveux,
Ne le torche de la main nue,
De quoy ta viande est tenue.
Le fait est vilain et honteux *.

D

Au XVe siècle, on se mouchait encore dans les doigts et les sculpteurs de l'époque n'ont pas craint de reproduire ce geste, passablement réaliste, dans leurs monuments.

seine Nase zu schneuzen wünscht, soll sich mit einem Tuch verschönern, wenn er isst oder bedient, soll er nicht durch die Finger blasen. Courtois ist es, sich der Fusslappen zu bedienen. » (La 31e courtoisie s'énonce ainsi : chaque « Donzel » courtois qui désire se moucher doit s'embellir d'un morceau de tissu ; quand il mange ou sert à table, il ne doit pas souffler par les doigts (se moucher ?). Il est courtois d'utiliser les chaussettes russes.)

* Selon une note de l'éditeur (*The Babees Book,* t. II, p. 14) la politesse consistait à se moucher dans les doigts de la main gauche quand on mangeait avec la main droite et qu'on prenait la viande dans le plat commun.

Parmi les chevaliers appelés les « plourans » sur la tombe de Philippe le Hardi, à Dijon, il en est un qui se mouche dans son manteau et un autre qui se mouche dans ses doigts.

E
XVIe siècle

1530

Extrait de *De civilitate morum puerilium* (chap. I) d'Érasme de Rotterdam

Se moucher dans son bonnet ou son habit est d'un paysan, dans son bras ou son coude, d'un marchand de poissons; il n'est pas beaucoup plus poli de le faire dans la main, si la morve tombe sur le vêtement. Il est de recueillir les saletés du nez dans un mouchoir, en se détournant un moment, si l'on est avec des supérieurs.

Si, en se mouchant dans les doigts, quelque chose tombe à terre, il faut l'écraser aussitôt avec le pied.

[Le commentaire dit :]

Il n'y a guère de différence entre le mucus et la morve, sinon que le mucus est plus épais et la morve plus liquide.

F
1558

Extraits du *Galateo* de Giovanni Della Casa, archevêque de Bénévent
(Cité d'après l'édition quinquélingue, Genève, 1609.)

Tu ne prêteras à personne ton mouchoir à moins qu'il ne soit propre...

P. 44 : Tu ne dois pas aussi, quand tu te seras mouché, ouvrir ton mouchoir et regarder dedans comme si des perles ou des rubis te fussent sortis du nez et descendus du cerveau.

P. 618 : Que doy-ie dire maintenant de ceux... qui portent leur mouchoir à la bouche ?

G

Extraits d'Augustin Cabanès, *Mœurs intimes du passé* (Ire série, Paris 1910)

a) *La valeur de prestige du mouchoir* (tout comme la fourchette, la chaise percée, etc., le mouchoir est considéré d'abord comme un précieux objet de luxe).

P. 103 : Martial d'Auvergne, les *Arrêts d'amour :*

... à fin qu'elle l'eut en mémoire, il s'advisa de luy faire faire un des plus beaulx et riches mouchoirs, où son nom estoit en lettres entrelacées, le plus gentement du monde, car il estoit attaché à un beau cueur d'or, et franges de menues pensées.

(Ce mouchoir était destiné à être accroché à la ceinture de la dame, avec les clefs.)

b) P. 168 : en 1594 Henri IV demandait à son valet de chambre combien il avait de chemises et celui-ci répondait : Une douzaine, Sire, encore i en a-t-il de déschirées. — Et de mouchoirs, dit le roi, est-ce pas huit que j'ai ? — Il n'i en a pour ceste heure que cinq, dist-il. (Lestoil, *Journal d'Henri IV.*)

En 1599 on trouve, après la mort de l'amie d'Henri IV, dans son inventaire « cinq mouchoirs d'ouvrage d'or, d'argent et soye, prisez cent escuz ».

c) P. 102 : Au XVIe siècle, dit Monteil, en France comme partout, « le petit peuple se mouche sans mouchoir ; mais dans la bourgeoisie, il est reçu qu'on se mouche avec la manche. Quant aux gens riches, ils portent dans la poche un mouchoir ; aussi pour dire qu'un homme a de la fortune, on dit qu'il ne se mouche pas avec la manche ».

Fin du XVIIe siècle

Le sommet du raffinement
Le premier point culminant du conditionnement et du refoulement

H
1672

Extraits d'Antoine de Courtin,
Nouveau Traité de Civilité

P. 134 (à table). Se moucher avec son mouchoir à découvert et sans se couvrir de sa serviette, en essuyer la sueur du visage..., sont des saletez à faire soulever le cœur à tout le monde.

....

Il faut éviter de bâiller, de se moucher et de cracher. Si on y est obligé en des lieux que l'on tient proprement, il faut le faire dans son mouchoir, en se détournant le visage et se couvrant de sa main gauche, et ne point regarder après dans son mouchoir.

I
1694

Extrait de Ménage, *Dictionnaire étymologique de la langue française. Mouchoir à moucher*

Comme ce mot de moucher donne une vilaine image, les dames devroient plutost appeler ce mouchoir, de poche, comme on dit mouchoir de cou, que mouchoir à moucher.

(Mouchoir de poche est considéré comme plus décent : on tente d'éliminer les mots qui désignent des opérations ressenties comme pénibles.)

XVIIIe siècle

J
1714

Extrait d'une *civilité française* anonyme (Liège 1714)

Les distances entre adultes et enfants s'accentuent. Seuls les enfants (des couches moyennes du moins) ont encore le droit de se comporter comme les adultes au Moyen Age.

P. 41 : Gardez-vous bien de vous moucher avec les doigts ou sur la manche *comme les enfans,* mais servez-vous de votre mouchoir et ne regardez pas dedans après vous être mouché.

K
1729

Extrait de La Salle, *Les Règles de la Bien-séance et de la Civilité Chrétienne* (Rouen 1729)

Du nez et de la manière de se moucher et d'éternuer (p. 23).

Il est très mal honneste de foüiller incessament dans les narines avec le doigt, et il est encore bien plus insupportable de porter ensuite dans la bouche ce qu'on a tiré hors des narines...

Il est vilain de se moucher avec la main nuë, en la passant dessous le Nez, ou de se moucher sur sa manche, ou sur ses habits. C'est une chose trés contraire à la Bien séance, de se moucher avec deux doigts, et puis jeter l'ordure à terre, et d'essuyer ensuite ses doigts avec ses habits ; on sçait combien il est mal séant de voir de telles malpropretés sur des habits, qui doivent toujours être trés propres, quelques pauvres qu'ils soient.

Il y en a quelques-uns qui mettent un doigt

contre le Nez, et qui ensuite en soufflant du Nez, poussent à terre l'ordure qui est dedans ; ceux qui en usent ainsi sont des gens qui ne sçavent ce que c'est d'honnêteté.

Il faut toujours se servir de son mouchoir pour se moucher, et jamais d'autres chose, et en le faisant se couvrir ordinairement le Visage de son chapeau (exemple très typique de la diffusion d'usages de cour par ce traité).

On doit éviter en se mouchant de faire du bruit avec le Nez... Avant que de se moucher, il est indécent d'estre longtems à tirer son mouchoir : c'est *manquer de respect à l'égard des personnes avec qui on est, de le déplier* en différents endroits, pour voir de quel côté on se mouchera ; il faut tirer son mouchoir de sa poche, sans qu'il paroisse, et se moucher promptement, de manière qu'on ne puisse presque pas estre aperçu des autres.

On doit bien se garder, aprés qu'on s'est mouché, de regarder dans son mouchoir ; mais il est à propos de le plier aussitôt, et le remettre dans sa poche.

L
1774

Extrait de La Salle, *Les Règles de la Bien-séance et de la Civilité Chrétienne* (Éd. de 1774, p. 14 sqq.)

(Le chapitre ne porte plus que sur le titre : Du nez. Il a été raccourci.)

Tout mouvement volontaire du nez, soit avec la main, soit autrement, est indécent et *puéril;* porter les doigts dans les narines est une malpropreté qui révolte, et en y touchant trop souvent, *il arrive qu'il s'y forme des incommodités, dont on se ressent longtemps.*

(Cette motivation qui fait défaut dans les éditions plus anciennes met en évidence l'apparition progressive de l'argumentation hygiénique comme instrument de conditionnement, argumentation qui remplacera souvent le mobile du respect qu'on doit à une personne d'un rang social supérieur au sien.) Les enfants sont assez dans l'usage de tomber dans ce défaut ; *les parents doivent les en corriger avec soin.*

Il faut observer, en se mouchant, toutes les règles de la Bien-séance et de la propreté.

(L'auteur renonce à tous les détails. Déjà, le « voile du silence » s'étend. Il présuppose — ce qui aux époques antérieures ne semble pas avoir été la règle — que les adultes soient au courant de ces détails qui se règlent à l'intérieur du cercle de famille.)

M
1797

De la Mésangère, *Le Voyageur de Paris* (1797, t. II, p. 95)

(Ici, l'optique est plus que dans les exemples précédents celle de la jeunesse de la « bonne société ».)

On faisait un art de moucher il y a quelques années. L'un imitait le son de la trompette, l'autre le jurement du chat ; le point de perfection consistait à ne faire ni trop de bruit ni trop peu.

Commentaires

Dans la société médiévale, on se mouchait en général dans la main de même qu'on mangeait avec les mains. Ce fait postulait des prescriptions particulières sur la manière de se moucher à table. La politesse, la « courtoisie », exigeait qu'on se mouchât de la main gauche quand on prenait la viande avec la main droite. Mais c'était là un précepte qui se limitait strictement aux repas. Sa raison d'être était les égards qu'on devait aux autres. Le sentiment de malaise qui s'empare aujourd'hui de nous à la seule pensée de se salir les doigts de cette manière faisait totalement défaut à cette époque.

Une fois de plus, les exemples montrent avec quelle lenteur se sont développés les instruments de civilisation en apparence les plus rudimentaires. Ils mettent en lumière, jusqu'à un certain point, les conditions sociales et psychologiques particulières qui ont permis au besoin de se servir d'un instrument aussi simple de se faire sentir et de généraliser son usage. L'usage du mouchoir s'impose — comme celui de la fourchette — d'abord en Italie, où il revêt à l'origine un caractère de prestige. Les dames attachent le mouchoir en tissu précieux et richement brodé à leur ceinture. Les jeunes « snobs » de la Renaissance l'offrent aux autres ou le portent à la bouche. Comme il est précieux et relativement cher, on ne s'en sert pas beaucoup, même dans la couche supérieure. Henri IV possède à la fin du XVIe siècle (comme nous l'apprend l'exemple G, b) cinq mouchoirs. C'est un signe extérieur de richesse de ne pas se moucher dans la main ou dans la manche, mais de se servir d'un mouchoir (exemple G, c). Louis XIV fut le premier à posséder une riche collection de mouchoirs; c'est sous son règne que se répand l'usage général du mouchoir, au moins dans la société de cour.

Dans ce domaine comme dans beaucoup

d'autres, Érasme marque une situation de transition : il recommande l'usage du mouchoir et ajoute qu'il faut se détourner si on se mouche avec deux doigts en présence de personnes d'un rang élevé. Ce qui ne l'empêche pas de préciser : « Si quelque chose tombe à terre quand on se mouche avec deux doigts, il faut se dépêcher de l'étendre avec le pied. » L'usage du mouchoir est donc connu mais peu répandu, même dans les milieux supérieurs auxquels s'adressent essentiellement les écrits d'Érasme.

Deux siècles plus tard, la situation s'est renversée. L'usage du mouchoir s'est généralisé, du moins chez des gens se prévalant de « bonnes manières ». Mais l'habitude de se moucher dans la main est loin d'être abandonnée. Les milieux supérieurs la considèrent comme « détestable », « triviale » et « vulgaire ». On ne lit pas sans plaisir les distinctions nuancées établies par La Salle qui qualifie de « vilaine » une certaine manière très vulgaire de se moucher tandis qu'il juge « très contraire à la Bien-séance » l'habitude plus « raffinée » de se moucher avec deux doigts (exemples J, K, L, M).

Avec l'usage généralisé du mouchoir apparaît aussi la mise en garde contre une nouvelle « mauvaise habitude » consistant à contempler son mouchoir après s'y être mouché (exemples F, H, J, K). On a l'impression que certaines tendances auxquelles l'usage du mouchoir impose des règles de retenue cherchent à s'extérioriser par ce détour. On remarque toujours que des tendances pulsionnelles, tel l'intérêt pour les sécrétions du corps, qui, reléguées de nos jours dans la sphère « intime » ou du moins derrière les « décors » de la société, se manifestaient à un niveau antérieur du processus historique sous une forme précise et non voilée, n'appartiennent plus, aujourd'hui, qu'à l'enfance.

Les éditions antérieures de l'ouvrage de La Salle renoncent, comme la plupart des autres textes de ce genre, aux recommandations détaillées. L'usage du mouchoir s'est répandu et passe pour naturel. Inutile de s'étendre sur les détails. D'autre part, on évite de parler de choses que La Salle encore évoquait dans ses livres avec une sorte de franchise naïve. On insiste davantage sur la mauvaise habitude des enfants de fourrer leurs doigts dans le nez. Comme dans d'autres domaines, on commence à invoquer, en lieu et place des arguments sociaux de naguère, des motivations « hygiéniques » : l'instrument de conditionnement est le rappel des dommages pour la santé que « de telles habitudes » peuvent causer à la longue. Ainsi se manifeste un changement d'optique dans la motivation du conditionnement : Jusque-là, le jugement qu'on porte sur les habitudes est toujours expressément justifié par leur effet sur les autres personnes ; on les interdit, au moins dans la couche supérieure séculière, parce qu'elles sont susceptibles de gêner ou d'incommoder les autres, ou parce qu'elles sont l'expression d'un « manque de respect ». Dorénavant, certaines habitudes sont rejetées comme telles, sans référence à autrui. Cette nouvelle méthode permet un refoulement plus radical des manifestations pulsionnelles et des tendances considérées comme socialement indésirables. On les charge d'un coefficient de gêne, d'angoisse, de pudeur ou de culpabilité qui a pour effet que l'homme les évite même quand il est seul. Ce que nous désignons par les termes de « morale » ou de « motivation morale » assume, à un certain niveau social, en tant que moyen de conditionnement des enfants, la même fonction que l'« hygiène » et les « motivations hygiéniques » : le recours à de tels moyens vise simplement à obtenir l'attitude sociale désirée par une sorte d'automatisme, d'auto-contrainte, qui fait apparaître à l'individu telle manière d'agir comme sa propre initiative, prise dans l'intérêt de sa santé ou pour sauvegarder sa propre dignité. C'est cette manière d'inculquer les habitudes, de conditionner l'individu, manière qui se généralise avec la montée sociale des couches moyennes et bourgeoises, qui confère aux conflits entre les forces et tendances pulsionnelles socialement irréalisables (*unauslebbar*) d'une part, et le schéma des exigences sociales ancré dans l'individu de l'autre, ce caractère particulier qui fait en premier lieu l'objet des théories psychologiques modernes, notamment de la théorie psychanalytique. Il se peut, en effet, que les « névroses » aient existé de tout temps. Mais ce que nous qualifions, dans notre environnement moderne, de « névroses » est une forme bien déterminée — aboutissement de l'évolution historique — d'un conflit psychique dont la psychogenèse et la sociogenèse ont besoin d'être approfondies.

Une allusion aux mécanismes du refoulement se trouve déjà dans les deux vers cités de Bonvicino da Riva (exemple A). Le comportement différent qu'on attend des hommes selon qu'il s'agit de chevaliers, de seigneurs ou de *donnizelli,* de pages, de domestiques, fait penser à un phénomène social que bien des témoignages attestent : les maîtres ressentent comme « pénible » la vue des fonctions corporelles de leurs subordonnés. Les vers qui s'adressent aux seigneurs recommandent simplement : « Quand tu te mouches, retourne-toi pour que rien ne puisse tomber sur la table. » Il n'est pas fait mention de l'usage du mouchoir. Faut-il en conclure que le mouchoir était tellement entré dans les mœurs que l'auteur juge superflu d'en parler ? Rien n'est moins certain ! Aux serviteurs, on enjoint expressément : si vous devez vous moucher, ne vous servez pas de vos doigts mais de vos chaussettes russes ! Cette interprétation de ces deux vers ne peut être considérée comme certaine. Mais le fait que telle fonction est considérée comme pénible ou irrespectueuse quand elle est accomplie par des subordonnés, alors qu'on nc s'en cache nullement entre pairs, est attesté par de nombreux autres témoignages. Sa signification particulière s'éclaire quand on songe à la transformation de la société dans le sens de l'absolutisme, aux cours absolutistes, qui ont fait de la couche supérieure, de l'aristocratie dans son ensemble, une couche hiérarchiquement *dépendante* et *asservie.* Nous reviendrons sur ce phénomène, à première vue paradoxal, d'une couche supérieure vivant dans un état de dépendance totale. Qu'il nous suffise d'indiquer ici que la dépendance sociale et sa structure déterminent pour une large part la structure et le schéma du refoulement de l'affectivité. Nos exemples comportent plus d'un détail qui prouve que les restrictions que la couche dirigeante s'impose augmentent à mesure que s'accroît sa dépendance. Ce n'est pas un hasard si le premier « sommet du raffinement » ou de la « délicatesse » dans l'art (et dans bien d'autres domaines) coïncide avec l'époque de la plus grande dépendance de la couche supérieure, c'est-à-dire avec l'époque de Louis XIV (exemples I et J).

Ce phénomène d'une couche supérieure assujettie explique aussi l'ambiguïté des comportements et des instruments de civilisation, au moins dans leur phase initiale : ils impliquent en effet une certaine contrainte, ils postulent un certain renoncement, même s'ils font figure en même temps d'armes sociales face aux classes inférieures, de moyen de discrimination. Ainsi, le mouchoir, la fourchette, l'assiette et les autres instruments du même genre sont d'abord des objets de luxe conférant à celui qui s'en sert un prestige social (exemple G).

La dépendance sociale qui marquera la prochaine couche dirigeante, à savoir la bourgeoisie, se distingue certainement de la dépendance de l'aristocratie de cour, mais elle est dans un certain sens plus prononcée et plus astreignante.

On ne se rend plus compte aujourd'hui de l'étrangeté et de la singularité que constitue une couche dirigeante qui « travaille ». Pourquoi travaille-t-elle ? Pourquoi se soumet-elle à cette contrainte puisqu'elle est, comme on dit souvent, une couche « dirigeante », une couche que personne ne peut, par définition, astreindre à un « travail » ?

Pour répondre à cette question, il faudrait une démonstration plus détaillée que ne le permet le cadre de notre ouvrage. Mais nous discernons nettement la ressemblance de cette situation avec ce que nous avons dit plus haut de la transformation des instruments et des formes de conditionnement : dans la phase curiale-aristocratique, on justifie la répression des tendances et pulsions surtout par le respect que l'on doit aux personnes plus haut placées sur l'échelle sociale. Dans la phase suivante, les arguments invoqués en faveur du renoncement, de la régulation des pulsions, de la retenue, ne se réfèrent plus à des personnes déterminées ; ils découlent, pour employer une formule provisoire et quelque peu sommaire, plus directement qu'auparavant, des contraintes moins visibles et moins personnelles qu'entraînent l'interdépendance sociale, la division du travail, les marchés et la compétition qui tous postulent la retenue et la régulation des émotions et des instincts. C'est à ces données que répondent les motivations et les modes de conditionnement mentionnés plus haut, qui visent tous à « modeler » le comportement de l'individu de telle manière qu'il a l'impression d'agir et de réagir de son propre chef. Ce schéma s'applique à la régulation et à la répression des pulsions indispensables à l'exécution du « travail » ; il s'applique à la

« mise en forme » de la société bourgeoise-industrielle tout entière. Le schéma de l'économie affective, c'est-à-dire des pulsions qui doivent être réfrénées, régularisées ou transformées, n'est pas le même dans cette phase que dans la phase curiale-aristocratique qui précède ; la société bourgeoise renforce certaines contraintes en fonction de certaines nouvelles dépendances, tandis qu'elle en transforme d'autres propres à l'époque aristocratique : cette transformation s'opère en réponse à une situation modifiée. Et on assiste à la formation, à partir des différents éléments, de schémas plus spécifiquement nationaux de la régulation des émotions. Mais la société aristocratique de cour aussi bien que la société bourgeoise du XIXe et du XXe siècle sont des sociétés *assujetties.* Nous allons montrer par la suite quel rôle central jouera cet assujettissement progressif des couches dirigeantes en leur qualité d'agents moteurs de la civilisation.

Documents

Moyen Age

A

Extraits d'une *Contenance de table* latine intitulée : *Stans puer ad mensam* (*The Babees Book,* t. II, p. 32)

. . . .

27 Ne crache pas par-dessus la table ni sur la [table.

37 Ne crache pas dans la cuvette quand tu te [laves les mains.

B

Extraits d'une *Contenance de table* française (*The Babees Book,* t. II, p. 7)

29 Ne craiche par dessus la table, car c'est [chose desconvenable.

51 Cellui qui courtoisie a chier
Ne doit pas au bassin crachier,
Fors quant sa bouche et ses mains lève
Ains mette hors, qu'aucun ne grève.

C

Extraits de *The Book of Curtesye*
(*The Babees Book*, p. 301 sq.)

85 Si tu craches sur la table ou par dessus,
Tu seras tenu pour hommes sans manières.
133 Lorsque tu te laves après le repas,
Ne crache pas dans la cuvette et ne fais
[pas tomber l'eau.

D

Extrait de *Der Deutsche Cato*

Après 276 en bas :
Ne crache pas par-dessus la table.

E
1530

Extrait de *De civilitate morum puerilium*
d'Érasme de Rotterdam

Crache en te détournant, pour ne souiller ni n'asperger personne. Si quelque saleté tombe à terre, il faut l'écraser avec le pied, pour qu'elle ne dégoûte personne. Si ce n'est pas possible, sers-toi d'un mouchoir. Il est mal poli d'avaler sa salive.

F
1558

Extrait du *Galateo* de Giovanni Della Casa, archevêque de Bénévent, cité d'après l'édition quinquélingue, Genève, 1609

P. 570 : Il n'est pas honneste de se grater estant à table. Il faut aussi en ce temps-là, que l'homme s'abstienne de cracher autant qu'il luy sera possible, et s'il luy en faut venir là, qu'il le face par quelque gentile façon. J'ay plusieurs fois ouï dire, qu'il s'est trouvé des nations si sobres, que iamais elles ne crachoyent : nous nous y pouvons bien abstenir pour un peu de temps.

G
1672

Extrait d'Antoine de Courtin, *Nouveau Traité de Civilité*

P. 273 : ... Cet usage dont nous venons de parler ne permet pas que la pluspart de ces sortes de loix soient immuables. Et comme il y en a beaucoup qui on déjà changé, je ne doute pas qu'il n'y en ait plusieurs de celles-cy, qui changeront tout de même à l'avenir.

Autrefois, par exemple, il estoit permis de cracher à terre devant des personnes de qualité, et il suffisoit de mettre le pied dessus; à présent c'est une indécence.

Autrefois on pouvait bâiller et c'estoit assez, pourvu que l'on ne parlast pas en bâillant; à présent une personne de qualité s'en choqueroit.

H
1714

Extraits d'une *Civilité française,* anonyme (Liège 1714)

P. 67 : Le cracher fréquent est désagréable; quand il est de nécessité on doit le rendre moins visible que l'on peut et faire en sorte qu'on ne crache ni sur les personnes, ni sur les habits de qui que ce soit, ni méme sur les tisons étant auprés du feu. Et en quelque lieu que l'on crache, on doit mettre le pied sur le crachat.

Chez les grands on crache dans son mouchoir.

P. 41 : Il est de mauvaise grace de cracher par la fenétre dans la rue ou sur le feu.

Ne crachez point si loin qu'il faille aller chercher le crachat pour mettre le pied dessus.

I
1729

Extraits de La Salle, *Les Règles de la Bien-séance et de la Civilité Chrétienne* (Rouen 1729)

P. 35 : *On ne doit pas s'abstenir de cracher,* et c'est une chose trés indécente d'avaler ce qu'on doit cracher ; cela est capable de faire mal au cœur aux autres.

Il ne faut pas cependant s'accoutumer à cracher trop souvent, et sans nécessité : cela est non seulement trés malhonnête ; mais cela dégoûte et incommode tout le monde. *Quand on se trouve avec des personnes de qualité* et lorsqu'on est dans des lieux qu'on tient propres, il est de l'honnêteté de cracher dans son mouchoir, en se tournant un peu de côté.

Il est même de la Bien-séance que chacun s'accoutume à cracher dans son mouchoir, lorsqu'on est dans les maisons des Grands et dans toutes les places qui sont, ou cirées, ou parquetées ; mais il est bien plus nécessaire de prendre l'habitude de le faire lorsqu'on est dans l'Église autant qu'il est possible... cependant il arrive souvent qu'il n'y a point de pavé de Cuisine, ou même d'Écurie plus sale... que celui de l'Église...

Après avoir craché dans son mouchoir, il faut le plier aussitôt, sans le regarder, et le mettre dans sa poche. On doit avoir beaucoup d'égard de ne jamais cracher sur ses habits, ni sur ceux des autres... Quand on aperçoit à terre quelque gros Crachat, il faut aussitôt mettre adroitement le pied dessus. Si on en remarque sur l'habit de quelqu'un, il n'est pas bien séant de le faire connoistre : mais il faut avertir quelque domestique de l'aller ôter : et s'il n'y en a point, il faut l'ôter soi-même, sans qu'on s'en aperçoive : car il est de l'honnêteté de ne rien faire paroitre à l'égard de qui que ce soit, qui lui puisse faire peine : ou lui donner de la confusion.

J
1774

Extrait de La Salle, *Les Règles de la Bien-séance et de la Civilité Chrétienne* (Éd. de 1774)

(Dans cette édition le chapitre intitulé « Du Baailler, du Cracher et du Tousser », qui comporte quatre pages dans les éditions plus anciennes, se trouve réduit à une seule page.)

P. 20 : Dans l'Église, chez les Grands et dans tous les endroits où règnent la propreté, il faut cracher dans son mouchoir. C'est une grossiéreté impardonnable dans les enfants, que celle qu'ils contractent en crachant au visage de leurs camarades : on ne saurait punir trop sévérement ces incivilités; on ne peut plus excuser ceux qui crachent par les fenêtres, sur les murailles et sur les meubles...

K
1859

Extrait de *The Habits of Good Society* (Londres 1859)

P. 256 : L'habitude de cracher est, en toutes circonstances, dégoûtante. Je n'ai rien d'autre à en dire sinon qu'on ne doit jamais s'y livrer. Non seulement c'est atrocement vulgaire, mais encore très dangereux pour la santé.

L
1910

Extrait d'Augustin Cabanès, *Mœurs intimes du passé* (Ire série, Paris 1910)

P. 264 : Avez-vous observé que nous reléguons aujourd'hui dans quelque coin discret ce que nos pères n'hésitaient pas à étaler au grand jour ?

Ainsi certain meuble intime occupait une place d'honneur..., et on ne songeait pas à le dérober aux regards.

Il en était de même d'un autre meuble, qui ne fait plus partie du mobilier moderne et dont, par ce temps de « bacillophobie », d'aucuns regretteront peut-être la disparition : nous voulons parler du crachoir.

Commentaires

Comme les autres séries d'exemples, celle-ci témoigne aussi des changements intervenus depuis le Moyen Age, changements portant la marque d'une orientation déterminée. Là encore, nous constatons la progression d'un mouvement dans le sens de ce que nous appelons le « progrès ». Les crachements répétés sont un spectacle qui s'offre de nos jours encore aux Européens voyageant en Asie et en

Afrique, spectacle ressenti, tout comme le « manque de propreté », comme fort pénible et « décevant » — dans la mesure où l'on porte en soi une image de rêve, qui semble justifier l'idée de progrès qu'on se plaît à associer à la civilisation occidentale. Or, il y a quatre cents ans à peine l'habitude de cracher n'était pas moins répandue ni moins naturelle en Occident. Les exemples ci-dessus l'attestent. Ils montrent aussi — quand on les place dans un contexte d'ensemble — de façon saisissante par quels mécanismes les comportements « civilisés » se sont reproduits.

Les phases du mouvement dont les exemples nous retracent la ligne sont les suivantes : les « contenances de table » latines aussi bien qu'anglaises, françaises et allemandes prouvent que cracher n'était pas seulement, au Moyen Age, une coutume acceptée mais un besoin quasi universel. Même la couche chevaleresque-courtoise semble tenir pour parfaitement normal de cracher fréquemment. La restriction essentielle qu'on s'impose est de cracher non pas sur la table et par-dessus la table, mais *sous* la table. On précise aussi qu'il ne faut pas cracher dans la cuvette quand on se lave les mains ou la bouche, mais à côté. Ces interdictions sont répétées avec une telle insistance dans tous les traités de savoir-vivre et de courtoisie qu'on peut aisément en conclure que la

« mauvaise habitude » visée par ces interdictions était fort répandue. La pression sociale qui s'exerçait au Moyen Age contre ces abus n'était jamais assez forte ni le conditionnement assez astreignant pour qu'elles aient disparu de la vie de société. Une fois de plus on touche du doigt la différence entre le contrôle social médiéval et celui de la phase suivante.

Au XVIe siècle, la pression de la société s'accentue. Il est impérieux de mettre le pied sur le crachat : Érasme, qui marque ici encore un stade transitoire, précise : « si quelque saleté tombe à terre ». L'utilisation du mouchoir est évoquée comme une possibilité et non comme une obligation pour dissimuler un geste qui commence à être ressenti comme « pénible ».

La phase suivante ressort avec netteté des propos de Courtin en 1672 : « Autrefois, par exemple, il estoit permis de cracher à terre devant des personnes de qualité, et il suffisoit de mettre le pied dessus ; à présent c'est une indécence. »

Un passage analogue se trouve dans la *Civilité* de 1714 qui s'adressait à des couches plus larges : « ... on doit le rendre moins visible que l'on peut et faire en sorte qu'on ne crache ni sur les personnes, ni sur les habits de qui que ce soit... Chez les grands (c'est-à-dire les personnes d'un rang social élevé) on crache dans son mouchoir. »

La Salle étend ce précepte à tous les lieux « où règne la propreté ». Il ajoute qu'il est « nécessaire de prendre l'habitude (de cracher dans son mouchoir) lorsqu'on est dans l'Église... ».

En 1774, on juge déjà l'habitude de cracher pénible et on n'aime plus en parler. En 1859 enfin, « cracher est en tout lieu une habitude dégoûtante ». Il n'en reste pas moins que le crachoir, dispositif technique destiné à « canaliser » cette habitude conformément à la progression du seuil de la sensibilité aux expériences « pénibles », occupe, tout au long du XIXe siècle, encore une place importante à l'intérieur de la demeure. Cabanès rappelle en 1910 (exemple L) qu'au départ attirail de prestige, le crachoir a accédé peu à peu à la fonction d'objet d'usage intime.

Mais on a fini par s'en passer aussi. Dans un large secteur de la société occidentale, le besoin même de cracher semble avoir disparu. On en est revenu au niveau de pudeur et de retenue dont Della Casa a eu connaissance par les auteurs de l'Antiquité classique : « Des peuples entiers ont vécu pendant longtemps si sobrement et se sont si vaillamment exercés... qu'à la fin, ils n'avaient plus besoin d'expectorer... » (exemple F.)

Dans beaucoup de sociétés primitives et civilisées, l'expectoration est entourée — comme beaucoup d'autres fonctions naturelles — dc nombreux tabous et restrictions. Ce qui distingue dans ce domaine la société primitive de la société civilisée est le fait que dans la première les interdictions sont maintenues par la peur d'autres êtres, donc par une influence extérieure, tandis que dans les secondes les contraintes extérieures se sont transformées peu à peu en autocontraintes. Les tendances interdites, comme le besoin d'expectorer, disparaissent de l'horizon de la conscience sous l'effet de cette autocontrainte ou — ce qui revient au même — de la pression du « Surmoi », de l'habitude « invétérée » *(Langsicht-Gewohnheit).* Ce qui, au niveau de la conscience, motive la crainte est une argumentation « à longue échéance ». C'est ainsi que notre répulsion de l'expectoration, les sentiments de honte et d'embarras qui l'entourent ne se fondent plus sur la peur dc dieux, d'esprits ou de démons, mais sur celle plus précise, plus délimitée et soumise à des lois connaissables, de certaines maladies et de leurs « agents ». Mais notre série d'exemples montre très nettement que la connaissance rationnelle de l'étiologie de certaines maladies et du rôle dangereux du crachat dans leur propagation n'est ni la cause première des sentiments de peur et de honte qu'il inspire, ni l'agent moteur de la civilisation ou la cause du changement d'attitude face à l'expectoration.

Pendant longtemps on recommande avec insistance : Ne retenez pas votre salive !... « Il est mal poli d'avaler sa salive », dit Érasme (exemple E). Encore en 1729, La Salle explique : « On ne doit pas s'abstenir de cracher. » Il ne faut donc pas réprimer l'expectoration (exemple I). On ne découvre, à travers les siècles, pas la moindre allusion à quelque motivation « hygiénique » des interdictions et restrictions dont on entoure les manifestations pulsionnelles. La connaissance rationnelle des dangers du crachat n'apparaît chez les hommes que tardivement, dans une phase avancée de la modification de leur comportement, on pourrait dire « après coup », dans le courant du XIXe siècle. Et même alors, l'argument hygiénique ne fait que renforcer l'argument du dégoût et de la honte qu'inspire le geste de cracher : « Non seulement c'est atrocement vulgaire, mais encore très dangereux pour la santé », dit l'exemple K.

C'est le moment de constater une fois pour toutes que ce qui est préjudiciable à la santé ne suscite pas nécessairement des sentiments de malaise et de honte ; *vice versa,* une chose qui soulève le cœur n'est pas *ipso facto* mauvaise pour la santé. Quelqu'un qui fait du bruit en mangeant, ou qui mange avec les mains, éveille des sentiments extrêmement déplaisants sans attenter le moins du monde à sa santé. Le spectacle d'une personne lisant avec un mauvais éclairage ou l'évocation d'un gaz délétère ne suscitent pas le moindre réflexe de dégoût bien qu'il s'agisse de choses qui compromettent gravement la santé. Ainsi, les réactions de dégoût et de malaise face à l'expectoration, les nombreux tabous qui l'entourent ont apparu longtemps avant qu'on ait eu une idée précise de la transmission d'agents morbides par le crachat. Ce qui déclenche et exacerbe les sentiments de malaise et les tabous, c'est la transformation des rapports d'homme à homme et des relations de dépendance : « Autrefois on pouvait bâiller et c'estoit assez, pourvu que l'on ne parlast pas en bâillant ; à présent une personne de qualité s'en choqueroit » (exemple G). Voilà le genre d'argument par lequel les hommes motivent le précepte d'une plus grande retenue. La motivation sociale précède de beaucoup la motivation scientifique. Le roi exige cette retenue comme une « marque de respect » de la part des courtisans. Dans la société de cour, cette marque de dépendance, ce postulat de retenue et de maîtrise de soi, prend aussitôt l'allure d'une « marque de distinction » que les couches inférieures imitent et qui se répand rapidement avec la montée des classes moyennes. Dans ce domaine, comme dans les autres, la recommandation : « cela ne se fait pas », par laquelle on cultive la retenue et les sentiments de peur, de honte et de malaise, n'est étayée que très tard, par l'effet d'une certaine « démocratisation », par des théories scientifiques, par un ensemble de motivations qui s'appliquent indifféremment à tous les hommes quels que soient leur rang et leur situation. L'impulsion primaire de la modification progressive d'une tendance naguère dominante ne résulte pas de la connaissance rationnelle de l'étiologie des maladies mais — nous reviendrons en détail sur le sujet — d'une modification de la vie en commun et des structures de la société.

La transformation de l'habitude de cracher et la disparition plus ou moins complète de ce besoin sont des exemples typiques de la plasticité *(Formbarkeit)* de l'économie psychique. Il se peut que le besoin d'expectorer ait été remplacé, dans une certaine mesure, par d'autres habitudes, telles que fumer, et qu'il ait été atténué par les changements survenus dans notre alimentation. Il est possible de substituer d'autres tendances à celle de cracher ou celle, mentionnée dans plusieurs de nos exemples, de contempler ses crachats ; elle se manifeste encore chez les enfants et dans quelques analyses de rêve ; sa répression se fait jour dans le rire spécifique qui s'empare de nous quand on évoque en notre présence, sans précautions, de tels sujets. D'autres besoins ne sont pas, dans la même mesure, remplaçables et transformables. On se trouve ici confronté au problème des limites de la plasticité de l'économie psychique. Cette dernière est sans doute régie par des lois spécifiques qu'on peut qualifier de « naturelles ». C'est dans le cadre de ces lois qu'opère le processus historique, ce sont elles qui lui permettent de se déployer, ce sont elles aussi qui déterminent ses limites ; ce serait une tâche utile que d'examiner les effets des processus historiques sur la plasticité de la vie et du comportement humains. Toutes ces observations mettent une fois de plus en évidence le fait que les processus de la nature et de l'histoire s'emboîtent d'une façon à peu près indissociable. La formation de sentiments de honte et de malaise, la progression de la limite de ce qui est ressenti comme pénible sont des phénomènes à la fois naturels et historiques. Toutes ces réactions émotionnelles sont en quelque sorte des structures de la nature humaine correspondant à ces conditions sociales données, qui, par un effet en retour, contribuent au déroulement du processus historico-social.

On ne voit pas très bien si l'opposition radicale entre « civilisation » et « nature » exprime autre chose que l'oppression des âmes « civilisées », que les déformations spécifiques de l'économie psychique telles qu'elles existent dans la phase moderne de la civilisation occidentale. Le fait est que l'économie psychique des « primitifs » n'est pas moins « historique » que celle des « civilisés », même si les premiers ont une connaissance fort limitée de leur propre histoire. L'historicité de l'évolution des hommes ignore le « point zéro », de même qu'il n'y a pas de « point zéro » de la sociabilité, c'est-à-dire de la solidarité sociale des humains. Chez les uns et chez les autres, il y a des interdictions et des contraintes mises en place par la société tout comme il y a, chez les uns et chez les autres, leur substrat psychique, les angoisses, les sentiments de plaisir et de déplaisir, de malaise et de ravissement, façonnés également par la société. On est donc moins clair qu'on ne le pense quand on oppose les normes des prétendus « primitifs » à celles des « civilisés » en qualifiant les premières de « naturelles », d'allant de soi, les secondes d'historico-sociales. Quand des fonctions psychiques de l'homme sont en jeu, il y a interaction indissociable entre processus naturels et processus historiques.

IV. — Comment dormir

Documents

A

xve siècle

215 Et s'il arrive que, de nuit ou à tout autre
[moment,
Tu dois partager ton lit avec un homme
[au-dessus de ton rang,
Cède-lui le côté du lit qui lui convient
[le mieux,
Et couche-toi sur l'autre : cela t'honorera.
Ne te mets pas au lit sans y avoir été
[invité,
car le contraire serait manque de courtoisie,
[dit le docteur Paler.
223 Et quand tu es au lit, la politesse
[demande
de demeurer mains au corps et jambes
[tendues.
Lorsque vous avez assez parlé, souhaite
prestement la bonne nuit
car c'est là, il faut le comprendre, grande
[politesse.

B
1530

Extrait de *De civilitate morum puerilium* (chap. XII, *De cubiculo*) d'Érasme de Rotterdam

Quand tu te déshabilles ou te lèves, pense à la pudeur, prends garde de ne rien présenter aux yeux d'autrui de ce que les mœurs et la nature ont voulu caché.

Si tu partages ton lit avec un compagnon, reste tranquille, ne te retourne pas, pour ne pas te dénuder ou, en tirant sur les couvertures, gêner ton compagnon.

C
1555

Extrait de *Des bonnes mœurs et honnestes contenances,* Lyon 1555, par Pierre Broë

Et quand viendra que tu seras au lit
Après soupper pour prendre le délit
d'humain repos aucques plaisant somes
si auprès de toi est couché quelque home
Tien doucement tous tes membres à [droyt
Alonge toy, et garde à son endroyt

de le facher alors aucunement
pour te mouvoyr ou tourner rudement
par toy ne soyent ces membres
[descouvers
te remuant ou faisant tours divers :
Et si tu sens qu'il soit ja someillé
Fay que par toy il ne soyt esueillé.

D
1729

Extraits de La Salle, *Les Règles de la Bien-séance et de la Civilité Chrétienne* (Rouen 1729)

P. 55 : On doit... ne se déshabiller, ni coucher devant personne ; l'on doit surtout, à moins qu'on ne soit engagé dans le Mariage, ne pas se coucher devant aucune personne d'autre sexe.

Il est encore bien moins permis à des personnes de sexe différent, de coucher dans un même lit, quand ce ne serait que des Enfants fort jeunes...

Lorsque par une nécessité indispensable, on est contraint dans un voïage de coucher avec quelque autre de mesme séxe, il n'est pas bien-séant de s'en aprocher si fort, qu'on puisse non seulement s'incommoder l'un l'autre, mais mesme se toucher ; et il l'est encore moins de mettre ses jambes entre celles de la personne avec qui on est couché...

....

Il est aussi trés indécent et peu honnête, de s'amuser à causer, à badiner...

....

Lorsqu'on sort du lit, il ne faut pas le laisser découvert ni mettre son bonnet de nuit sur quelque siége, ou en quelqu'autre endroit d'où il puisse être aperçu.

E
1774

Extraits de La Salle, *Les Règles de la Bien-séance et de la Civilité Chrétienne* (Édition de 1774, p. 31)

C'est un étrange abus de faire coucher des personnes de différents sexes dans une même chambre ; et si la nécessité y oblige, il faut bien faire ensorte que les lits soient séparés, et que la pudeur ne souffre en rien de ce mélange. Une grande indigence peut seule excuser cet usage...

Lorsqu'on se trouve forcé de coucher avec une personne de même sexe, ce qui arrive rarement, il faut s'y tenir dans une modestie sévère et vigilante...

. . . .

Dès que l'on est éveillé, et que l'on a pris un temps suffisant pour le repos, il faut sortir du lit avec la modestie convenable, et ne jamais y rester à tenir des conversations ou vaquer à d'autres affaires... rien n'annonce plus sensiblement la paresse et la légéreté ; le lit est destiné au repos du corps et non à toute autre chose.

Commentaires

La chambre à coucher est devenue une des enceintes les plus « privées », les plus « intimes » de la vie humaine. Comme la plupart des fonctions corporelles, le « sommeil » s'est également retiré « derrière les décors » de la vie sociale. La « famille restreinte » est aujourd'hui la seule « enclave » légitime et sanctionnée par la société, où cette fonction du corps puisse, comme beaucoup d'autres, s'accomplir. Ses cloisons visibles et invisibles soustraient aux yeux des autres hommes les aspects les plus « privés », les plus « intimes » les plus « animaux » de l'existence humaine.

Dans la société médiévale, la fonction du sommeil n'était elle non plus au même degré privatisée et détachée de la vie sociale. Il était d'usage de recevoir les invités dans des pièces meublées de lits, et les lits possédaient selon leurs aménagements une valeur de prestige. Très souvent, plusieurs personnes passaient la nuit dans la même chambre : dans la couche supérieure, le seigneur et son valet, la maîtresse de maison avec sa servante ou ses servantes ; dans les couches populaires hommes et femmes dormaient souvent dans la même piècc[70], de même que des amis logés pour une nuit[71].

Ceux qui ne dormaient pas dans leurs habits se déshabillaient complètement. En général, on dormait nu dans les milieux séculiers ; dans les monastères, on restait habillé ou on dormait nu, selon la règle. La règle de saint Benoît — qui date en partie du VIe siècle — prescrivait à ses moines de dormir tout habillés, y compris la ceinture[72]. La règle de Cluny permettait au XIIe siècle, à une époque où l'ordre était devenu riche, puissant et moins ascétique, de dormir sans vêtements. Les cisterciens, communauté réformatrice, revinrent à l'ancienne règle bénédictine. Les règles monastiques ne font jamais mention d'un équipement vestimentaire spécial pour la nuit ; on en trouve encore bien moins dans les documents, poèmes ou illustrations de la société séculière. Cette règle s'applique aussi aux femmes. Il était rare que quelqu'un gardât sa chemise pour dormir : et quand il le faisait on le suspectait de souffrir d'une tare physique, car s'il était normalement conformé, pourquoi tenait-il à cacher son corps ? En général, c'était bien pour une raison de ce genre qu'on gardait sa chemise. Ainsi, dans le *Roman de la Violette,* la servante demande à sa maîtresse pourquoi elle se couche dans sa chemise et celle-ci répond qu'elle le fait à cause d'une marque qu'elle porte sur le corps[73].

L'ingénuité en matière de nudité et la différence du niveau de la pudeur se manifestent aussi dans les mœurs du bain. On s'est souvent étonné à travers les siècles de ce que les chevaliers se faisaient servir au bain par des femmes ; de même chargeait-on souvent des femmes de leur apporter la boisson pour la nuit au lit. La coutume voulait, du moins dans les villes, qu'on se déshabillât à la maison pour se rendre aux bains. « Combien de fois le père, dévêtu et habillé d'un seul caleçon, ne gagne-t-il pas avec sa femme nue et ses enfants nus, par les étroites ruelles, la maison des bains... Combien de fois n'ai-je vu des fillettes de dix, douze, quatorze, seize et dix-huit ans, toutes nues, ou vêtues de quelque chiffon *(kurtze Leinen),* parfois en loques, ou d'un peignoir troué, ou seulement devant et par-derrière, dans le dos, comme on dit dans le pays, d'un *Badehr* ! Celui-ci s'ouvre sur les pieds, et elles le tiennent décemment contre le derrière, quand elles courent par les longues ruelles, à midi, de la maison à l'établissement de bains. Souvent des garçons nus de dix, douze ou de seize ans les accompagnent...[74]. »

Cette ingénuité ne disparaît que progressivement au XVIe et plus rapidement aux XVIIe, XVIIIe et XIXe siècles, d'abord dans les couches supérieures, plus lentement dans le peuple. Jusqu'à cette époque, le mode de vie, le contact plus étroit entre individus, conféraient à la vue du corps nu, au moins dans l'ambiance appropriée, quelque chose de naturel et d'évident qui ne se retrouve pas dans la première phase de l'ère moderne. « On arrive ainsi — a-t-on dit en parlant plus spécialement de l'Allemagne — au résultat étonnant que... la vue de la nudité intégrale était la règle quotidienne jusqu'au milieu du XVIe siècle. Tout le monde se déshabillait complètement, avant d'aller se coucher, et on ignorait les voiles dans les bains de vapeurs[75]... » Cette situation n'était pas particulière à l'Allemagne. Les hommes adoptaient face au corps — de même que face à ses fonctions — une attitude plus naturelle, on pourrait dire aussi plus enfantine ; les mœurs de la chambre à coucher le prouvent autant que les habitudes aux bains.

La toilette de nuit spécialisée apparut à peu près à la même époque que la fourchette et le mouchoir ; comme les autres « instruments de civilisation », elle se fraya lentement son chemin à travers l'Europe. Elle est au même titre que la fourchette et le mouchoir un symbole de la transformation décisive qui s'est opérée à ce moment dans l'homme. Sa sensibilité à l'égard de tout ce qui touche au corps allait en augmentant. La pudeur s'étendit à des domaines qui jusque-là n'en étaient pas affectés. On assistait à la répétition d'un processus psychique dont l'histoire compte de nombreux exemples, à la progression du seuil de la pudeur, à une période de répression pulsionnelle dont la Bible se fait déjà le témoin quand elle dit : « Et ils connurent qu'ils étaient nus et ils eurent honte... » L'ingénuité avec laquelle on exhibe son corps nu disparaît comme le naturel avec lequel on accomplit ses besoins aux yeux des autres. Comme la vue du corps nu dans la vie sociale ne paraît plus aussi évidente que jadis, sa représentation dans l'art se charge d'une signification nouvelle : elle est plus qu'autrefois vision de rêve et accomplissement d'un désir. Elle n'est plus, pour reprendre une distinction de Schiller, « naïve », comme pendant les phases antérieures, mais « sentimentale ».

En France, la société de cour qui intègre le coucher et le lever, au moins des grands seigneurs et des grandes dames, au cérémonial de la vie sociale, fait de la chemise de nuit, comme de tous les autres objets vestimentaires investis d'une fonction mondaine, un objet de luxe et de prestige. Un changement se fait sentir quand la montée sociale de larges couches moyennes confère au lever et au coucher des particuliers un cachet « intimiste » : dorénavant, cette fonction est reléguée comme beaucoup d'autres dans le sein de la « famille nucléaire ».

La génération d'après-guerre et les traités de savoir-vivre de la même époque évoquent avec une sorte d'ironie — à laquelle se mêle un secret frisson d'angoisse — une période pendant laquelle des fonctions comme se reposer, se déshabiller ou se lever se trouvaient écartées de la vie sociale et maintenues dans un état d'isolement tel que le simple fait d'en parler était entouré de tabous relativement sévères. Un traité de savoir-vivre anglais de 1936[76] explique en exagérant peut-être un peu : « Pendant l'époque distinguée qui précéda la guerre, le camping était la seule manière pour un écrivain respectable d'aborder la question du sommeil. En ce temps, les dames et les messieurs n'allaient pas au lit mais... se retiraient. Comme ils s'y prenaient ne regardait personne. Un auteur qui aurait eu, sur ce sujet, des vues différentes, aurait été éliminé des bibliothèques ambulantes. » Dans ce domaine aussi, on note, depuis la guerre, une certaine réaction, un certain relâchement. Ils s'expliquent sans doute par la plus grande mobilité de la société, par la popularisation du sport, de la marche à pied, du tourisme et par l'abandon précoce de la communauté familiale par les jeunes. L'adoption du pyjama, toilette de nuit plus « habillée » que la chemise de nuit, est un symptôme de cette évolution. Nous n'avons pas affaire ici, comme on le croit parfois, à un retrait des sentiments de pudeur et d'embarras, à un déchaînement ou à un dérèglement de la vie pulsionnelle, mais à la mise en place d'une forme adéquate capable de satisfaire à nos normes tout en tenant compte des situations spécifiques où la vie sociale actuelle plonge l'individu. Le « sommeil » n'est plus considéré comme une fonction intime, il n'est plus entouré de « murs » comme précédemment. Il arrive plus souvent que naguère que l'homme soit exposé, pendant le lever ou le coucher, aux regards de ses semblables. Par conséquent, on a transformé de telle manière la toilette de nuit et le linge de corps que les personnes surprises dans cette tenue n'aient plus à en rougir. Or, la toilette de nuit de la phase précédente était d'autant plus un objet de honte et de sentiments de gêne qu'elle manquait de style : elle n'était pas destinée à être vue hors du cercle de famille. La chemise de nuit du XIXe siècle marque, d'une part, une époque où la pudeur exigeait de dissimuler les formes du corps, même dans le cercle familial le plus étroit. Elle est de l'autre l'incarnation d'une période qui ne se souciait pas encore du « design » *(durchformen)* des objets « intimes » ou « privés », pour la raison même qu'ils n'entraient jamais en contact avec la vie sociale et mondaine. Ce qui caractérise précisément la société du XIXe siècle et dans une large mesure encore la nôtre, c'est ce curieux mélange de sensibilité aux expériences « pénibles » ou de « moralité » fortement intériorisées et devenues « autocontrainte » d'une part, et d'absence d'un style propre aux « domaines intimes » de l'autre[77].

Les exemples cités nous donnent une idée approximative de la lente progression de cette « intériorisation » et « privatisation » du sommeil, de sa mise à l'écart du commerce social des hommes, de l'apparition, avec la progression de la pudeur, d'un ton spécifiquement moralisant dans les conseils de savoir-vivre prodigués à la jeunesse. L'exemple médiéval (exemple A) justifie le précepte de retenue qu'on propose au jeune homme essentiellement par les égards dus aux autres et le respect auquel peut prétendre « l'homme de qualité », c'est-à-dire l'homme d'un rang social plus élevé : « Quand tu partages le lit avec un homme d'un rang plus élevé, demande-lui de quel côté il préfère dormir. Ne va pas au lit avant qu'on t'y invite ; ce n'est pas courtois. » L'adaptation française de l'ouvrage de Jean

Sulpice par Pierre Broë (exemple C) traduit la même attitude : « Ne fâche pas ton voisin quand il est endormi ; fais attention de ne pas le réveiller, etc. » Chez Érasme, on sent déjà la tendance à justifier le précepte moral non par les égards dus aux autres, mais par le « respect de soi-même » : « Quand tu te déshabilles, quand tu t'habilles, n'oublie pas la décence ! » Mais l'argument principal se fonde encore sur la coutume sociale, sur la considération pour les autres. Le contraste avec les époques ultérieures est particulièrement frappant quand on songe que ces recommandations s'adressent, comme celles d'ailleurs du docteur Paler (exemple A), à des personnes ayant l'habitude de dormir nues. Le fait même que des personnes n'appartenant pas à la même cellule familiale puissent dormir dans le même lit ne semble, à en juger par la manière dont Érasme aborde la question, choquer personne.

Les citations du XVIIIe siècle ne s'inscrivent pas dans la même ligne de traditions, déjà pour la bonne raison qu'elles ne visent pas, en premier lieu, les membres de la couche dirigeante. Dans l'intervalle, même les autres couches avaient cessé de considérer comme normal qu'un jeune homme partage son lit avec quelque autre personne : « Lorsque par une nécessité indispensable, on est contraint dans un voïage de coucher avec quelque autre de mesme séxe, il n'est pas bien-séant de s'en aprocher si fort, qu'on puisse non seulement s'incommoder l'un l'autre, mais mesme se toucher... » dit La Salle (exemple D). Il ajoute : « Il ne faut ni se déshabiller ni se coucher en présence d'une autre personne. »

L'édition de 1774 évite, une fois de plus, les détails. Le ton est plus impérieux : « Lorsqu'on se trouve forcé de coucher avec une personne de même sexe, ce qui arrive rarement, il faut s'y tenir dans une modestie sévère et vigilante... » C'est le langage du postulat moral. L'idée même de justifier le précepte par des arguments inspire à l'adulte un sentiment de malaise. C'est la sévérité du ton qui fait comprendre à l'enfant que cette situation comporte des dangers. A mesure que les adultes considèrent comme « naturel » leur sentiment de pudeur et de gêne, que la répression « civilisée » de la vie pulsionnelle leur semble une chose « allant de soi », ils comprennent de moins en moins, quand ils ont accédé à un certain niveau de civilisation, pourquoi les enfants sont dépourvus, à l'état « naturel », de ce sentiment de gêne et de cette pudeur. Les enfants bousculent inévitablement le seuil de sensibilité des adultes — inévitablement, parce qu'ils n'ont pas encore été conditionnés —, ils transgressent les tabous sociaux, offensent la pudeur des adultes et font ainsi irruption dans la zone dangereuse de leur économie affective péniblement maîtrisée. Acculé à une telle situation, l'adulte ne motive pas ses exigences concernant le comportement. Il est même incapable de les expliquer suffisamment. Il est conditionné de telle façon qu'il agit plus ou moins automatiquement selon les normes sociales. Toute autre attitude, toute entorse aux interdictions et aux règles de retenue dans sa propre société présente un danger et équivaut à une dévalorisation de la retenue qu'on lui a imposée. L'accent émotionnel sous-jacent qui marque souvent l'exigence morale, la sévérité agressive et comminatoire avec laquelle elle est formulée, sont les réflexes devant le danger qui menace, dans chaque transgression, l'équilibre instable de tous ceux pour lesquels le comportement standard de la société est devenu plus ou moins une « seconde nature » ; ils sont symptomatiques de l'angoisse qui les saisit quand ils voient menacés, fût-ce de loin, les structures de leur propre économie pulsionnelle et par là leur propre existence sociale, l'ordre de leur vie sociale.

Beaucoup de conflits entre adultes et enfants et plus spécialement entre parents peu préparés à leur fonction de conditionneurs et leurs fils et filles, s'expliquent par cette progression du seuil de la pudeur et l'accroissement de la distance séparant l'adulte de l'enfant : les causes de cet écart se situent en grande partie dans les structures mêmes de la société civilisée. Il faut un certain temps et un nouvel effort de réflexion pour que la société, ou, plus exactement, d'abord un cercle limité de pédagogues professionnels, se rende compte de cette situation. Alors seulement s'ouvre ce qu'on a appelé parfois le « siècle de l'enfant » : la conviction que l'accroissement de la distance entre les adultes et les enfants entraîne pour ces derniers un comportement différent pénètre alors avec un flot de conseils et de préceptes pédagogiques dans l'intimité de la famille. Mais pendant la période précédant cette phase, c'est l'attitude sévère et exigeante en matière de morale et de tabous qui marque aussi les rapports avec les enfants. On n'oserait affirmer qu'elle a disparu de nos jours.

Les exemples du comportement dans la chambre à coucher nous montrent en quelque sorte, dans un secteur nettement limité, combien de temps s'écoule avant que ces tendances se précisent dans le domaine de l'éducation séculière.

La ligne de cette évolution n'appelle guère de commentaires ; dans ce domaine, comme dans celui de l'alimentation, s'érige progressivement entre les individus, entre leurs corps, ce mur fait de pudeur craintive et de répulsion émotionnelle, dont l'artisan est précisément le

« conditionnement ». On inculque à l'homme le sentiment qu'il est pénible de partager le lit avec une personne qui ne fasse pas partie du cercle de famille. Et si la pauvreté n'en dispose pas autrement, l'usage se répand de plus en plus que même dans la famille chacun ait son lit et, dans les classes moyennes et supérieures, sa chambre à coucher. On habitue de très bonne heure les enfants à cette prise de distance, à cet isolement avec tout ce qu'ils comportent en matière d'habitude et d'expérience. Quand on voit avec quel naturel adultes et enfants partageaient au Moyen Age leurs lits, on se rend compte de quelle modification profonde des rapports d'homme à homme et du comportement humain s'exprime dans notre genre de vie. On reconnaît en même temps que rien n'est moins évident que l'idée, devenue dominante dans la dernière phase de civilisation que nous connaissons, la nôtre, que le lit et le corps sont des zones essentiellement et hautement dangereuses.

APPENDICE AU CHAPITRE V

Parmi les documents se rapportant à la civilisation du comportement dont nous n'avons pas fait état — partie par manque de place, partie parce qu'ils n'apportent pas d'éléments nouveaux à la ligne générale de l'évolution de la civilisation — certains ont trait à un problème particulier que nous allons traiter brièvement en annexe, car il est intéressant à plus d'un égard. Il s'agit de l'attitude de l'homme occidental face à la *propreté,* aux *ablutions* et aux *bains.* Les modifications survenues dans ce domaine suivent en général l'orientation que nous avons constatée dans d'autres domaines. Le besoin de nettoyer son corps et de le tenir en état de propreté ne découle pas d'abord de motivations hygiéniques ou, comme nous disons aujourd'hui, « rationnelles » : il ne se fonde pas sur l'idée que la saleté puisse présenter un danger pour la santé ; en réalité, le besoin de se laver naît avec la transformation des relations humaines, transformation dont nous avons parlé et que nous approfondirons au chapitre suivant.

Au début, il semble évident qu'on se nettoie seulement par égard pour les autres et plus spécialement pour les personnages haut placés sur l'échelle hiérarchique : la motivation est donc d'essence sociale, elle obéit surtout à des contraintes extérieures ; quand la contrainte fait défaut, quand la position sociale n'entraîne pas l'obligation d'ablutions fréquentes, on limite la propreté à l'indispensable, on ne se lave que dans la mesure où le bien-être personnel en dépend.

De nos jours, on impose à l'enfant dès son plus jeune âge l'habitude de se laver et de se nettoyer, on en fait, par le conditionnement, une sorte d'automatisme ; ce conditionnement disparaît pour ainsi dire de l'horizon de la conscience, l'homme ne se rend plus compte qu'il se nettoie par égard pour les autres, qu'il obéit — du moins à l'origine — à une contrainte extérieure ; il se lave par suite d'une autocontrainte, même quand il n'y a pas de témoins, même quand personne ne pourrait le punir pour avoir négligé les soins de propreté. L'homme qui de nos jours ne se laverait pas aurait échappé au conditionnement exigé par les normes sociales. Nous constatons dans ce domaine la même ligne évolutive de la civilisation : les relations sociales se transforment de telle manière que les contraintes réciproques prennent, dans chaque individu, le caractère d'une autocontrainte, nous assistons à la formation d'un « Surmoi » toujours plus prononcé. En d'autres termes : c'est aujourd'hui le secteur de l'individu représentant le code social, c'est le « Surmoi » individuel qui invite chaque homme à se laver régulièrement. Le mécanisme apparaît encore plus nettement dans le fait que beaucoup d'hommes se rasent, même sans la moindre obligation sociale, par habitude, poussés par leur « Surmoi » bien que l'omission de ce geste ne comporte pas le moindre inconvénient sur le plan de la santé et de l'hygiène. Quand nous nous lavons avec de l'eau et du savon, nous obéissons à une impulsion motrice fondée sur le « conditionnement » et « rationalisée » par des motivations « hygiéniques ».

Citons le témoignage d'un autre observateur de ce changement. I.E. SPINGARN dit dans son introduction à la traduction anglaise du *Galateo* de Della Casa (The Humanists Library, éd. par L. Einstein, vol. VIII, Londres, 1914, p. XXV) :

« Nous nous occupons ici seulement de la société séculière, et là nous constatons qu'on ne prenait soin de la propreté que dans la mesure où elle était une nécessité sociale, si elle apparaissait comme telle; elle n'existait pour ainsi dire pas comme nécessité individuelle ou comme habitude. A ce domaine s'appliquent également les normes du comportement de Della Casa : la propreté découlait du désir de plaire aux autres, *elle n'obéissait pas à l'invitation d'une pulsion individuelle...* Tout cela a changé. La propreté personnelle a été si complètement assimilée à une nécessité individuelle qu'elle a virtuellement cessé d'appartenir à la sphère du comportement social. » L'orientation du changement apparaît ici d'autant plus nettement que l'observateur considère les normes de sa propre société — à savoir le besoin *intérieur* de propreté — comme une donnée acquise sans se poser la question de savoir comment et pourquoi elles ont émergé d'autres normes par suite de l'évolution historique. Il est vrai que de nos jours seuls les enfants se lavent encore sous la contrainte extérieure ou par égard pour d'autres personnes et plus spécialement pour ceux dont ils dépendent. Pour les adultes, ce comportement correspond en général à une « autocontrainte », à une habitude personnelle. Autrefois, il était produit aussi chez l'adulte par la contrainte extérieure. Nous retrouvons une fois de plus ce que nous avons appelé plus haut la « *loi fondamentale sociogénétique* ». L'histoire d'une société se reflète dans l'histoire interne de chaque individu : chaque individu doit parcourir pour son propre compte en abrégé le processus de civilisation que la société a parcouru dans son ensemble ; car l'enfant ne naît pas « civilisé ».

Un autre point de cette « courbe de la civilisation » mérite qu'on s'y arrête : à en juger par les rapports de certains observateurs on pourrait croire que les hommes du XVIe et du XVIIe siècle étaient encore plus « malpropres » que ceux des siècles précédents. Quand on examine d'un peu plus près la question on constate que sur un point précis, ces observateurs ont raison : la consommation d'eau et de produits de nettoyage avait plutôt tendance à diminuer lors du passage du Moyen Age à l'époque moderne, à tout le moins dans les couches dominantes des deux périodes. On pourrait trouver une explication fort simple du phénomène qui aurait besoin d'être vérifiée : on savait à la fin du Moyen Age qu'on risquait de contracter dans les établissements de bains des maladies parfois mortelles. Pour comprendre l'effet de telles expériences, nous devons nous mettre à la place de personnes qui ignoraient les relations de cause à effet et qui ne savaient pas de quelle manière les bains pouvaient transmettre des maladies. Une réalité très simple habitait la conscience de ces hommes : les bains sont dangereux, ils peuvent produire des « intoxications ». N'oublions pas que les maladies épidémiques qui s'emparaient de la société tout entière étaient considérées comme des « intoxications ». La peur panique que les grandes épidémies suscitaient parmi les hommes de ce temps est bien connue et compréhensible ; cette peur ne pouvait encore être endiguée et canalisée par la connaissance des causcs et des limites du danger telle qu'elle existe dans notre société moderne. Or, il est parfaitement concevable que l'utilisation de l'eau et plus spécialement de l'eau chaude pour se baigner inspirait aux hommes de ce temps une vague terreur, fondée sur le sentiment d'un danger réel mais mal défini et mal déterminé. Quand dans une société de ce niveau d'expérience, un objet et un comportement se chargent, pour une raison ou pour une autre, d'un tel potentiel de peur, il peut s'écouler une période assez longue avant que la peur et ses symboles, les interdictions et résistances, ne disparaissent. Ce qui reste ancré dans la conscience des gens est le sentiment vague, transmis de génération en génération, que l'usage de l'eau comporte des dangers : il en résulte, dans la pratique, une méfiance et une répugnance « inculquées » à l'égard des bains et des ablutions. Nous trouvons par exemple, au XVIe siècle des avertissements de ce genre :

« Estuves et bains, je vous en prie
Fuyès-les, ou vous en mourrés. »

L'avertissement du médecin Guillaume Bunel date de 1513 et fait partie d'une série de recommandations pour se protéger de la peste (*Œuvre excellente et à chascun désirant soy de peste préserver,* nouvelle édition de Ch. J. Richelet, Le Mans, 1836) ; la lecture de ces « recommandations » à la lumière de nos normes fait apparaître un mélange de conseils judicieux et d'absurdités qui montrent bien les effets d'une peur moins bien canalisée que la nôtre. Nous trouvons jusqu'au XVIIe et même jusqu'au XVIIIe siècle des mises en garde contre l'utilisation de l'eau qui serait dangereuse pour la peau et provoquerait des refroidissements. On a l'impression d'assister aux derniers soubresauts d'une grande vague de terreur. Bien entendu, il s'agit là, dans l'état actuel de la recherche, d'une simple hypothèse.

Celle-ci a pourtant l'avantage de montrer comment on *pourrait* expliquer de tels phénomènes ; elle met en évidence un fait extrêmement caractéristique du processus de la civilisation : ce dernier s'accomplit effectivement en fonction d'une délimitation progressive des dangers extérieurs et de la canalisation de la peur que ces dangers suscitent. L'évolution suivant son cours, on parvient à mieux prévoir les dangers menaçant de l'extérieur la vie humaine, à mieux régulariser les voies et les domaines où s'exerce cette peur. L'incertitude de la vie peut, aujourd'hui, nous paraître angoissante : comparée à l'insécurité de l'individu dans la société médiévale elle est négligeable. La régularisation progressive des sources d'angoisse, telle qu'elle découle du passage à nos structures sociales, est une des conditions les plus élémentaires des normes de comportement que nous désignons par le terme de « civilisation » : la cuirasse du comportement « civilisé » éclaterait rapidement si, par une nouvelle transformation de la société, les conditions d'insécurité redevenaient les mêmes que jadis, si les dangers échappaient de nouveau à toutes nos prévisions ; les appréhensions correspondantes défonceraient bientôt les bornes auxquelles elles se heurtent de nos jours.

Il existe pourtant une forme spécifique d'angoisse qui découle du processus même de la civilisation : ce sont les angoisses « intérieures », à demi inconscientes, qui naissent de la peur de la rupture des barrières que la société impose à l'homme civilisé.

CHAPITRE VI

Les relations sexuelles

Les sentiments de pudeur qui entourent les relations sexuelles entre l'homme et la femme se sont considérablement précisés et modifiés pendant le processus de civilisation[78]. Il suffit pour s'en convaincre de songer aux difficultés qu'éprouvent les adultes, pendant les dernières phases de cette évolution, à parler aux enfants de ces relations. Or, ces difficultés sont considérées aujourd'hui comme inhérentes à la nature des choses. En effet, des données biologiques semblent expliquer l'ignorance de l'enfant en matière sexuelle et rendre arduc la tâche d'initier les adolcscents et les adolescentes à ce qui se passe en eux et autour d'eux. C'est en examinant le comportement correspondant des hommes d'une autre phase de la civilisation qu'on prend conscience du fait que cette situation est rien moins que normale et découle au contraire du processus de civilisation. La destinée des célèbres *Colloques* d'Érasme de Rotterdam nous en fournit la preuve.

Érasme avait appris qu'on s'était emparé d'un de ses écrits de jeunesse, qu'on en avait altéré le style et le contenu pour le publier, sans son autorisation, avec des additions étrangères. Il le retoucha lui-même et le fit paraître en 1522 sous le titre nouveau : *Dialogues familiers, destinés non seulement à perfectionner la langue des jeunes, mais aussi à les éduquer.*

Ce texte, Érasme le remaniera et l'augmentera jusqu'à sa mort. Il est devenu ce qu'il voulait en faire, un livre qui n'enseigne pas seulement aux jeunes garçons un latin élégant, mais qui les initie, comme le titre l'indique très clairement, aux problèmes de la vie. Les *Colloques* accèdent bientôt au rang d'un des livres les plus célèbres et les plus lus de leur époque. Ils connaîtront comme plus tard son traité *De civilitate morum puerilium* de nombreuses éditions et traductions. Transformés en manuel scolaire, les *Colloques* font figure d'ouvrage standard dans le domaine de l'éducation des garçons.

Rien n'illustre mieux la transformation de la société occidentale soumise au processus de civilisation que les critiques qui frapperont ce texte au XIXe siècle de la part de ceux qui, par les nécessités de leur métier, s'en occupent encore. Un des pédagogues allemands les plus illustres, V. Raumer, le juge ainsi dans son *His-*

toire de la pédagogie de 1857 (Stuttgart, t. I, p. 110) :

« Comment a-t-on pu introduire un tel livre dans de nombreuses écoles ? Quel profit tireront de jeunes garçons de ces satires ? La tâche de réformer appartient aux hommes mûrs. Qu'apporteront aux enfants des conversations sur des sujets auxquels ils ne comprennent rien, ces persiflages de leurs maîtres, ce dialogue entre deux commères sur leurs maris, cet entretien entre un prétendant et la jeune fille qu'il brigue, sans parler du colloque intitulé *L'adolescent et la courtisane* ? Ce dernier fait penser à telle maxime de Schiller qui porte le titre : *Kunstgriff* (artifice) :

« "Si vous voulez plaire à la fois aux enfants de ce monde et aux hommes pieux, brossez le tableau de la volupté, mais n'oubliez pas d'y faire figurer le diable !"

« Érasme décrit la volupté de la manière la plus vulgaire et ajoute quelques réflexions morales. Un docteur en théologie recommande un tel livre à un garçon de huit ans pour son édification ! »

L'ouvrage est en effet dédicacé au jeune fils de l'éditeur d'Érasme, et le père n'hésite pas à le faire imprimer.

Il est vrai que le livre a été critiqué sévèrement dès sa parution. Mais on ne s'en prenait pas à ses qualités morales ; on attaquait le

« cérébral », l'homme qui n'était ni un protestant ni un catholique orthodoxe. L'Église catholique en particulier combattait avec acharnement les *Colloques* qui contiennent, il est vrai, des attaques impitoyables contre certains ordres et institutions ecclésiastiques. L'ouvrage fut bientôt mis à l'index.

Mais à cette attitude s'opposent l'immense succès des *Colloques* et leur utilisation comme manuel scolaire.

« A partir de 1526, écrit Huizinga dans son *Érasme* (Londres 1924, p. 19), les *Colloques* ont connu, pendant deux siècles, une série ininterrompue de rééditions et de traductions. »

Pendant tout ce temps, le livre a dû être considéré, par un nombre appréciable de personnes, comme un ouvrage de fond. Comment expliquer cet enthousiasme et les critiques du XIXe siècle ?

Disons qu'Érasme parle dans ses *Colloques* de bien des choses que le processus de civilisation a soustraites depuis à l'horizon des enfants et que le XIXe siècle ne tolérait plus dans les livres d'enfants : or, Érasme avait destiné son ouvrage expressément aux jeunes, ce qu'atteste la dédicace à son filleul âgé de six ou huit ans. Son censeur du XIXe siècle relève parmi d'autres tares qu'Érasme met en scène un jeune homme faisant la cour à une jeune fille, une femme qui se plaint du comportement de son mari : on trouve dans le livre même un dialogue entre un jouvenceau et une prostituée.

Les *Colloques* n'en prouvent pas moins qu'Érasme est sensible à tout ce qui regarde la réglementation de la vie pulsionnelle, même si ses normes ne correspondent nullement aux nôtres. Mais si on les compare à celles de la société médiévale séculière et même à celles de la société séculière de son temps, elles marquent une poussée sensible en direction de ce refoulement des pulsions que le XIXe siècle justifiera surtout par sa morale.

Il est vrai que le jeune homme qui, dans le colloque *Prétendants et jeunes filles,* prétend à la main d'une jeune fille, lui explique avec beaucoup de franchise ce qu'il attend d'elle. Il lui déclare son amour. Il lui reproche, comme elle se fait désirer, de lui avoir arraché l'âme du corps. Il lui dit qu'il est légitime et bon de procréer des enfants. Il lui dépeint les agréments d'une vie où lui sera le roi et elle la reine régnant sur les enfants et les domestiques ; cette image illustre bien le fait que l'abolition de la distance psychique entre adultes et enfants s'accompagnait souvent d'un écart social plus sensible. A la fin, la jeune fille cède aux instances du jeune homme et accepte de devenir sa femme. Mais elle tient à « honorer », comme elle dit, sa virginité ; elle veut la préserver pour lui. Elle lui refuse même un baiser. Comme il insiste, elle remarque d'un air moqueur qu'après lui avoir déjà arraché l'âme du corps par ses paroles, elle craindrait trop de l'achever en accédant à son désir.

Nous avons dit qu'il s'est trouvé déjà du temps d'Érasme des gens qui lui ont reproché l'« immoralité » de ses *Colloques.* Mais on aurait tort d'en tirer des conclusions prématurées sur les normes de la société de son temps et plus spécialement de la société séculière. Une « réplique » résolument catholique aux *Colloques* d'Érasme, réplique que nous examinerons plus tard, s'exprime en matière sexuelle avec une franchise et une ingénuité qui ne le cèdent en rien aux *Colloques.* Son auteur était également un humaniste. La nouveauté des écrits des humanistes et plus spécialement d'Érasme réside précisément dans le fait qu'ils ne reflètent pas les normes du clergé mais celles de la société séculière de leur temps.

Les humanistes étaient les représentants d'un mouvement qui cherchait à arracher la langue latine à son isolement et à son confinement dans la tradition de l'Église pour en faire la langue de la société séculière, ou du moins de la couche supérieure séculière. La modification des structures de la société occidentale, dont d'autres aspects ont été mis en évidence au cours de notre exposé, se dégage avec une netteté particulière du besoin que ressentent soudain les milieux séculiers de créer une littérature érudite et séculière. Les humanistes sont les artisans de cette modification, les représentants officiels de ce besoin de la couche supérieure ; leurs écrits reflètent fidèlement la vie sociale des milieux non cléricaux ; les expériences de cette vie sont immédiatement insérées dans la littérature érudite ; c'est là aussi une des lignes de force du grand mouvement de la « civilisation ». Elle nous fournira peut-être une des clefs du regain d'intérêt pour l'Antiquité, de la « renaissance » de celle-ci.

Érasme a décrit ce processus d'une manière fort précise dans sa défense des *Colloquia* : « *Socrates Philosophiam e coelo deduxit in terras : ego Philosophiam etiam in lusus, confabulationes et compotationes deduxi* », déclara-t-il dans un commentaire intitulé *De utilitate Colloquiorum* qu'il ajoute en postface à ses *Colloquia* (éd. de 1655, p. 668) : « De même que Socrate a tiré la philosophie du ciel sur la terre, de même ai-je introduit la philosophie dans le jeu et dans les banquets. »

C'est pour cette raison même que la littérature humaniste reflète, quand on sait l'interpréter correctement, les normes de la société séculière de son temps, même si — sur beaucoup de points de détail — l'exigence de la répression des instincts, d'un comportement modéré qu'elle formule vont souvent au-delà des coutumes de l'époque et annoncent, dans une sorte de vision idéale, déjà l'avenir.

« *Utinam omnes proci tales essent qualem heic fingo, nec aliis colloquiiis coïrent matrimonia!* »

« J'aimerais bien, dit Érasme dans *De utilitate Colloquiorum*, que tous les prétendants ressemblent à celui que j'ai présenté dans mon dialogue *Proci et puellae* et que tous les mariages se fassent sous le signe de tels propos ! »

Ce que l'observateur du XIXe siècle qualifie de « description vulgaire de la volupté », ce que nos normes actuelles de la pudeur ne permettraient pas d'énoncer et encore bien moins en présence d'enfants, semblait à Érasme et à ses contemporains qui ont contribué à la diffusion du livre un « dialogue modèle » particulièrement apte à servir d'idéal aux adolescents; il l'était de fait, quand on songe au spectacle qui se déroulait tous les jours sous leurs yeux[79].

On en dira autant des autres dialogues que V. Raumer cite dans sa polémique. Érasme conseille à la femme qui se plaint du comportement de son mari de changer elle-même d'attitude, ce qui entraînerait aussi un changement d'attitude de la part de son mari. Dans le dialogue entre le jeune homme et la courtisane, le jeune homme finit par persuader la fille de changer de vie.

Il faut lire ce passage pour comprendre l'idéal qu'Érasme entend proposer ici au jeune homme : depuis quelque temps, Lucrèce n'a plus revu le jeune Sophronius. Elle l'invite, sans la moindre hésitation, à faire avec elle ce qui l'a conduit dans la maison dont elle est une des pensionnaires. Sophronius lui demande si elle est bien certaine que personne ne puisse les observer et si elle n'a pas une chambre plus discrète. Elle le conduit dans une chambre plus sombre, mais il ne se sent pas rassuré. Est-elle vraiment sûre qu'il n'y a pas de témoins ?

SOPHRONE

— Je demanderais une cachette plus enfoncée et moins accessible.

LUCRÈCE

— D'où peut vous venir ce nouveau scrupule de pudeur[80] ? J'ai un cabinet, où je serre toutes mes parures. Il y fait si sombre que ce sera le tout, si nous pouvons nous entrevoir.

SOPHRONE

— Regardez bien par toutes les fentes.

LUCRÈCE

— Il n'y en a aucune.

SOPHRONE

— Mais êtes-vous bien assurée qu'il n'y a personne ici autour qui puisse nous écouter ?

LUCRÈCE

— Pas seulement une mouche, ma lumière. Qu'est-ce qui peut donc vous arrêter ?

SOPHRONE

— Hé ! pourrons-nous empêcher que Dieu ne nous voie ?

LUCRÈCE

— Oh pour celui-là ! c'est une autre affaire, puisque Dieu voit tout.

SOPHRONE

— Peut-on se dérober aux yeux des Saints Anges ?

— Personne ne nous voit ni entend, même pas une mouche, dit la jeune fille, pourquoi hésites-tu ?

Le jeune homme réplique :

— Et Dieu ? Et les anges* ?

Puis, il met en œuvre tous les artifices de la dialectique pour la convertir. Il lui demande si

* *Les colloques* d'Érasme, trad. Gueudeville, Leide, 1720, t. I., p. 44-45.

elle n'a pas quelques ennemis à qui elle pourrait jouer un tour. Elle les agacerait bien si elle renonçait à vivre dans cette maison et se mettait à mener une vie honnête. Pour finir, ses arguments l'emportent. Il lui procure discrètement une chambre chez une brave femme, il invente un prétexte pour l'aider à quitter cette maison. Au début, il pouvoira même à ses besoins.

En dépit des réserves que formuleront les époques ultérieures à l'endroit d'une situation aussi « immorale », surtout dans un livre destiné à la jeunesse, il est facile de voir que des hommes habitués à d'autres normes sociales, conditionnées à un autre niveau émotionnel, aient pu juger une telle scène « morale » et même édifiante.

On pourrait multiplier les exemples attestant la même tendance évolutive, la même différence de norme. L'observateur du XIXe et même parfois du XXe siècle se sent désarmé devant ces modèles et préceptes de conditionnement du passé. Une personne qui n'a pas pris conscience du caractère éternellement fluctuant et inachevé de sa propre sensibilité aux expériences « pénibles », du conditionnement de sa propre affectivité soumise à une orientation déterminée, ne peut en effet concevoir qu'on ait pu inclure de tels dialogues dans un manuel scolaire et les proposer expressément à la méditation d'enfants. Or, il s'agit précisément de prendre conscience de la nature évolutive de ses propres normes dont fait partie aussi le comportement à l'égard des enfants.

Des hommes plus orthodoxes qu'Érasme ont fait la même chose que lui. Ainsi, un catholique de la plus stricte observance a écrit des « dialogues » destinés à remplacer ceux d'Érasme suspectés d'hérésie. Ils portent le titre : *Johannis Morisoti medici Colloquiorum libri quatuor, ad Constantinum filium* (Bâle 1549).

L'auteur de ces colloques, un certain Morisotus, explique qu'il a écrit ce livre pédagogique et scolaire, destiné à l'éducation des garçons, pour faire pièce aux *Colloques* d'Érasme... qui laissent planer un doute sur les convictions de l'auteur : est-il chrétien ou païen ? Or, les critiques formulées à l'endroit de cette réplique issue du camp catholique lui font les mêmes reproches qu'à l'ouvrage d'Érasme. Qu'il nous suffise de citer un texte datant de 1911[81].

« Chez Morisotus, les adolescentes, les vierges, les femmes occupent une place plus importante encore que chez Érasme. Dans beaucoup de dialogues ce sont elles qui mènent le débat et leurs propos, qui déjà dans le premier et le deuxième livre sont rien moins qu'anodins, portent dans les deux derniers livres[82]... sur des sujets tellement scabreux qu'on se demande avec un hochement de tête : le sévère Morisotus a-t-il vraiment écrit cela pour son fils ? Était-il si certain qu'il ne lirait et n'étudierait les derniers livres que lorsqu'il aurait atteint l'âge auquel ils sont destinés ? Il ne faut cependant pas oublier que la pudibonderie était à peu près inconnue au XVIe siècle et que les manuels de cette époque proposaient aux enfants bon nombre de phrases qui feraient sursauter nos pédagogues.

« Une autre question se pose : quelle était l'utilisation pratique à laquelle Morisotus destinait ces dialogues ? Ils ne pouvaient certainement pas servir de modèle aux garçons, adolescents, hommes ou vieillards désireux de se perfectionner dans la conversation latine, puisque ce sont presque exclusivement des êtres féminins qui ont la parole. De fait, Morisotus a tout autant qu'Érasme, auteur décrié, perdu de vue l'objectif didactique de son livre. » La réponse est facile.

Érasme n'a jamais perdu de vue l'objectif didactique de son livre. Son commentaire *De utilitate Colloquiorum* en fait foi. Dans ce commentaire il dit *expressis verbis* quel but didactique il poursuivait dans chacun de ses « colloques », ou pour être plus précis, devant quelle situation il voulait placer le jeune homme. Au sujet du dialogue avec la prostituée il précise : « Qu'aurais-je pu dire de plus efficace pour recommander à l'esprit du jeune homme le souci de la chasteté et pour aider les jeunes filles à quitter ces maisons dangereuses et ignominieuses ? » Non, Érasme n'a jamais oublié ses visées pédagogiques ; mais le niveau de la pudeur a changé. Il veut présenter aux jeunes gens une image du monde ; il veut leur montrer ce qu'il faut fuir et comment on peut accéder à une vie tranquille. « En ces colloques, que de choses sont reflétées, ce qu'il faut fuir dans la vie et ce qui rend la vie tranquille ! »

Les mêmes intentions se trouvent sans doute aussi à la base des dialogues de Morisotus ; beaucoup de traités pédagogiques de l'époque traduisent la même attitude. Il s'agissait toujours, pour employer les termes d'Érasme, d'« initier les garçons à la vie[83] ». Mais on entendait par là la vie des adultes, sans la moindre transition. Par la suite, on tendra de plus en plus à dire et à montrer aux enfants ce qu'ils doivent faire et ce qu'ils ne doivent pas faire. Au temps d'Érasme, on leur montrait, pour les initier à la vie, ce que les adultes doivent faire ou ne pas faire. C'est là la différence. Elle n'était pas, dans l'un comme dans l'autre cas, l'aboutissement de réflexions théoriques. Érasme et ses contemporains trouvaient tout naturel de parler ainsi aux enfants. Les jeunes garçons intégraient de bonne heure, parfois comme subordonnés, dans la dépendance sociale, la sphère sociale des adultes ; quant aux adultes, ils ne s'imposaient pas, en matière sexuelle, ni en paroles ni en actes, les contraintes qui seront plus tard la règle ; le caractère et les structures des rapports entre humains reproduisaient dans chaque individu un niveau de refoulement affectif différent du nôtre : les adultes eux-mêmes ignoraient la clandestinité, la « privatisation », l'obligation de cacher entre eux et de cacher aux enfants leurs manifestations pulsionnelles ; tout cela contribuait à rétrécir l'écart entre les normes affectives et le comportement adultes et enfantins. On constate une fois de plus combien il importe, pour bien comprendre notre constitution psychique et celle des hommes qui nous ont précédés, de ne jamais perdre de vue l'accroissement de cet écart à travers les siècles, la mise en place d'un espace spécifique assez particulier à l'intérieur duquel se déroulent à notre époque douze, quinze et depuis peu presque vingt années de notre existence. Le développement biologique de l'homme n'a sans doute guère varié. Seules les modifications sociales peuvent nous aider à appréhender un peu mieux les problèmes de l'« âge adulte » et leurs corollaires, les « résidus infantiles » dans les structures psychiques de l'adulte. La différence plus marquée entre les vêtements des enfants et ceux des adultes à laquelle nous sommes habitués n'est qu'un symptôme particulièrement frappant de cette évolution ; au temps d'Érasme, cette différence était négligeable.

L'observateur moderne s'étonne qu'Érasme ait pu, dans ses *Colloques,* présenter aux enfants des prostituées et des bordels. Pour les hommes de notre phase de civilisation, il est immoral de mentionner de telles institutions dans un manuel scolaire. Il est vrai qu'elles existent aussi dans la société du XIXe et du XXe siècle en tant qu'« enclaves ». Mais la pudeur mêlée d'angoisse *(Schamangst)* qui recouvre depuis la plus tendre enfance le secteur sexuel de l'économie pulsionnelle, le « voile du silence » qu'on lui impose dans les relations sociales, se révèlent d'une efficacité pour ainsi dire totale. La simple allusion à de telles institutions est illicite, leur évocation en présence d'enfants est un crime, une profanation de l'âme enfantine, ou du moins une erreur de conditionnement de la pire espèce.

Au temps d'Érasme, tout le monde savait que les enfants étaient parfaitement informés de l'existence de ces institutions. Personne ne songeait à les leur cacher. Il arrivait au contraire qu'on les mît en garde contre elles. C'est à quoi s'employait Érasme. Quand on borne son étude aux ouvrages pédagogiques de son époque, on pourrait finir par croire que seuls quelques rares auteurs présentaient ces institutions sociales aux enfants. Mais quand on voit à quel point les jeunes de tous âges partageaient la vie des adultes, avec quel sans-gêne les adultes communiquaient entre eux sans la moindre cachotterie, crûment, directement, et par conséquent aussi avec les enfants, on se rend compte que les dialogues comme ceux d'Érasme et de Morisotus reflètent directement les normes de leur temps. Ils savaient que les enfants savaient ; cela allait de soi. Selon eux, la tâche de l'éducateur consistait précisément à montrer aux enfants l'attitude à adopter face à ces institutions.

Le seul fait qu'on parlât ouvertement dans les universités de ces « maisons » n'est pas en soi très révélateur. N'oublions pas cependant que les étudiants étaient bien plus jeunes que de nos jours ; il est significatif que la prostituée figurait dans les discours facétieux dont on agrémentait certaines manifestations universitaires. En 1500, un maître ès arts de Heidelberg prononça un tel discours : « De la fidélité des prostituées envers leurs amants », un autre parla « De la fidélité des concubines », un troisième « Du monopole de la corporation des cochons » ou « Des types d'ivrognes et sur l'ivresse à éviter »[84]. Beaucoup de sermons de ce temps témoignent du même phénomène ; rien n'indique que les enfants n'y assistaient pas ; on désapprouvait dans les milieux ecclésiastiques et dans beaucoup de milieux séculiers la forme vénale des rapports extra-conjugaux ; mais l'interdiction sociale n'était pas devenue autocontrainte au point qu'on eût ressenti comme pénible l'évocation publique de cette conduite répréhensible. Il n'était pas encore interdit de trahir par une remarque qu'on était au courant de la chose.

La différence apparaît plus nettement encore quand on examine le rôle des filles de joie dans les villes médiévales : comme aujourd'hui encore dans beaucoup de sociétés extra-européennes, elles assumaient une fonction précise dans la vie publique. Dans certaines villes, on organisait pour elles des courses les jours de fête[85]. Très souvent c'étaient elles qu'on envoyait au devant d'hôtes illustres. Nous lisons dans le livre des comptes de la ville de Vienne (Autriche) en 1438 : « Du vin pour les femmes publiques, 12 achterin. De même pour les femmes s'étant rendues auprès du roi, pour 12 achterin de vin[86]. » Il arrive aussi que le bourgmestre et les édiles invitent les hôtes illustres au bordel. Ainsi, l'empereur Sigismond remercie en 1434 publiquement la municipalité de Berne d'avoir gracieusement mis à sa disposition et à celle de sa suite pendant trois jours le bordel de la ville[87]. Ce geste était dû aux hôtes de marque au même titre qu'un banquet.

Les filles publiques qu'on appelait en Allemagne souvent les *schönen Frauen* (belles femmes) ou *Hübschinnen* (jolies filles) avaient, dans le cadre de l'organisation citadine, comme tous les autres corps de métier leur « corporation » avec ses droits et ses devoirs. Comme tous les autres groupes professionnels, elles partaient parfois en guerre contre la concurrence déloyale. En 1500, quelques prostituées se rendirent dans une ville allemande auprès du bourgmestre pour dénoncer une autre maison où l'on faisait en cachette ce que la leur avait seule le droit de pratiquer publiquement. Le bourgmestre leur accorda l'autorisation de pénétrer dans ladite maison. Elles y firent irruption, cassèrent tous les objets qui s'y trouvaient et rouèrent de coups la tenancière. Une autre fois, elles s'emparèrent d'une concurrente et la forcèrent à vivre dans leur maison.

La position sociale des filles publiques était comparable à celle des bourreaux : on la tenait pour basse et méprisable, mais tout se passait au grand jour et sans la moindre cachotterie. On n'avait pas encore relégué « derrière les décors » de la vie sociale cette forme de rapports extraconjugaux.

Cette remarque s'applique jusqu'à un certain degré à toutes les relations sexuelles, y compris les relations conjugales. Les coutumes lors du mariage nous en fournissent une preuve convaincante. Le cortège de noces se rendait dans la chambre nuptiale sous la conduite de tous les garçons d'honneur. La mariée était dévêtue par les filles d'honneur ; elle devait se débarrasser de tous ses bijoux. Pour que le mariage fût valide, les mariés étaient tenus de gagner le lit conjugal en présence de témoins. On les « mettait au lit »[88] : « C'est par le lit que le droit est acquis », disait-on. Cette coutume s'est modifiée vers la fin du Moyen Age dans ce sens que les jeunes mariés pouvaient s'étendre tout habillés sur le lit. On peut supposer que ces coutumes n'étaient pas les mêmes dans tous les milieux sociaux et dans tous les pays. Mais nous apprenons que l'usage primitif s'était maintenu à Lübeck jusque dans la première décennie du XVIIe siècle[89]. Dans la société absolutiste-curiale en France, les invités accompagnaient les mariés dans la chambre nuptiale ; là, le jeune couple se déshabillait et on tendait à chacun sa chemise. Tout cela prouve que les normes de la pudeur en matière sexuelle n'étaient pas comparables aux nôtres. A travers tous ces exemples transparaît le caractère spécifique des normes de pudeur telles qu'elles se répandirent peu à peu au XIXe et au XXe siècle. Dorénavant, même les adultes relèguent tout ce qui a trait à la vie sexuelle derrière les décors de la vie sociale ; c'est ce fait qui rend possible et nécessaire de cacher aux enfants, avec plus ou moins de succès, cet aspect de la vie ; pendant les phases précédentes, les relations entre les sexes avec toutes les institutions auxquelles elles donnaient lieu étaient infiniment plus mêlées à la vie publique ; c'est la raison pour laquelle les enfants se familiarisaient très tôt avec cet aspect de l'existence ; leur « conditionnement », c'est-à-dire leur adaptation aux normes des adultes n'impliquait nullement la nécessité d'entourer cette sphère de la vie d'un réseau de tabous et cachotteries comme cela se pratiquera pendant les phases ultérieures de la civilisation, en accord avec les nouvelles normes de comportement.

Il est certain que dans la société aristocratique de cour, la vie sexuelle était déjà bien plus cachée que pendant la période médiévale. Ce que l'observateur de la société bourgeoise industrielle ressent souvent comme de la « frivolité » de la société de cour est précisément cette tendance à la dissimulation. Mais comparée aux normes de la régulation des instincts dans la société bourgeoise, la mise à l'index de la sexualité ne va, pendant cette période, jamais très loin, ni dans la vie sociale, ni au niveau de la conscience des hommes. Là encore, les jugements portés par la phase suivante manquent souvent de justesse, parce qu'on oppose les normes à ses propres normes et à celles de la société aristocratique de cour comme des données absolues au lieu d'y voir les phases d'un mouvement dont l'une conditionne l'autre, et parce qu'on fait de ses propres normes la mesure de toutes les normes.

Dans ce domaine aussi, la franchise relative avec laquelle on parlait entre adultes des fonctions naturelles se traduisait par une façon plus naturelle de parler et d'agir en présence d'enfants. On pourrait citer d'innombrables exemples. L'un des plus caractéristiques est sans doute le cas de cette petite demoiselle de Bouillon, âgée de six ans, qui vit, au XVIIe siècle, à la cour. Les dames d'honneur viennent bavarder avec elle. Un jour, elles tentent, pour s'amuser, de lui faire croire qu'elle est enceinte. La petite proteste. Elle affirme que c'est impossible. On discute, on argumente.

Or, un jour elle trouve en se réveillant un nouveau-né dans son lit. Elle est tout étonnée et dit dans son innocence : « Il n'y a que la Sainte Vierge et moi à qui cela soit arrivé ; je n'ai pas eu de douleurs ! » Cette remarque est colportée partout, l'affaire devient le passe-temps favori de ces dames. L'enfant reçoit des visites comme c'est l'usage quand une femme vient d'accoucher. La reine elle-même se rend à son chevet pour la consoler et lui proposer d'être la marraine de l'enfant. Le jeu continue. On insiste, on harcèle l'enfant, on veut connaître le père du nouveau-né. Après une longue réflexion, la petite finit par trouver la solution de l'énigme : seuls le roi ou le comte de Guiche pourraient être le père, car c'étaient les seuls messieurs qui avaient embrassé la petite fille[90]. Personne ne se scandalise de cette plaisanterie. Elle ne déborde pas les normes de l'époque. On ne la juge pas dangereuse pour l'adaptation de l'enfant à cette norme, pour la pureté de son âme, personne ne la trouve incompatible avec son éducation religieuse.

Peu à peu, l'accentuation des sentiments de pudeur et d'embarras face à la sexualité gagne la société tout entière et on assiste à une plus grande réserve dans les attitudes qui s'y rapportent. Au fur et à mesure que s'accroît la distance qui sépare l'adulte de l'enfant, le problème de l'« éducation sexuelle » prend un caractère d'« actualité brûlante ».

Nous avons cité plus haut la critique que le célèbre pédagogue V. Raumer a formulée à l'égard des *Colloques* d'Érasme. La ligne générale de cette évolution apparaît avec plus de netteté encore si l'on examine sa propre attitude face à l'éducation sexuelle et à l'insertion de l'enfant dans les normes de *sa* société. En 1857, V. Raumer publie un petit texte sur *L'Éducation des filles*. Le modèle de comportement qu'il y propose aux adultes en matière d'éducation sexuelle n'était certainement pas le seul concevable en ce temps ; il est néanmoins très typique des normes du XIXe siècle non seulement en matière d'éducation des filles mais aussi de celle des garçons.

« Quelques mères, nous explique l'auteur (p. 72), sont de l'avis, que je suis fort loin de partager, qu'on doit permettre aux filles de prendre connaissance de tous les problèmes de la famille, voire même des relations entre les sexes, et les initier ainsi en quelque sorte aux choses qui les attendent au cas où elles se marieraient un jour. En dégénérant, cette opinion a abouti, au Séminaire Philanthrophique (Philanthropinon) de Dessau, à l'exemple de Rousseau, à la caricature la plus fâcheuse et la plus grossière. D'autres mères exagèrent dans l'autre sens en contant aux petites filles des choses dont elles découvriront en grandissant l'inanité. Nous avons déjà dit que cette manière d'agir est condamnable en toute circonstance et à plus forte raison ici. *Mieux vaut ne pas aborder ces sujets en présence des enfants* et encore bien moins sur ce ton de mystère qui ne ferait qu'éveiller leur curiosité. Qu'on laisse les enfants le plus longtemps possible à leur croyance que ce sont les anges qui apportent les petits enfants ; cette légende, qu'on trouve en certains endroits, est préférable à celle, répandue ailleurs, qui attribue cette mission aux cigognes. Les enfants qui grandissent sous les yeux de leur mère ne poseront que rarement des questions indiscrètes à ce sujet... même quand la mère, en couches, ne peut momentanément s'occuper d'eux... S'il se trouve qu'une fille demande de quelle manière les enfants viennent au monde, sa mère lui répondra : "C'est le bon Dieu qui confie l'enfant à sa maman : cet enfant a au ciel son ange gardien qui a sans doute contribué, d'une manière invisible, à nous donner cette immense joie. Quant à savoir *comment* le bon Dieu remet les enfants à leur maman, il n'est pas nécessaire que tu le saches et tu ne le comprendrais d'ailleurs pas." Des centaines de fois, les filles ont dû se contenter de réponses de ce genre, et c'est la tâche de la mère d'occuper l'esprit des filles de tant de choses belles et sublimes qu'elles n'ont pas le temps de ruminer ces problèmes... Il suffit que la mère lance un avertissement sérieux à sa fille : "Il n'est pas désirable que tu saches ces choses, évite d'écouter si quelqu'un en parle. Une fille bien élevée et vertueuse ressentira une sorte de pudeur quand elle entendra parler de ces choses." »

Entre cette manière de parler des relations sexuelles et celle représentée par Érasme se situe une évolution analogue à celle que nous avons étudiée plus en détail pour les autres manifestations pulsionnelles. La sexualité est elle aussi reléguée, par le processus de la civilisation, à l'arrière-plan de la vie sociale ; elle appartient dorénavant à une « enclave » déterminée, la « famille restreinte » ; dans la conscience des hommes, les relations entre les sexes s'en trouvent également refoulées, isolées, transportées dans une enceinte fermée. Une atmosphère de gêne, expression de la peur sociale, baigne cette sphère de la vie humaine. Même entre adultes, on n'en parle officiellement qu'en prenant beaucoup de précautions et en se servant de périphrases. Devant les enfants et plus spécialement les filles, on se garde d'aborder de tels sujets. Raumer n'indique pas pour quelle raison il ne faut pas en parler avec les enfants. Il aurait pu dire qu'il faut préserver aussi longtemps que possible leur pureté d'âme. Mais une telle motivation prouverait une fois de plus à quel point ce domaine a été envahi par des sentiments de pudeur et d'embarras. Comme il était naturel à l'époque d'Érasme de parler de ces questions, il était naturel à l'époque de Raumer de ne pas en parler. La différence de mentalité est soulignée par le fait que l'un et l'autre, Érasme autant que Raumer, sont croyants, qu'ils se réfèrent tous deux à Dieu.

Il est évident que les modèles indiqués par Raumer ne se fondent pas sur des mobiles

« rationnels ». Au plan rationnel sa manière de résoudre le problème semble imparfaite et contradictoire. Raumer n'explique pas comment et à quel moment il faut faire comprendre à la jeune fille ce qui se passe en elle. Son attitude est dominée par le souci d'inculquer à l'enfant la « crainte de ces choses », des sentiments de honte, d'angoisse, d'embarras et de culpabilité, ou plus exactement un comportement conforme aux normes sociales en vigueur. On sent très nettement que l'éducateur a toutes les peines du monde à dominer ses propres sentiments de honte et de gêne. Une fois de plus on se rend compte de la perplexité où l'évolution sociale a plongé l'individu : le seul conseil que l'éducateur soit capable de donner aux mères est celui de ne pas toucher à ces questions. Or, il ne constitue nullement un cas isolé de sottise ou d'entêtement, le problème n'étant pas d'ordre individuel mais d'ordre *social* : il a fallu beaucoup de temps et de réflexions approfondies avant qu'on ait découvert des méthodes plus adéquates pour acclimater l'enfant à ce haut niveau de retenue sexuelle, de régulation, de transformation et d'investissement émotionnel négatif des pulsions sexuelles, nécessaire à ceux qui entendent vivre dans cette société.

Déjà V. Raumer se rend, dans un certain sens, parfaitement compte qu'il ne faut pas entourer ce domaine de l'existence d'une atmosphère de mystère « qui ne ferait qu'éveiller leur curiosité ». Mais comme ce domaine est devenu, dans sa société, un « domaine secret », il est obligé de soumettre ses propres recommandations à cette nécessité : « Il suffit que la mère lance un avertissement sérieux à sa fille : il n'est pas désirable que tu saches ces choses... » Ce qui détermine en premier lieu cette attitude, ce ne sont pas des mobiles « rationnels » ou utilitaires, mais la pudeur de l'adulte devenue « autocontrainte » ; ce qui lui scelle la bouche, ce sont les interdictions et résistances sociales internes, c'est son propre « Surmoi ».

Pour Érasme et ses contemporains, la question de savoir comment on peut informer l'enfant des relations entre l'homme et la femme ne se posait même pas ; l'enfant est informé automatiquement par la nature des institutions sociales et les rapports des hommes au milieu desquels il grandit ; l'autocontrôle des adultes est encore moins développé, on n'abuse pas du mystère, on n'établit pas de barrière infranchissable entre ce qui est permis en public et ce qu'on ne doit faire que derrière les « décors » de la société. La tâche essentielle de l'éducateur consiste donc à diriger l'enfant, dans le cadre même de ce qu'il a appris par la force des choses, dans la « bonne » direction, ou — pour être plus précis — dans la direction désirée par l'éducateur. C'est exactement ce qu'Érasme tente de faire par les dialogues entre la jeune fille et son prétendant, entre le jeune homme et la prostituée. Le succès de l'ouvrage prouve qu'il connaissait bien les sentiments de ses contemporains.

Lorsque le processus de la civilisation a réussi à soumettre l'instinct sexuel comme tant d'autres pulsions à une régulation et à une transformation plus fondamentales, le problème se pose en d'autres termes. La pression qui s'exerce sur l'adulte pour qu'il « privatise » toutes les manifestations pulsionnelles et plus spécialement sexuelles, le « voile du silence », les restrictions imposées par la société à sa liberté d'expression, la mise au ban de la plupart des mots ayant trait à la vie pulsionnelle, symbole des pressions psychologiques qui l'accablent, tout cela contribue à ériger autour de l'adolescent un « mur de mystère » plus ou moins infranchissable. Ce qui rend si malaisé le franchissement tôt ou tard inévitable de ce mur, autrement dit l'*éducation sexuelle,* n'est pas seulement la nécessité d'amener le jeune homme ou la jeune fille aux normes adultes du refoulement et du contrôle des pulsions ; c'est bien plus encore la structure psychique des *adultes* eux-mêmes qui les empêche de parler de ces choses tenues secrètes. Très souvent, ils ne trouvent ni le ton ni les mots qu'il faut. Le vocabulaire obscène qu'ils connaissent n'est pas de mise. La terminologie médicale n'est pas à la portée de tout le monde. Des considérations théoriques ne font souvent pas avancer le problème. Ce qui s'oppose à un discours franc et direct, ce sont les refoulements d'origine sociale qui expliquent aussi le conseil de V. Raumer de ne rien dire du tout. La situation est aggravée par le fait que par suite de l'isolement social des manifestations pulsionnelles et de l'interdiction d'en faire le sujet d'échanges sociaux, la tâche du conditionnement et de l'« éducation sexuelle » incombe de plus en plus aux seuls parents. Les relations d'amour entre la mère, le père et l'enfant, renforcent — souvent sinon toujours — la répulsion de l'enfant, mais aussi celle de la mère et du père, à parler de ces choses.

On discerne donc très nettement comment se pose le problème de l'information de l'enfant : il est impossible de comprendre les difficultés psychiques de l'adolescence si l'on appréhende chaque individu comme ayant une évolution analogue à travers les âges. En réalité, les problèmes de l'économie psychique et pulsionnelle de l'enfant se forment et se modifient en fonction des rapports entre l'enfant et les adultes. Ces rapports sont tributaires des structures particulières de chaque société. Ils sont autres dans la société chevaleresque que dans la société citadine bourgeoise, ils sont autres dans la société séculière médiévale que dans notre société moderne. Les problèmes d'adaptation et d'insertion des jeunes aux normes adultes — dont le problème spécifique de la puberté dans notre société civilisée est un cas particulier — ne peuvent être appréhendés que par référence à la phase historique, à la structure de la société, qui maintiennent en vigueur et exigent les normes du comportement adulte, qui imposent telle forme précise aux relations entre les adultes et les enfants.

Cette même ligne évolutive qui apparaît dans le problème de l'« éducation sexuelle » peut être dégagée aussi de l'évolution du mariage en Occident. Il est certain que la régulation des rapports sexuels se fait, d'une manière générale, par la *monogamie.* Il n'en reste pas moins que la régulation et la formation des rapports entre les sexes se sont considérablement modifiées au cours des siècles. L'Église s'est faite de bonne heure le défenseur farouche de la monogamie; mais celle-ci n'a accédé que tard au statut d'institution sociale, obligatoire pour les deux sexes : car elle présuppose un contrôle sévère de la vie pulsionnelle; ce n'est qu'à ce prix que les rapports extraconjugaux de l'homme peuvent être, au même titre que ceux de la femme, proscrits par la société ou du moins relégués dans la clandestinité la plus absolue. Pendant les phases antérieures, les rapports extraconjugaux de l'homme et parfois aussi ceux de la femme passaient — selon le rapport de force des sexes — pour plus ou moins naturels. Jusqu'au XVIe siècle, nous lisons souvent que dans les familles d'honorables bourgeois les enfants naturels étaient élevés avec les enfants légitimes du mari. Personne ne songeait à cacher cette différence aux enfants eux-mêmes. Face à la société, l'homme n'avait pas à rougir de ses rapports extraconjugaux. On considérait comme normal — en dépit de certaines tendances contraires qui n'avaient jamais cessé de se manifester — que les bâtards fissent partie de la famille, que le père se souciât de leur avenir, qu'il les mariât à des hommes honorables si c'était des filles. Mais il y avait déjà à cette époque « bien des dissensions » à ce sujet entre les époux[91].

La position de l'enfant naturel n'est pas la même à travers tout le Moyen Age. Pendant longtemps, on ne songe pas à en cacher l'existence, comme on fera dans la société professionnelle-bourgeoise *(berufsbürgerlich)* qui tend à réserver les rapports sexuels à *un* homme et à *une* femme et impose une régulation plus stricte des pulsions par une pression accrue des interdictions sociales. Mais là encore on aurait tort de faire des exigences de l'Église la mesure de la réalité séculière. De fait sinon de droit, la position des enfants illégitimes se distinguait de celle des enfants légitimes en ceci que les premiers n'héritaient pas du rang social du père ni de sa fortune, ou du moins pas selon les mêmes normes que les enfants légitimes. On sait que dans la couche dirigeante, on se vantait souvent d'être un « bâtard »[92].

Le mariage de la société absolutiste de cour du XVe et du XVIIIe siècle est caractérisée par le fait que, en raison des structures de cette société, la domination de l'homme sur la femme se trouve complètement abolie. Sa puissance sociale égale ici à peu près celle de l'homme ; l'opinion sociale est déterminée autant par la femme que par l'homme ; et si, jusque-là, seul l'homme était autorisé par la société à entretenir des rapports extraconjugaux alors qu'on jugeait plus ou moins sévèrement ceux du sexe « socialement plus faible », on commence, dans certaines limites, à les considérer comme socialement légitimes.

Ce serait une tâche à part de montrer quelle incidence décisive ce gain de puissance sociale, ou si l'on ose s'exprimer ainsi, cette première émancipation de la femme dans la société absolutiste de cour, a eue sur la progression du seuil de la pudeur, de la sensibilité aux expériences pénibles, du renforcement du contrôle de l'individu par la société en général. De même que tout gain de puissance, que toute ascension de groupes sociaux rendait nécessaires une nouvelle réglementation de la vie pulsionnelle et un renforcement de la répression sur une « ligne moyenne » s'établissant à mi-chemin entre les restrictions de la couche dirigeante et celle imposée à la couche assujettie, de même le renforcement de la position sociale de la femme entraîna-t-il — pour employer une formule un peu schématique — un relâchement des restrictions pulsionnelles imposées aux femmes et une aggravation de celles imposées aux hommes ; de fait, il en résulta pour l'homme autant que pour la femme un resserrement de l'autocontrôle affectif dans leurs relations réciproques.

Dans son célèbre roman *La Princesse de Clèves,* Madame de la Fayette met dans la bouche du mari, qui sait que sa femme s'est éprise du duc de Nemours, la phrase suivante :

« Je ne me veux fier qu'à vous-même ; c'est le chemin que mon cœur me conseille de prendre, et la raison me le conseille aussi de l'humeur dont vous êtes, *en vous laissant votre liberté, je vous donne des bornes plus étroites que je ne pourrais vous en prescrire.* »

C'est un exemple de l'étrange nécessité de l'autodiscipline que cette situation impose à l'homme et à la femme. L'homme sait qu'il ne peut retenir sa femme de force. Il ne s'emporte pas, parce que sa femme en aime un autre, il ne se réfère pas non plus à ses droits d'époux ; l'opinion publique n'admettrait pas une telle attitude ; il s'impose une grande modération : je te laisse ta liberté, dit-il à sa femme, et je sais que ce faisant je t'assigne des limites plus étroites que si je formulais des règles et des préceptes. Autrement dit, il attend de sa femme la même autodiscipline dont il fait preuve. C'est un exemple typique de la situation nouvelle telle qu'elle découle de *l'égalité des sexes*. Ce n'est pas, à vrai dire, l'époux en tant qu'individu qui accorde ces libertés à la femme. Elles sont inscrites dans les structures de la société. Mais elles postulent en même temps un comportement nouveau. Elles sont génératrices de conflits spécifiques. Toujours est-il qu'il y a, dans cette société, un grand nombre de femmes qui font usage de ces libertés. D'innombrables anecdotes prouvent que l'aristocratie de cour considérait la limitation des rapports sexuels au mariage comme « bourgeoise » et indigne de la condition de noble. Mais cet exemple nous montre aussi à quel point une certaine forme et un certain niveau de l'engagement humain et social correspondent à une forme déterminée de liberté.

Le mode linguistique peu dynamique dont nous nous servons encore oppose la liberté à l'engagement et à la contrainte en en faisant des notions antinomiques comme ciel et enfer ; des antithèses absolues de ce genre favorisent incontestablement la compréhension immédiate. Pour un prisonnier, le monde au-delà des murs de sa prison est un monde de liberté. Quand on y regarde de plus près, la liberté « en soi » n'existe pas plus dans cette opposition que dans toutes les autres antithèses, s'il faut entendre par liberté un état d'autonomie et d'indépendance sociales absolues ; on peut se libérer d'une forme de dépendance pesante et insupportable pour s'engager dans une forme de dépendance ressentie comme moins pénible. Aussi bien, le processus de civilisation, la transformation et — à certains égards — le renforcement des contraintes de la vie affective de l'homme s'accompagnent-ils de « libérations » de toutes sortes. La vie conjugale à la cour aristocratique, symbolisée par la même disposition des salons et des chambres à coucher pour l'homme et pour la femme, nous en fournit un exemple. La femme y était moins exposée à des contraintes extérieures que dans la société chevaleresque. Mais la contrainte intérieure, l'autocontrôle, qu'elle était tenue de s'imposer en accord avec la forme d'intégration et le code de comportement de la société de cour — qui découlaient des mêmes structures sociales que sa « libération » — s'étaient accrus, comme ils s'étaient aussi accrus, par rapport à la société chevaleresque, pour l'homme[93].

La comparaison du mariage bourgeois du XIXe siècle et du mariage aristocratique de cour du XVIIe et du XVIIIe siècle aboutirait à des conclusions analogues.

La bourgeoisie dans son ensemble n'est plus soumise, en cette période, à la pression de la constitution sociale absolutiste-corporative. L'homme et la femme de la bourgeoisie ne subissent plus les contraintes extérieures qui les accablaient en tant que représentants d'un rang inférieur, sous le régime des ordres. Mais les engagements commerciaux et financiers dont la progression leur a permis de s'émanciper se sont accrus. Sous ce rapport, les servitudes sociales de l'individu sont également plus sensibles que naguère. Le schéma des autocontraintes que la société bourgeoise impose aux hommes dans le domaine professionnel se distingue à plus d'un égard du schéma selon lequel les fonctions de la cour modèlent l'économie pulsionnelle. Il n'en reste pas moins que pour beaucoup de secteurs de l'économie affective l'autocontrainte, que les fonctions bourgeoises et plus particulièrement les affaires exigent et entraînent, est plus sévère que celle découlant des fonctions de la cour. La question de savoir pourquoi le niveau de l'évolution sociale, pourquoi — pour poser la question d'une façon plus précise — la montée de la bourgeoisie et l'adoption du mode de vie bourgeois rendent nécessaire un contrôle plus sévère de la sexualité est un problème à part. Ce n'est pas notre propos de montrer ici les rapports entre le conditionnement spécifique de l'économie pulsionnelle et les structures sociales du XIXe siècle. Le fait est que la société bourgeoise juge à partir de ses propres normes la réglementation de la sexualité et les mœurs conjugales de la société de cours lâches et dissolues. L'opinion sociale bourgeoise condamne rigoureusement les rapports extraconjugaux quels qu'ils soient; contrairement à ce qui se passe dans la société de cour, la puissance sociale de l'homme l'emporte bientôt sur celle de la femme et le non-respect du tabou extraconjugal par l'homme est accueilli avec plus d'indulgence que l'offense correspondante de la femme. Mais il est une règle qui vaut également pour l'homme et pour la femme : les rapports extraconjugaux sont rigoureusement bannis de la vie sociale officielle; quiconque désire s'y livrer doit le faire dans la clandestinité. Ce n'est là, sans doute, qu'un des nombreux exemples de la retenue, de l'autodiscipline renforcées que le particulier est tenu de s'imposer.

Le processus de la civilisation ne s'accomplit pas en ligne droite. Nous avons vu qu'il est possible d'en dégager l'orientation générale. Mais quand on se penche sur les détails, on constate des mouvements de va-et-vient, des poussées dans telle ou telle direction. En examinant le mouvement pendant de longues périodes, on se rend parfaitement compte que les contraintes consécutives aux menaces armées, à la violence guerrière ou physique cèdent peu à peu le pas à un renforcement de la dépendance et de l'assujettissement qui se traduisent par une réglementation et un contingentement de la vie affective, par quelque forme de *self control,* bref par des *autocontraintes.* Le mouvement général se dégage le mieux quand on observe les hommes de couche dirigeante de chaque époque, couche formée d'abord de guerriers (nous les appelons « chevaliers ») puis de courtisans, puis de bourgeois. Mais quand on embrasse du regard le tissu complexe du processus historique, on s'aperçoit que le mouvement ne se fait pas selon une ligne simple. Chaque phase est marquée par des fluctuations multiples ; souvent on constate un flux et reflux des contraintes extérieures et intérieures. Ce va-et-vient, surtout quand il se manifeste près de nous, dans notre propre temps, nous empêche souvent de discerner la tendance générale. Chacun de nous a gardé le souvenir du mouvement de pendule des contraintes imposées à la vie pulsionnelle des individus mais aussi aux relations entre l'homme et la femme : c'est ainsi qu'on a l'impression que l'après-guerre était marquée par ce qu'on appelle communément un « relâchement des mœurs ». Certaines contraintes qui existaient avant la guerre se sont desserrées ou ont disparu. Certains comportements naguère honnis sont maintenant tolérés. Le mouvement général semble s'orienter dans un sens contraire à ce que nous venons d'établir pour le passé ; tout semble indiquer que l'emprise de la société sur l'individu s'atténue.

Mais quand on y regarde d'un peu plus près on reconnaît sans peine que nous avons affaire à un léger « reflux », à un petit effet en retour, comme en comporte chaque phase d'un processus global.

Pour ne citer qu'un exemple : nos mœurs balnéaires. Il est impensable qu'une femme ait pu se montrer au XIXe siècle en public, sans se faire conspuer par la société, dans un de ces costumes de bain qui sont aujourd'hui d'usage courant. En réalité, ces changements, ainsi que la pratique universelle des sports par les hommes aussi bien que par les femmes, présupposent un niveau élevé de maîtrise des pulsions. Car nos coutumes sportives et balnéaires, les libertés que nous nous accordons — par rapport aux phases précédentes — sont la marque d'une société au sein de laquelle la plus grande retenue est considérée comme allant de soi, et où hommes et femmes sont assurés que de fortes autocontraintes et des règles strictes de savoir-vivre limitent l'initiative des individus. Il s'agit d'un « relâchement » s'inscrivant parfaitement dans le cadre d'un « comportement standard » civilisé, c'est-à-dire d'une répression et d'une transformation de l'affectivité qui, du fait du « conditionnement », ont pris le caractère d'une habitude pour ainsi dire automatique.

Mais on peut déceler aussi, en ce siècle qui est le nôtre, certains signes qui semblent annoncer une progression vers des formes plus sévères encore du refoulement imposé de l'extérieur aux pulsions ; ainsi, il y a, dans notre société, des milieux qui songent à instaurer un régime de réglementation et de contingentement émotionnel dépassant de très loin les normes du passé et imposant à l'individu, par le moyen du conditionnement, des frustrations et des transformations pulsionnelles telles que leurs conséquences pour la manière d'être des générations futures sont impossibles à prévoir.

Quand on fait abstraction des fluctuations et des mouvements de bascule qui resserrent et desserrent alternativement les contraintes, on constate — pour autant qu'on puisse en juger à ce stade — que l'orientation générale est toujours la même, de quelque manifestation pulsionnelle qu'il s'agisse. La ligne de l'instinct sexuel évolue, dans le processus de civilisation, parallèlement aux autres manifestations pulsionnelles, même s'il peut y avoir un grand nombre de différences d'origine sociale. Dans ce domaine aussi, la réglementation — jugée d'abord en fonction de la couche supérieure — se fait de plus en plus stricte. L'aspect sexuel de la vie pulsionnelle est également banni de la vie publique de la société. On s'impose même en paroles une réserve de plus en plus stricte[94]. Celle-ci est — comme les autres — de moins en moins l'aboutissement d'une contrainte physique extérieure ; ce sont les structures mêmes de la vie sociale qui la suggèrent à l'homme ; c'est l'influence des institutions sociales en général, ce sont plus spécialement les organes exécutifs sociaux commis à cette charge, et en particulier la *famille*, qui inculquent à l'individu dès sa plus tendre enfance une autocontrainte qui ne tarde pas à se transformer en automatisme, en habitude ; ainsi, les veto et les prescriptions sociales deviennent peu à peu une part essentielle du « Moi », un « Surmoi » strictement réglementé.

Tout comme les autres manifestations pulsionnelles, la sexualité — non seulement celle de la femme mais aussi celle de l'homme — est refoulée de plus en plus dans une « enclave » déterminée, le mariage socialement sanctionné. La légitimation plus ou moins complète des rapports extraconjugaux de l'homme ou de la femme par l'opinion sociale, qui, malgré quelques réactions, ne faisait pas défaut autrefois, se fait de plus en plus restrictive. La transgression de ce tabou fait donc partie des choses qu'il faut tenir secrètes, dont on ne parle pas, dont on ne peut parler sans compromettre son prestige ou sa position sociale.

Ainsi, la famille restreinte accède peu à peu au rôle de seule enclave légitime de la sexualité et du commerce intime entre l'homme et la femme ; de la même manière, elle devient aussi, relativement tard pour la société, *l'organe* essentiel et exclusif de la transmission aux adolescents des habitudes pulsionnelles et des comportements exigés par l'ordre social. Tant que la « privatisation » de la vie pulsionnelle est encore peu poussée et qu'elle n'a pas été reléguée en marge des activités sociales, la tâche du premier conditionnement n'incombe pas aussi exclusivement au père et à la mère. Toutes les personnes qui entrent en contact avec l'enfant y ont leur part, puisque le domaine sexuel n'est pas encore un domaine isolé et le foyer pas encore une citadelle ; de fait, l'enfant est entouré de tout un monde, car la famille comptait beaucoup plus de membres que de nos jours, sans même parler des domestiques dans les couches aisées. On parlait plus ouvertement des différents aspects de la vie pulsionnelle, on cédait davantage à ses propres émotions, en actes et en paroles. La sexualité n'était pas encore investie dans la même mesure que par la suite de sentiments de pudeur et de honte. Voilà pourquoi les éducateurs des phases suivantes sont incapables de comprendre le traité pédagogique d'Érasme. La reproduction des habitudes sociales dans l'enfant, son « conditionnement », ne se fait pas encore dans un espace fermé, quasiment à huis clos, mais par le contact direct des relations humaines. Pour se faire une idée de ce conditionnement très différent du nôtre, on lira avec profit le « journal » du médecin Jean Heroard qui note, jour par jour et presque heure par heure, ce que dit et fait Louis XIII enfant.

Ainsi, on aboutit à une situation qui peut paraître paradoxale : dans la mesure même où se précisent la transformation, la réglementation, le refoulement et la dissimulation de la vie pulsionnelle au sein de la société, la fonction du conditionnement retombe sur la seule famille, sur le père et la mère. Il est vrai que dans l'enceinte familiale, le mécanisme du conditionnement n'a guère subi de changements par rapport aux époques antérieures : il n'est pas l'aboutissement d'une vue synthétique du problème ou d'une planification consciente fondée sur les conditions de vie et la situation particulière de l'enfant ; le conditionnement se fait par une sorte d'automatisme, par un enchaînement de réflexes : les attitudes pulsionnelles d'origine sociale et les habitudes des parents déclenchent, dans l'enfant, des attitudes pulsionnelles et des habitudes conformes ou contraires à l'orientation que les parents entendent donner au conditionnement. L'interpénétration des habitudes des parents et des enfants, par laquelle l'économie pulsionnelle de ces derniers se forme et s'individualise, n'est absolument pas déterminée par des éléments « rationnels ». Des comportements et des propos, entachés pour les parents de sensations de honte et de malaise, se transmettent aux enfants par le moyen de manifestations de déplaisir et de pressions plus ou moins fortes, si bien que les normes sociales de la pudeur et de la sensibilité aux expériences pénibles se reproduisent peu à peu dans les enfants ; mais ces normes fournissent aussi la base et le cadre des différentes structurations pulsionnelles individuelles ; à l'heure présente, peu de parents sont capables de se faire une idée même approximative de l'évolution de la vie pulsionnelle de l'individualité adolescente exposée à l'interaction sociale incessante des émotions, habitudes et réactions adultes et enfantines.

L'orientation du mouvement de civilisation

vers une « privatisation » sans cesse plus prononcée et plus complète de toutes les fonctions corporelles, vers leur rejet dans des enceintes spécialisées, vers leur déplacement « hors du champ visuel de la société » ne va pas sans certaines conséquences : une des plus importantes — que nous avons déjà pu vérifier dans d'autres domaines de la vie des instincts — apparaît très nettement aussi dans la ligne évolutive de la sexualité : c'est l'étrange clivage qui s'opère à l'intérieur de l'homme : il s'accentue à mesure que se précise le clivage entre les aspects de la vie humaine qui peuvent s'étaler au grand jour, c'est-à-dire dans les rapports sociaux, et les autres qu'il faut réserver à l'intimité, au domaine du « secret ». La sexualité est, au même titre que les autres fonctions naturelles, un phénomène que chacun connaît et qui fait partie intégrante de la vie humaine; nous avons vu que toutes les fonctions corporelles sont investies peu à peu de sentiments de honte et de malaise d'origine sociale, si bien qu'à la fin même les mots qui les évoquent font l'objet d'un ensemble de règles et de restrictions; les hommes se cachent mutuellement ces fonctions et évitent tout ce qui pourrait en éveiller le souvenir. Quand cela n'est pas possible — qu'on songe au mariage, aux noces — on a recours à un rituel social sophistiqué et à des formules verbales respectueuses des normes de la pudeur, qui aident à surmonter la honte, l'embarras, la peur et les autres émotions suscitées par ces forces motrices de la vie humaine. Autrement dit, on assiste, au cours du processus de civilisation, à la formation progressive de deux sphères différentes de la vie humaine, dont l'une est intime et secrète, l'autre ouverte, d'un comportement clandestin et d'un comportement public. La dissociation de ces deux sphères prend pour l'homme le caractère d'une habitude si évidente, si inéluctable, qu'il n'en a presque plus conscience.

Par suite de ce clivage du comportement — certaines actions étant permises en public, d'autres prohibées — *la structure psychique* de l'homme se modifie également. Les interdictions renforcées par des sanctions sociales sont imposées à l'individu sous forme d'autocontraintes. Le refoulement obligatoire des manifestations pulsionnelles, la pudeur qui les entoure s'intègrent à ce point aux habitudes que l'homme ne peut s'en défendre, même quand il est seul, même quand il se trouve dans l'enceinte « intime ». Une lutte se déroule dans son moi entre les manifestations pulsionnelles prometteuses de plaisir et les interdictions et restrictions lourdes de menaces, les sentiments de pudeur et d'inconfort d'origine sociale. C'est là l'état de choses que Freud a tenté d'appréhender par les concepts de « surmoi » et d'« inconscient » Mais quel que soit le terme qu'on emploie, le code de comportement social s'inscrit si profondément dans la nature humaine, qu'il devient en quelque sorte un élément constitutif du moi individuel. Cet élément, ce « surmoi », se transforme tout comme la structure psychique et le moi individuel pris comme un tout, en fonction du code de comportement social et des structures de la société. Le clivage relativement avancé du « moi » ou de la conscience, clivage si caractéristique de l'homme de notre phase de civilisation, et qui apparaît dans des notions telles que « surmoi » ou « subconscient », répond au clivage spécifique du comportement auquel aucun homme vivant dans la société civilisée ne saurait échapper. Il est le corollaire de la réglementation et des restrictions qu'elle impose aux manifestations pulsionnelles dans les rapports humains. Un début de clivage peut s'amorcer dans toutes les formes de vie sociale, même dans celles que nous qualifions de « primitives ». Mais l'intensité et la forme de cette différenciation sont, dans notre phase, le reflet d'une évolution historique déterminée, l'aboutissement d'un processus de civilisation.

C'est ce que nous entendons exprimer quand nous parlons de l'interaction entre la structure de la société et la structure du « moi » individuel.

CHAPITRE VII

Les modifications de l'agressivité

Les structures affectives de l'homme forment un tout. Il nous est loisible de donner des noms différents aux différentes manifestations pulsionnelles et à leurs fonctions, de parler de la faim, du besoin de cracher, de l'instinct sexuel et de l'agressivité : dans la vie, ces manifestations pulsionnelles ne sauraient pas plus être dissociées que le cœur de l'estomac, ou le sang du cerveau de celui des organes génitaux. Elles se complètent et se substituent parfois l'une à l'autre, elles se transforment dans certaines limites et s'équilibrent ; un dégagement dans tel domaine a des répercussions dans tel autre, bref, elles forment une sorte de circuit fermé dans l'homme, une entité partielle dans le tout de l'organisme dont les structures ne sont pas encore percées à jour, dont la forme, l'empreinte sociale déterminent le caractère de la société comme aussi de l'individu.

Notre manière de parler des pulsions ou des manifestations émotionnelles semble impliquer que nous portons en nous une grande variété de pulsions. Ainsi, on parle d'une « pulsion de mort » ou d'un « besoin pulsionnel de nous faire valoir » *(Geltungstrieb)* comme on parle de différentes substances chimiques. Il est incontestable que l'étude des différentes manifestations pulsionnelles peut être, dans certains cas, féconde et instructive. Mais les formes de pensée par lesquelles on prétend appréhender ces études restent sans prise sur l'objet vivant si elles ne servent pas à exprimer l'unité et l'homogénéité de l'économie pulsionnelle ainsi que l'appartenance de chacune des tendances pulsionnelles à ce tout. Par conséquent, l'agressivité, qui fera dans ce chapitre l'objet de nos investigations, ne constitue-t-elle pas une espèce isolable de pulsion. Il est parfaitement légitime de parler de l'« agressivité » à condition de ne pas perdre de vue qu'il s'agit d'une fonction pulsionnelle déterminée qu'il faut ramener au tout de l'organisme et que ses modifications sont l'indice des modifications de sa structure d'ensemble.

Les normes de l'agressivité, son caractère et son intensité varient actuellement parmi les nations occidentales. Mais ces variations qui, vue de près, peuvent être assez considérables, s'effacent et perdent toute signification, quand on compare l'agressivité des peuples « civilisés » à celle de sociétés installées à un autre niveau de la maîtrise de l'affectivité. Mesurée à la fureur du combattant abyssinien — fureur impuissante devant l'appareil technique d'une armée civilisée — ou à celle des tribus de l'époque des grandes migrations, l'agressivité des nations les plus belliqueuses du monde civilisé semble modérée; elle a été conditionnée comme toutes les autres manifestations pulsionnelles par l'état avancé du partage des fonctions, par la dépendance plus marquée de l'individu envers ses semblables et envers l'appareil technique; elle a été émoussée et limitée par une infinité de règles et d'interdictions qui se sont transformées en autant d'autocontraintes. Ainsi, elle a été « affinée » et « civilisée » comme toutes les autres pulsions sources de plaisir : elle ne se manifeste plus dans sa force brutale et déchaînée qu'en rêve et dans quelques éclats que nous qualifions de « pathologiques ».

Dans ce domaine de l'affectivité, dans celui du heurt violent entre deux individus, on observe la même évolution historique que partout ailleurs. Peu importe le niveau de transformation où se trouvait à cet égard le Moyen Age; considérons une fois de plus, pour nous faire une idée de l'évolution à partir d'un certain point de départ, la couche supérieure séculière, c'est-à-dire la couche des guerriers médiévaux. Il se peut que la décharge émotionnelle des combats ne fût plus, au Moyen Age, aussi brutale qu'à l'époque des grandes migrations. Mais vue à la lumière de l'ère moderne, elle apparaît directe et peu réglementée. De nos jours, la cruauté, le plaisir que procure l'anéantissement et la souffrance d'autrui, le sentiment de satisfaction que nous procure notre supériorité physique, sont soumis à un contrôle social sévère et ancré dans l'organisation étatique. Toutes ces formes de plaisir que viennent contrebalancer à notre époque des menaces de déplaisir ne s'extériorisent plus que d'une manière détournée ou — ce qui à l'origine revient au même — « affinée ». Ce n'est qu'aux époques de bouleversements sociaux ou dans les territoires coloniaux que le contrôle social se relâche et qu'elles éclatent brutalement, en faisant litière des sentiments de honte et de malaise.

La vie dans la société médiévale suggérait une attitude opposée : la rapine, la lutte, la chasse aux hommes et aux animaux faisaient partie des nécessités de l'existence et étaient inscrites dans les structures mêmes de la société. Et il est parfaitement normal de voir les forts et les puissants les compter aussi parmi les plaisirs de la vie.

« Je vous dis, lisons-nous dans un hymne

guerrier attribué au troubadour Bertran de Born[95], que tant ne m'a saveur manger ni boire ni dormir que si j'entends crier "A eux !" des deux côtés et que j'entends hennir les chevaux sans cavaliers sous l'ombrage et que j'entends crier "Aidez ! Aidez !" et que je vois tomber par les fossés petits et grands sur l'herbage et que je vois les morts aux flancs percés par le bois des lances ornées de bannières. » C'est le reflet littéraire de la brutalité des sentiments.

Ailleurs Bertran de Born écrit : « Voici venir la plaisante saison où aborderont nos navires, où viendra le roi Richard, gaillard et preux, tel que jamais il ne fut encore. C'est maintenant que nous allons voir dépenser or et argent ; les pierriers nouvellement construits vont partir à l'envi, les murs s'effondrer, les tours s'abaisser et s'écrouler, les ennemis goûter de la prison et des chaînes. J'aime la mêlée des boucliers aux teintes bleues et vermeilles, les enseignes et les gonfanons aux couleurs variées, les tentes et les riches pavillons tendus dans la plaine, les lances qui se brisent, les boucliers qui se trouent, les heaumes étincelants qui se fendent, les coups que l'on donne et que l'on reçoit. »

La guerre consiste, selon une chanson de geste, à être le plus fort pour bousculer l'ennemi, à couper ses vignes, à arracher ses arbres, à dévaster son pays, à prendre d'assaut ses châteaux forts, à combler ses puits, à capturer et à tuer ses hommes...

On éprouve un plaisir particulier à mutiler les prisonniers. « Par ma tête, s'exclame le roi de la même chanson, je n'ai souci de ce que vous dites, je me moque de vos menaces comme d'un coing ! Tout chevalier que j'aurai pris, je le honnirai et lui couperai le nez ou les oreilles. Si c'est un sergent ou un marchand, on le privera du pied ou du bras[96]. »

Il n'y a pas que dans les chansons qu'on fait de telles choses. Les épopées de cette époque ont leur place au milieu de la vie sociale. Elles expriment plus immédiatement les sentiments des auditeurs que beaucoup de nos produits littéraires. Il se peut qu'elles forcent un peu la note. Car l'argent exerçait déjà du temps des chevaliers une influence modératrice et transformatrice sur l'affectivité. Ainsi, on ne mutilait en général que les petites gens, les faibles qui ne risquaient pas de rapporter des rançons intéressantes, on ménageait les chevaliers qu'on comptait rendre en échange d'une forte somme. Mais les chroniques, les documents d'époque se font souvent l'écho d'événements de ce genre.

Ainsi les textes sont la plupart du temps rédigés par des clercs. Les appréciations, les jugements qu'ils contiennent reflètent en général les sentiments des faibles, de ceux qui vivent sous la menace continuelle de la caste des guerriers.

Mais le tableau qu'ils nous brossent de l'époque est néanmoins authentique.

« Il passe sa vie, nous dit-on par exemple d'un certain chevalier[97], à piller, à détruire les églises, à attaquer des pèlerins, à exploiter les veuves et les orphelins. Il prend un plaisir particulier à mutiler des innocents. Dans le seul monastère de Sarlat, se trouvent 150 hommes et femmes auxquels il a coupé les mains ou crevé les yeux. Son épouse est aussi cruelle que lui. Elle lui prête main-forte dans ses forfaits. Elle éprouve un vif plaisir à tourmenter de pauvres femmes. Elle leur a fait couper les seins et arracher les ongles pour les rendre inaptes au travail. »

De telles décharges affectives se produisent encore dans les phases ultérieures de l'évolution sociale, mais elles ont alors un caractère d'exception, de dégénérescence « pathologique ». A cette époque il n'y avait aucune force sociale pour punir de tels agissements. La seule menace, le seul danger qui pesaient sur ces hommes étaient ceux d'être terrassés par un adversaire plus fort qu'eux. A l'exception d'une petite élite, toute la société guerrière de France se livrait, selon Luchaire, l'historien de la société française du XIIIe siècle, à la rapine, au pillage et au meurtre ; rien ne nous permet de croire qu'il en allait autrement dans les autres pays ou dans les siècles suivants. Les débordements de la cruauté n'entraînaient aucun ostracisme social. Ils n'étaient pas considérés comme socialement dégradants. On prenait plaisir à torturer et à tuer, et ce plaisir passait pour légitime. Les structures sociales poussaient même, jusqu'à un certain degré, à agir ainsi et donnaient à ces comportements une apparence de rationalité.

Que faire par exemple des prisonniers ? La société de cette époque était relativement pauvre. Quand on avait affaire à des prisonniers de même rang, capables de payer, on s'imposait une certaine modération. Mais les autres ? Si on les gardait, il fallait les nourrir. Si on les renvoyait on renforçait la puissance militaire et la richesse de l'ennemi. Car des hommes qui travaillaient, qui servaient, qui combattaient constituaient une bonne partie de la richesse des couches dirigeantes. Il ne restait donc qu'à les tuer ou à les renvoyer dans un état tel qu'ils ne pouvaient plus servir au combat ou au travail. Le même raisonnement s'appliquait à la destruction des champs, à l'assèchement des puits, à l'abattage des arbres. Dans une société essentiellement agricole, dont la propriété était constituée en grande partie par des biens immobiliers, leur destruction contribuait également à l'affaiblissement de l'adversaire. Ainsi, le caractère émotionnel du comportement était, dans une certaine mesure, conditionné par des faits sociaux. On agissait en fonction de la société et on y trouvait son plaisir. Il est parfaitement dans la logique de cette absence relative de réglementation et de répression de la vie pulsionnelle que le vandalisme se changeât occasionnellement, par l'effet d'une identification subite avec les victimes et sans doute aussi de sentiments d'angoisse et de culpabilité dus aux menaces continuelles qui pesaient sur l'existence, en quelque forme extrême de miséricorde. Le vainqueur d'hier se trouvait parfois, à la suite d'un revers de fortune, réduit à l'impuissance et exposé à de très graves dangers. Au milieu des changements continuels, des alternances de guerres, de chasses et de tournois, des « plaisirs » des temps de paix, l'avenir était toujours incertain, même pour ceux qui s'étaient retirés du « monde » : Dieu et la fidélité de quelques hommes décidés à s'entraider étaient les seules certitudes. La peur était partout ; on voulait profiter du moment, et comme les destinées changeaient, ainsi tournait aussi le plaisir en angoisse, l'angoisse en plaisir.

Au Moyen Age, la plupart des membres de la couche dirigeante menaient la vie de chefs de bandes. Ils en adoptaient l'allure et les goûts. Les documents de l'époque reflètent en général une situation semblable à celle des sociétés féodales de notre temps ; ils font état de normes de comportement analogues. Une toute petite élite, sur laquelle nous reviendrons, s'élevait au-dessus de cette moyenne.

Le guerrier du Moyen Age n'aimait pas seulement le combat, sa vie était elle-même un combat permanent. Il passait sa jeunesse à se préparer au combat. Quand il avait atteint la majorité, on le faisait chevalier et il se battait tant que ses forces le lui permettaient, jusqu'à la vieillesse. Sa vie n'avait pas d'autre fonction. Sa demeure était à la fois un poste de garde, une forteresse, une base d'attaque et de défense. Quand il vivait par le plus grand des hasards dans la paix, il se donnait au moins l'illusion de la guerre. Il organisait des tournois qui se distinguaient souvent très peu de combats réels[98].

« Pour la société d'alors, la guerre était l'état normal », dit Luchaire en parlant du XIIIe siècle.

Huizinga rapporte des XIVe et XVe siècles : « La forme chronique que la guerre prenait en général, la menace continuelle que des brigands dangereux faisaient peser sur les villes et les campagnes, les verdicts d'une juridiction brutale et fantaisiste... nourrissaient un sentiment d'insécurité générale[99]... »

Encore au XVe siècle — comme au IXe et au XIIIe — le chevalier proclame sa joie de la guerre, bien qu'elle ne soit plus aussi franche, aussi ingénue que naguère :

« C'est joyeuse chose que la guerre... constate Jean de Bueil. On s'entr'ayme tant à la guerre. Quant on voit sa querelle bonne et son sang bien combatre, la larme en vient à l'ueil[100]... » Jean de Bueil est tombé en disgrâce auprès du roi, il dicte à son serviteur l'histoire de sa vie. Cela se passe en 1465. L'homme qui nous parle n'est plus un chevalier absolument indépendant, un roi dans son petit royaume... « Une douce joie s'empare du cœur à l'idée qu'on se soutient fidèlement l'un l'autre ; et quand on voit l'ami exposer si courageusement son corps au danger afin de respecter et de tenir le commandement de Dieu, on prend la décision d'aller vers lui, de mourir ou de vivre avec lui et de ne jamais le quitter pour une amourette. On en conçoit un tel ravissement que quelqu'un qui n'en a pas fait l'expérience n'est pas homme à dire combien c'est beau. Croyez-vous que quelqu'un qui fait cela puisse redouter la mort ? C'est impossible ! Il se sent tellement fortifié, tellement ravi qu'il ne sait pas où il est. Vraiment, il ne craint rien au monde ! »

C'est encore la joie de la guerre, mais ce n'est plus le plaisir immédiat de la chasse à l'homme, du fracas des épées, du hennissement des chevaux, de la peur de l'ennemi... « ... si j'entends crier "A eux !" des deux côtés et que j'entends hennir les chevaux... et que je vois les morts aux flancs percés[101] », ici c'est plutôt la camaraderie, la conviction de combattre pour la bonne cause : plus que dans les textes plus anciens transparaît l'idée que l'ardeur au combat est une sorte d'ivresse qui aide à surmonter la peur.

Ce sont des sensations simples et fortes qui vont droit au cœur. On tue, on s'abandonne à la lutte, on voit l'ami au combat. On combat à ses côtés. On ne sait plus où on est. On oublie même la mort ! C'est beau. Que désire-t-on d'autre ?

Nous disposons d'un grand nombre de documents mettant en évidence que l'attitude de la couche supérieure médiévale face à la vie et à la mort n'était pas du tout celle que les ouvrages cléricaux nous dépeignent et que nous considérons habituellement comme « typiques » du Moyen Age. Pour la couche supérieure ecclésiastique, ou plus exactement pour ses porte-parole, la vie est modelée par la pensée de la mort et de son aboutissement, l'au-delà.

Dans la couche dirigeante séculière, l'existence n'est pas exclusivement déterminée par de telles pensées ; s'il est vrai que la vie du chevalier comporte parfois des sentiments et des phases se rattachant à cet ordre d'idées, bien des textes témoignent d'une attitude très différente. On y trouve sans cesse un avertissement qui ne s'accorde pas au stéréotype qu'on présente aujourd'hui du Moyen Age : « Ne te laisse pas dominer par la pensée de la mort ! Jouis des plaisirs de cette vie ! »

« Nul courtois ne doit blâmer joie, mais toujours joie aimer[102]. » Ce précepte de « courtoisie » se trouve dans un roman du début du XIIIe siècle. Un peu plus loin, l'auteur affirme : « Jeune homme doit bien être gai et mener joyeuse vie. Il ne convient pas à jeune homme qu'il soit morne et pensif[103]. » L'homme chevaleresque s'oppose ici au clerc qui était sans doute plus souvent « morne » et « pensif ».

Quelques vers du *Deutsche Cato,* livre que des générations ont consulté à travers tout le Moyen Age, expriment, face à la mort, avec beaucoup de sérieux et d'insistance, la même attitude résolument positive. L'incertitude de la vie est un des *leitmotive* du poème[104] : « Puisqu'une vie dure et incertaine est notre lot commun... » lisons-nous. La conclusion n'est pas celle à laquelle on pourrait s'attendre : « Pense donc à la mort et à ce qui la suit. »

Un autre passage formule la même idée d'une manière particulièrement belle et claire[105] :

On sait bien que la mort viendra,
On ne sait quand :
Elle vient furtivement comme un voleur.
Mais prends bien garde,
Ne pense pas trop à la mort.
Si tu y penses trop,
Plus jamais tu ne connaîtras la joie.

Pas question de l'au-delà ! L'homme dont la vie est dominée par la pensée de la mort ne prend plus plaisir à la vie. On peut tenir pour certain que les chevaliers avaient conscience d'être chrétiens, que leur âme était marquée par les images et rites de la tradition chrétienne ; mais compte tenu de leur situation sociale et psychique très particulière, le christianisme était associé, dans leur esprit, à une échelle de valeurs qui avait peu en commun avec celle des clercs qui lisaient et écrivaient des livres. Leur christianisme en différait quant à sa spiritualité et à son contenu. Il ne les empêchait pas de goûter aux joies de l'existence ; il ne les empêchait pas non plus d'assassiner et de piller. Tout cela faisait partie de leurs fonctions sociales, de leurs qualités d'état, ils en étaient fiers. Le mépris de la mort était pour le chevalier une nécessité vitale. Il devait lutter. Les structures, les tensions de la société en faisaient une loi inéluctable.

Se tenir prêt au combat, l'arme à la main,

n'était pas seulement une nécessité pour le membre de la couche supérieure, pour le chevalier : la vie du bourgeois dans les villes était bien plus marquée que celle des siècles ultérieurs d'incessantes querelles ; lui aussi ressentait à un haut degré la joie de l'attaque, la haine, le plaisir de tourmenter les autres.

La lente montée du tiers état aboutit à l'aggravation des tensions de la société médiévale : l'ascension de la bourgeoisie ne se faisait pas seulement par l'argent : la rapine, la lutte armée, le pillage, les querelles de famille ne marquaient pas moins la vie du citadin que celle de la caste des guerriers.

Le destin de Mathieu d'Escouchy nous en fournit un exemple. Ce Picard est un des nombreux personnages du XVe siècle qui nous ont laissé une « chronique »[106]. En lisant sa « chronique » on a l'impression que l'auteur était un honnête homme de lettres qui consacrait ses talents à des recherches historiques. Mais quand on fouille les archives on aboutit à un tableau bien différent[107].

Mathieu d'Escouchy commence sa carrière de magistrat comme conseiller, échevin, juré et prévôt de la ville de Péronne, entre 1440 et 1450. Dès le début on le voit en découdre avec la famille du procureur de la ville, Jean Froment. La querelle prend bientôt la forme d'une longue série d'actions en justice. Tantôt, c'est le procureur qui poursuit d'Escouchy pour falsification, meurtre ou « excès et attemptaz ». Tantôt c'est le prévôt qui menace la veuve de son ennemi d'un procès de sorcellerie. Mais la veuve réussit à se faire remettre un mandat en vertu duquel d'Escouchy doit abandonner son enquête à la justice. L'affaire est soumise au Parlement de Paris et d'Escouchy est pour la première fois arrêté. Plus de six fois encore, il sera mis sous les verrous tantôt par ordre des autorités judiciaires, tantôt à la suite de guerres. On lui reproche des délits très graves et plus d'une fois il est mis aux fers. La série des plaintes et des contre-plaintes qui opposent d'Escouchy et la famille Froment est interrompue par une rencontre armée au cours de laquelle le fils de Froment le blesse. Tous deux soudoient des tueurs à gages. Dès que la querelle s'est un peu apaisée, d'Escouchy est la victime d'un autre attentat. Cette fois-ci c'est un moine qui le blesse. D'autres plaintes sont suivies en 1461 de la mutation du prévôt à Nesle ; il est soupçonné, semble-t-il, de nouveaux forfaits. Mais cela ne l'empêche pas de faire carrière. Il est nommé bailli, prévôt de Ribemont, procureur du roi à Saint-Quentin, et il est anobli. De nouveau blessé, arrêté, mis à l'amende, nous le trouvons employé à l'armée. Fait prisonnier, il rentre au pays, repart en campagne et en revient estropié. Il se marie, mais ce n'est pas là, pour lui, le début d'une vie tranquille. Accusé de la falsification d'un cachet, il est transféré à Paris « comme larron et merdrier » ; il se prend de querelle avec un magistrat de Compiègne, mais reconnaît son délit sous la torture ; il est condamné, réhabilité, recondamné, « pour que la trace de son existence disparaisse de tous les documents ».

C'est là un exemple parmi beaucoup d'autres. Un autre nous est fourni par les miniatures bien connues du livre d'heures du duc de Berry[108]. « On a longtemps pensé, explique son éditeur, et un certain nombre de personnes sont aujourd'hui encore persuadées, que les miniatures du XVe siècle sont l'œuvre de moines sérieux ou de pieuses moniales ayant travaillé dans la paix de leurs monastères. Cela put être parfois le cas. Mais en général, il en allait tout autrement. C'était des hommes vivant dans le monde, des artisans qui exécutaient ces beaux travaux, et la vie de ces artistes séculiers n'était rien moins qu'édifiante. » Les actes dont on nous fait le récit seraient considérés dans la perspective de nos propres normes sociales comme des « crimes » qui disqualifieraient socialement leurs auteurs. Deux peintres s'accusent mutuellement de vol ; l'un, soutenu par sa famille, tue l'autre d'un coup de stylet en pleine rue. Le duc de Berry qui a besoin de l'assassin est obligé de demander pour lui une « lettre de rémission ». Un autre enlève une fillette de huit ans dans l'intention de l'épouser contre la volonté de ses parents. Les « lettres de rémission » nous apportent souvent l'écho de querelles sanglantes, qui durent parfois des années et aboutissent à des batailles rangées sur les places publiques et à la campagne ; des commerçants ou des artisans en sont les protagonistes au même titre que des chevaliers. Le noble est entouré — comme cela se passe dans tous les régimes analogues, de nos jours par exemple en Abyssinie ou en Afghanistan — de *bravi* qui le suivent partout et exécutent ses ordres... « Toute la journée, il est suivi de valets et d'hommes armés qui se battent pour lui... Les roturiers, les bourgeois ne peuvent se payer ce luxe, mais ils ont des "parents et amis" qui souvent leur prêtent main-forte en nombre. Ils portent toutes sortes d'armes terribles que les "coutumes" locales et les ordonnances de la municipalité interdisent ; ces bourgeois sont également "de guerre" quand ils ont quelque vengeance à accomplir[109]. »

Les administrations des villes tentaient en vain de mettre un terme aux « querelles de famille » ; les échevins convoquaient les personnes en cause, décrétaient la paix, ordonnaient, commandaient. Pendant quelque temps tout allait bien. Puis une nouvelle querelle éclatait, l'ancienne se rallumait... Une autre fois, ce sont deux associés qui se brouillent pour une affaire ; ils se disputent, la querelle s'envenime. Un jour, ils se rencontrent sur une place publique, l'un des deux tue son ancien associé[110]. Un hôtelier en accuse un autre de lui voler ses clients. Et les voilà ennemis mortels ! Quelqu'un lance des propos désobligeants sur le compte de l'un ou de l'autre. C'est ainsi que débute une guerre de familles.

Les vengeances familiales, les guerres privées, les vendettas n'étaient pas réservées aux nobles ; les villes du XVe siècle retentissaient également du vacarme des guerres entre familles et clans ennemis. Les bourgeois, les petites gens, les fabricants de bonnets, les tailleurs, les bergers tiraient facilement le couteau[111] :

« On sait combien, au XVe siècle, les mœurs étaient violentes, avec quelle brutalité les passions s'assouvissaient, malgré la peur de l'enfer, malgré le frein des distinctions de classes et le sentiment de l'honneur chevaleresque, *malgré la bonhomie et la gaieté des relations sociales**. »

Pourtant, les hommes de cette époque ne se promenaient pas la mine morose, le sourcil froncé, l'air martial pour impressionner leur

* En français dans le texte.

entourage par leur allure guerrière ; bien au contraire, ils aimaient plaisanter ; mais voilà qu'une raillerie mal prise, qu'un mot malheureux éveillaient les passions ; et déjà c'était la provocation, la bagarre, la tuerie... Un certain nombre de traits qui nous paraissent contradictoires, l'intensité de leur pitié, leur peur de l'enfer, leurs sentiments de culpabilité, leurs éclats de rire, leur gaieté folle, leurs brusques accès de haine et de colère, tout cela, ainsi que les passages brusques d'un état d'âme à l'autre, ne sont en réalité que les différents aspects d'une même structure émotionnelle. Les pulsions, les émotions s'expriment plus librement, plus directement, plus ouvertement que plus tard. Seuls des hommes de notre espèce habitués à une vie infiniment plus feutrée, plus calme, plus calculée, chez lesquels les tabous ont bien plus qu'autrefois un caractère d'autocontrainte et font partie de la structure même de l'économie pulsionnelle, sont portés à voir dans la force déchaînée de cette piété, de cette agressivité, de cette cruauté, une *contradiction.* La religion, la croyance dans la toute-puissance d'un Dieu qui châtie et récompense, n'ont jamais, de par elles-mêmes, un effet « civilisateur » ou modérateur de l'affectivité. Bien au contraire : la religion est toujours aussi « civilisée » que la société, que la couche sociale qui la pratique. Comme les hommes médiévaux exprimen leurs émotions d'une manière que nous n'observons plus, dans notre propre univers, que chez les enfants, nous qualifions leurs manifestations et leurs attitudes d'« enfantines ».

Quand on consulte les documents du Moyen Age, on fait toujours la même constatation : la vie de l'homme médiéval est fondée sur des conditions affectives différentes des nôtres, elle est incertaine, peu soucieuse de l'avenir. Celui qui, dans cette société, n'aimait et ne haïssait pas de toutes ses forces, qui n'était pas prêt à payer de sa personne pouvait s'enfermer dans un couvent; mais dans la vie séculière, il était aussi perdu que le sera dans la société ultérieure et notamment dans la société de cour l'homme incapable de refréner ses passions, de dissimuler ses réactions affectives, de se comporter en homme « civilisé ».

Dans un cas comme dans l'autre, c'est toujours la structure de la société qui postule et cultive une certaine forme de répression affective : « Nous autres, dit Luchaire[112], qui sommes attachés à nos mœurs et habitudes paisibles, à la sollicitude dont l'État moderne entoure chaque individu, lui-même et ses biens », nous pouvons nous faire une idée de cette autre société.

« En ce temps, le pays s'était décomposé en plusieurs provinces; les habitants de chaque province formaient une sorte de nation qui détestait toutes les autres. Les provinces étaient elles-mêmes divisées en un grand nombre de seigneuries ou fiefs dont les maîtres s'entre-combattaient sans arrêt, non seulement les grands seigneurs ou "barons" mais les petits châtelains vivaient dans un isolement total et ne cessaient de guerroyer entre eux ou contre quelque "souverain". Il y avait en outre une rivalité perpétuelle entre les villes, les villages, les vallées, et les guerres entre voisins n'en finissaient pas, puisqu'elles semblaient produites par la multitude des unités territoriales. »

Ce tableau illustre d'une façon extrêmement vivante notre thèse générale énoncée plus haut qu'il y a interdépendance étroite entre structures sociales et structures émotionnelles. Il n'existe pas de puissance coercitive capable d'imposer aux hommes la modération. Quand dans telle ou telle région, le pouvoir central s'affermit, quand il oblige les hommes sur un territoire plus ou moins étendu de vivre en paix, on assiste aussi à un changement progressif de l'affectivité et des normes de l'économie pulsionnelle. Peu à peu — nous en reparlerons — la retenue relative et « les égards des uns pour les autres » s'accroissent d'abord dans les rapports sociaux de la vie de tous les jours. La décharge affective résultant de l'agression physique se limite à certaines « enclaves » dans le temps et dans l'espace. Du moment que le monopole de la contrainte physique est assumé par le pouvoir central, l'individu n'a plus le droit de se livrer au plaisir de l'attaque directe : ce droit est réservé à quelques personnes mandatées par l'autorité centrale, par exemple aux policiers, et les masses ne peuvent plus en user que dans des circonstances particulières, en temps de guerre ou de heurts révolutionnaires, dans la lutte socialement sanctionnée contre des ennemis extérieurs ou intérieurs.

Mais même les enclaves temporelles ou spatiales de la société civilisée dans lesquelles on concède une plus grande liberté à l'agressivité, et plus spécialement les guerres entre nations, se sont « dépersonnalisées » et conduisent de moins en moins à des « décharges affectives » aussi immédiates et puissantes que celles qu'on nous rapporte du Moyen Age. La modération nécessaire que la société civilisée impose à ses membres et la transformation de leur agressivité ne sauraient, du jour au lendemain, être « annulées » dans les enclaves. Mais cette « annulation » pourrait sans doute être obtenue beaucoup plus rapidement que nous ne le pensons si le corps à corps avec l'adversaire exécré n'avait pas fait place à une mécanisation très poussée du combat, mécanisation qui exige une maîtrise rigoureuse de l'affectivité. Même pendant la guerre, le combattant excité par la vue de l'ennemi ne peut, dans notre monde civilisé, laisser libre cours à son agressivité, mais il doit, indépendamment de son état d'âme, obéir aux ordres d'un chef invisible ou seulement visible par ses effets, pour combattre un ennemi invisible ou visible seulement par ses effets. Il faut des troubles sociaux et une grande misère, il faut surtout une propagande puissamment orchestrée pour éveiller dans l'individu et légitimer en quelque sorte les instincts refoulés, les manifestations pulsionnelles proscrites dans la société civilisée, telles que le plaisir de tuer et de détruire.

Notons cependant que toutes ces pulsions ont, sous une forme plus « raffinée », plus « rationalisée », leur place légitime et strictement délimitée aussi dans la société civilisée. Et ce fait est très typique des transformations qui accompagnent la civilisation de l'économie affective. Ainsi, le plaisir de la lutte et de l'agressivité trouve un exutoire socialement admis dans la compétition sportive. Cela apparaît surtout dans le côté « spectacle », dans l'attitude de « rêve éveillé » des spectateurs d'un combat de boxe qui s'identifient à ces quelques rares personnes auxquelles on a accordé le droit limité et strictement codifié de donner libre cours à leur agressivité. Cette décharge *(ausleben)* des pulsions par le spectacle ou en suivant un match à la radio est un trait particulièrement caractéristique de la société civilisée. Il contribue à une certaine évolution du livre et du théâtre, il détermine le rôle du cinéma dans notre monde. Déjà l'éducation des jeunes, déjà les préceptes de conditionnement visent à transformer les plaisirs d'une agressivité active en plaisir passif, codifié, en simple « plaisir des yeux ».

Nous lisons dans une édition de la *Civilité* de La Salle de l'année 1774 :

« Les enfants aiment à porter la main sur les habits et les autres choses qui leur plaisent ; il faut corriger en eux cette démangeaison et leur apprendre *à ne toucher que des yeux tout ce qu'ils voient.* »

Depuis, cette recommandation est devenue un précepte d'une évidence aveuglante. Que l'homme moderne ait été frustré par une autocontrainte d'origine sociale du plaisir d'étendre la main vers ce qu'il convoite, aime ou déteste est un des traits les plus marquants de la civilisation moderne. C'est cette nécessité qui a façonné dans une large mesure tous les gestes de l'homme, même s'il y a des différences de détail notables d'une nation occidentale à l'autre.

Nous avons montré ailleurs comment le processus de civilisation a limité l'usage du sens olfactif, la tendance à flairer les aliments et d'autres matières, comme s'il s'agissait là d'un geste animal. C'est là que nous prenons conscience des interactions qui attribuent, dans une société civilisée, un rôle spécifique à un autre organe de perception sensorielle, l'œil. Plus que l'oreille c'est l'œil qui procure à l'homme civilisé un maximum de plaisir puisque les autres satisfactions sont limitées par de nombreuses interdictions et barrières.

Mais dans les limites mêmes de ce déplacement du plaisir de la sphère de l'action dans celle du spectacle, on reconnaît une modération et une humanisation progressives des manifestations pulsionnelles. Le combat de boxe se présente, quand on le compare aux « plaisirs des yeux » d'autres phases, comme une réalisation extrêmement modérée des tendances agressives et sadiques.

Un exemple du XVIe siècle illustrera notre thèse : nous l'avons choisi parce qu'il met en évidence le caractère absolument gratuit de la cruauté d'un spectacle qu'aucune « rationalisation », qu'aucun déguisement en châtiment ou moyen de correction ne justifie.

Au XVIe siècle, une des réjouissances populaires de la Saint-Jean consistait à brûler vifs une ou deux douzaines de chats. Cette réjouissance populaire était très célèbre, elle attirait toujours une foule nombreuse. Un orchestre jouait. On érigeait un immense bûcher sous une sorte d'échafaudage. On accrochait à cet échafaudage un sac ou un panier rempli de chats vivants. Bientôt, le sac ou le panier prenaient feu. Les chats tombaient sur le bûcher et se consumaient pendant que la populace prenait plaisir à leurs cris et miaulements. En général, le roi et la cour assistaient au spectacle. Parfois, l'honneur de bouter le feu au bûcher était réservé au roi ou au dauphin. Nous apprenons qu'une fois, par ordre exprès de Charles IX, un renard fut pris et brûlé avec les chats[113].

Voilà un spectacle qui n'est certainement pas plus ignoble que l'exécution par le feu des hérétiques ou les tortures et mises à mort de tous genres. Ce qui le rend particulièrement antipathique est le fait qu'il incarne d'une manière directe et sans mélange le plaisir que d'aucuns éprouvent à tourmenter des êtres vivants, sans la moindre excuse rationnelle. La répugnance que nous inspire la seule description de ce genre de réjouissances et que nous considérons, compte tenu de nos normes affectives, comme « normale », prouve une fois de plus combien notre économie affective s'est modifiée au cours des siècles. Notre exemple illustre un autre aspect des changements intervenus : beaucoup de choses qui naguère éveillaient des sensations de plaisir suscitent aujourd'hui des réflexes de *déplaisir*. Dans les deux cas, nous n'avons pas affaire exclusivement à des sensations *individuelles*. Brûler des chats à la Saint-Jean était une institution sociale au même titre qu'aujourd'hui les matchs de boxe ou les courses de chevaux. Dans les deux cas, les plaisirs organisés par la société sont l'incarnation des normes affectives dans le cadre desquelles se tiennent tous les conditionnements, pour différents qu'ils soient sur le plan individuel ; quiconque quitte le cadre des normes sociales passe pour « anormal ». De nos jours on traiterait d'« anormale » une personne qui chercherait à satisfaire ses tendances de plaisir en brûlant vifs des chats, parce que le conditionnement normal de l'homme de notre phase de la civilisation substitue au plaisir de la vue de tels actes une peur — inculquée sous forme d'autocontrainte — qui retient l'homme de telles manifestations pulsionnelles. C'est un mécanisme psychique très simple qui provoque la transformation historique de la vie affective : des manifestations pulsionnelles ou des plaisirs considérés comme indésirables par la société sont assortis de menaces ou de châtiments qui les investissent de sensations de déplaisir ou à prédominance de déplaisir. Par suite du rappel incessant du déplaisir sous forme de menace de punition et de l'accoutumance à ce rythme, la dominante déplaisante est obligatoirement associée à un certain comportement qui, à l'origine, peut être plaisant. Ainsi, il y a tiraillement entre le déplaisir et la peur suscités par la société — représentée aujourd'hui, mais pas toujours ni même exclusivement, par les parents — et le plaisir caché. Ce que nous avons défini sous divers aspects comme progression du seuil de la pudeur, de la sensibilité aux expériences pénibles, des normes affectives a pu être déclenché par de tels mécanismes.

Reste à examiner l'origine des structures sociales ayant déclenché ces mécanismes psychiques ainsi que la nature des contraintes extérieures qui ont provoqué la « civilisation » des manifestations affectives et du comportement.

CONCLUSION

La vie d'un chevalier

Demander *pourquoi* le comportement et le niveau affectif des hommes changent, c'est demander *pourquoi* les formes de la vie humaine se modifient. La société médiévale avait développé certaines formes de vie et l'individu était obligé de vivre dans le cadre de ces formes, que ce fût comme chevalier, artisan membre d'une corporation ou serf : les sociétés des phases ultérieures offraient au particulier d'autres chances, d'autres formes de vie, auxquelles il devait s'adapter. Il pouvait, s'il faisait partie de la noblesse, mener la vie d'un courtisan ; mais il ne pouvait pas, même s'il le voulait — et beaucoup le voulaient —, reprendre l'existence libre d'un chevalier. Cette fonction, cette forme de vie avaient disparu, à partir d'une certaine date, des structures de la société. D'autres fonctions comme celle de l'artisan membre d'une corporation ou du prêtre, qui dans la phase médiévale tenaient un rôle important, perdaient progressivement de leur importance dans le réseau des relations sociales. Pourquoi les fonctions comme celles de l'artisan membre d'une corporation où il doit s'intégrer et qui font figure de cadre préétabli se modifient-elles au cours de l'histoire ? Cette question rejoint précisément celle de savoir pourquoi la vie pulsionnelle et le conditionnement affectif et tout ce qui en dépend sont sujets à des changements.

Nous nous sommes penchés sur les normes affectives de la couche moyenne médiévale. Nous allons ajouter, à titre de complément, un bref tableau de la vie des chevaliers, du cadre de vie que la société offrait à tous ceux qui pouvaient se prévaloir d'une extraction noble. La notion de ce cadre de vie, la notion même de « chevalier », se perdit dans le vague dès que se fut accompli ce qu'on a appelé le « crépuscule de la chevalerie » : de fait, le cadre de vie de cette couche sociale a été vu, après coup, dans l'optique essentiellement individuelle de l'observateur : pour les uns, le guerrier médiéval était le « noble chevalier » vivant dans un environnement grandiose, beau, aventureux, pathétique ; pour les autres, il était le « seigneur féodal », le maltôtier, le sauvage, le maître cruel et barbare. Les quelques esquisses qui vont suivre permettront de se faire une idée précise du chevalier et de son temps. Quelques textes et quelques œuvres de sculpteur et de peintre rendent assez bien l'atmosphère ou, si l'on veut, le conditionnement qui le caractérisait, et nous feront saisir par où il se distinguait parfois sensiblement de nos propres conditions d'existence. En réalité, il n'est que peu d'œuvres plastiques et picturales qui nous dépeignent la vie du chevalier dans son environnement. Un des rares livres d'images de ce genre venus à nous est une série de dessins créée à une époque relativement récente, entre 1475 et 1480, qui porte le titre peu adéquat de *Mittelalterliches Hausbuch* (Livre d'images du Moyen Age). On ignore le nom de l'artiste, mais il a dû être un homme parfaitement au courant de la vie chevaleresque de son temps : à la différence de beaucoup de ses contemporains, il voyait le monde avec les yeux du chevalier et s'identifiait à son échelle des valeurs. On peut considérer comme une indication dans ce sens le fait que, parmi tous les artisans et corps de métiers, le représentant de sa propre corporation soit le seul qui porte des vêtements courtois ; il en est de même de la jeune fille qui pose un de ses bras sur son épaule et à laquelle il manifeste très ouvertement ses sentiments : il s'agit peut-être d'un autoportrait de l'artiste[114].

Les dessins datent, comme nous l'avons dit, de la fin de l'époque chevaleresque, du temps de Charles le Téméraire et de Maximilien, le *dernier chevalier.* A en juger par les armoiries, l'artiste les représente eux-mêmes ou d'autres chevaliers de leur entourage. Ainsi, on a pu affirmer : « Il ne saurait faire de doute que nous avons affaire à Charles le Téméraire... ou à un autre chevalier bourguignon[115]. » Quelques tableaux représentent peut-être les tournois après le siège de Neuss *(Neusser Fehde)* lors des fiançailles de Maximilien avec la fille de Charles le Téméraire, Marie de Bourgogne. Il est certain que les hommes du *Hausbuch* appartiennent à l'époque de transition, que l'aristocratie de cour commence à se substituer à la chevalerie. Plusieurs des images portent déjà la marque de la vie de cour. L'ensemble nous donne une idée assez précise de l'environnement spécifique de la journée du chevalier, du monde qu'il voyait autour de lui, et de la manière dont il le voyait.

Mais que voit-on ?

D'abord la campagne, rien qui rappelle de près ou de loin une ville. Des hameaux, des champs, des arbres, des prairies, des collines, parfois de petites rivières, souvent le château. Mais ces tableaux champêtres ne sont pas encore imprégnés de cette nostalgie, de cette attitude « sentimentale » face à la nature qui feront tache d'huile à mesure qu'une partie sans cesse plus importante de la noblesse devra renoncer à la résidence de ses ancêtres pour aller vivre dans les cours semi-citadines, dans la dépendance des rois et des princes. C'est là une des différences fondamentales de la situation affective que ces images rendent sensibles. Les œuvres d'art ultérieures procèdent à un « choix » beaucoup plus conscient des motifs et à une « sélection spécifique » qui tiennent compte du goût, ou plus précisément des normes affectives de l'artiste. La « nature », la « campagne », qui au début servent simplement de décor aux personnages, se voilent peu à peu d'une aura de tristesse à mesure que progresse l'urbanisation ou la curialisation *(Verhöflichung)* de la couche dirigeante, que se creuse le fossé entre la vie citadine et la vie campagnarde : ou bien la « nature » se pare, de même que les personnages, d'un air de dignité, de solennité. On assiste à une *sélection sentimentale :* on distingue entre ce qui suscite des sensations agréables, plaisantes et ce qui est ressenti comme pénible ou désagréable ; la même remarque s'applique aux personnages. On ne représente plus, pour le public absolutiste de cour, certaines choses qui en réalité existent à la campagne, dans la « nature ». On montre encore la colline, mais on ne montre plus à son sommet la potence et le pendu. On montre les champs, mais on ne montre plus le paysan déguenillé qui excite, à grand renfort d'ahans, ses chevaux étiques. Comme on élimine du langage de la cour tous les éléments « communs » ou « vulgaires » on les supprime aussi dans les œuvres graphiques destinées à la couche supérieure de cour.

Il n'en est pas de même dans les dessins du *Hausbuch,* qui dépeint la situation effective de la couche supérieure du Moyen Age finissant. Tout est représenté, les potences, les valets de ferme en loques, les paysans peinant à la tâche, sans intention d'exagération ou de protestation comme dans les œuvres d'art d'une époque ultérieure, mais comme des choses qu'on voit tous les jours, au même titre qu'un nid de cigogne ou qu'un clocher. Dans la vie, la vue de toutes ces choses ne suscite pas le moindre sentiment de malaise, pourquoi le peintre se gênerait-il de les représenter telles qu'il les voit ? Bien au contraire : les riches et les nobles jugent parfaitement normal, comme tous les hommes du Moyen Age, qu'il y ait des gueux et des infirmes tendant la main, ou des paysans et des artisans travaillant pour eux ; toutes ces choses ne recèlent pas la moindre menace pour eux ; ils ignorent les sentiments d'identification ; ils ne se sentent pas mal à l'aise. On se moque même souvent du balourd, du paysan.

Tout cela, ces images l'expriment. Le livre s'ouvre sur une série de personnages placés sous un signe du zodiaque déterminé. Ils ne sont pas groupés autour du chevalier, mais ils explicitent ce qu'il voit autour de lui et comment il le voit. Suit une séquence de planches évoquant des scènes de la vie du chevalier, ses activités et ses plaisirs. Elles traduisent un niveau de sensibilité, une attitude sociale absolument semblables.

On nous présente d'abord des personnages nés sous le signe de Saturne : au premier plan, un pauvre hère en train d'équarrir un cheval ou de récupérer quelques morceaux de viande. Comme il se penche, ses chausses ont glissé, une truie renifle son derrière dénudé. Une vieille infirme habillée de loques passe, appuyée sur des béquilles. Dans une petite grotte, près du chemin, un homme miséreux se tient assis, mains et pieds pris dans un carcan ; à côté de lui, une femme, une main au carcan, l'autre liée. Un valet de ferme abat un animal dans un ruisseau qui se perd entre les arbres et les collines. Au loin, un paysan laboure avec son jeune fils et son cheval un champ en pente. Plus loin encore, on conduit un individu dépenaillé à la potence ; un homme armé l'accompagne, fier de sa plume et de son bonnet ; à côté du condamné chemine un moine encapuchonné qui lui tend un immense crucifix ; tout au fond, on aperçoit le chevalier sur sa monture, flanqué de deux de ses hommes. Au sommet de la colline se dresse le gibet, un pendu se balance au bout de sa corde ; à ses pieds une roue, sur laquelle pourrit un cadavre. Des oiseaux noirs volent autour. L'un d'eux fouille un des corps avec son bec.

Le gibet n'est nullement mis en vedette ; il est là comme le ruisseau, comme l'arbre ; c'est ainsi que le voit le chevalier quand il va à la chasse. Une compagnie de voyage passe, il arrive qu'un homme et une femme montent le même cheval. Le gibier se réfugie dans un bosquet, un cerf semble blessé à mort... A l'horizon, un hameau ou peut-être une ferme, un puits, une roue de moulin, un moulin à vent, quelques bâtisses ; le paysan laboure son champ ; il se retourne pour voir passer le gibier qui ravage son domaine. Sur une hauteur s'élève le château fort ; en face, sur l'autre colline, plus petite, la potence et la roue ; des cadavres, des oiseaux.

La potence, symbole de la juridiction du chevalier, fait partie du décor de sa vie, il n'y attache peut-être pas une grande importance, mais sa vue ne suscite en lui aucun sentiment de malaise. Les condamnations, les exécutions, la mort, tout cela est présent dans l'existence de ces hommes et n'a pas été encore relégué « dans la coulisse ».

Cette remarque s'applique aussi aux pauvres, aux corvéables. « Qui cultiverait nos champs si vous étiez tous des seigneurs ? » s'exclame au XIIIe siècle Berthold de Ratisbonne[116] dans un de ses sermons. Parfois, il est même plus précis : « Je vous dirai à vous, Chrétiens, comment le Dieu tout-puissant a divisé la sainte chrétienté en dix espèces de gens... et quels devoirs ceux qui sont en bas doivent rendre à ceux d'en haut. Les trois premières représentent les grands, que le Dieu tout-puissant a lui-même désignés et ordonnés à cette place, de sorte que les sept autres doivent toutes leur être sujettes et les servir[117]. » La même vision du monde se reflète aussi dans ces images du xve siècle. Personne ne trouve gênant ou anormal — puisque l'ordre de la création le veut ainsi — que les guerriers, les nobles aient du temps pour s'amuser pendant que les autres travaillent. Ce qui fait défaut c'est l'identification au plan humain. Rien n'est plus étranger aux esprits de cette époque que l'idée de *l'égalité* des hommes ! C'est la raison pour laquelle la vue d'un homme qui travaille n'a rien de pénible, rien de honteux.

On voit la ferme d'un domaine et les plaisirs des seigneurs : une demoiselle noble pose une couronne sur la tête de son jeune ami. Celui-ci l'attire dans ses bras. Un autre couple se promène, étroitement enlacé. Une vieille servante observe d'un œil jaloux les ébats amoureux des jeunes gens. Des valets de ferme s'affairent autour d'elle. L'un balaie la cour, un autre étrille le cheval, un troisième donne à manger aux canards ; une servante lui fait signe par la fenêtre ; il se retourne, il ne manquera pas d'aller la rejoindre dans la maison. Les épouses de nobles s'amusent. Un peu plus loin, des paysans se livrent à des jeux champêtres. Sur le toit, une cigogne craquette.

Ailleurs, on voit une petite place au bord d'un lac. Sur la passerelle, un jeune noble avec son épouse. Ils observent, accoudés au garde-fou, les valets en train de capturer des poissons et des canards. Trois jeunes filles nobles se promènent en barque. Des roseaux, des arbustes. Au loin, les murailles d'une petite ville.

Sur une autre planche des ouvriers construisent une maison au pied d'une colline boisée. Le châtelain et la châtelaine regardent. On a creusé des galeries à flanc de coteau pour prendre des pierres. Quelques ouvriers les taillent, d'autres les transportent sur le chantier. Au premier plan, les maçons s'affairent autour de la construction à demi achevée. Plus près encore, des ouvriers pris de querelle s'entre-tuent. Le châtelain ne se tient pas loin. Il montre à sa femme le spectacle de la rixe. Le calme imperturbable du seigneur et de son épouse contraste avec les gestes furieux des combattants : la populace se bagarre, le seigneur s'en désintéresse complètement. Il vit dans une sphère différente.

Ce ne sont pas tellement les faits en soi (des scènes analogues s'observent aussi de nos jours), c'est la manière de les représenter qui souligne la différence de sensibilité. Les couches dirigeantes des phases ultérieures n'auraient pas accepté qu'on leur détaille de telles choses ; elles répugnaient à leur « sensibilité ». Elles n'étaient pas « belles ». Elles étaient contraires à « l'art ». Il n'y a guère que les Hollandais, représentants de couches moyennes et résolument « anti-aristocratiques » qui accepteront, grâce à leur sensibilité moins formée, des images d'infirmes, de paysans, de potences, de personnages se livrant à leurs besoins naturels, tels que les peindra Breughel. Mais les normes de ces hommes sont tributaires d'autres sentiments sociaux que ceux des chevaliers du Moyen Age finissant.

Ici, il va de soi que les autres couches laborieuses soient également représentées. Elles font partie de la figuration de la vie chevaleresque. Le chevalier vit au milieu d'elles. Il n'est pas scandalisé par le travail de tout ce monde, il n'est pas scandalisé par ses divertissements. Bien au contraire ! Il est fier de voir s'agiter autour de lui des gens auxquels il ne ressemble pas, dont il est le maître. Ce sentiment de fierté transparaît sans cesse dans les dessins. Il n'y en a pas un seul ou presque qui n'oppose les occupations et gestes « courtois » des chevaliers à ceux, vulgaires, du bas peuple. Qu'il se promène à cheval, qu'il aille à la chasse, qu'il aime ou qu'il danse, tout ce que fait le seigneur est par définition « noble » et « courtois », tout ce que font les valets et les paysans, bas et grossier. Le niveau de la sensibilité aux expériences pénibles n'exige pas encore qu'on relègue derrière les décors de la société « raffinée » le vulgaire et qu'on le bannisse aussi des œuvres d'art. L'affectivité de la couche dirigeante médiévale tire plaisir des différences sociales. *La vue des contrastes augmente sa joie de vivre ;* notons dans ce contexte qu'on rencontre cette mentalité sous une forme atténuée encore chez Shakespeare. L'héritage de la couche dirigeante médiévale atteste avec franchise cette attitude. Plus l'interdépendance et la division du travail progressent, plus les couches supérieures deviennent, de fait, tributaires des couches inférieures et plus se renforce, du moins en puissance, l'influence sociale de ces couches. Là où la couche dominante est une classe de guerriers capable d'assujettir les autres par la force militaire et le monopole des armes, sa dépendance des couches inférieures est moindre, bien qu'on ne puisse parler d'indépendance absolue. Par conséquent, la pression des couches populaires se fait moins sentir. Et la couche dominante est plus orgueilleuse, elle méprise ouvertement le menu fretin, elle se sent beaucoup moins tenue à la modération, à la répression de la vie pulsionnelle.

Il existe peu de documents qui illustrent mieux que ces dessins, pour celui qui se penche sur cette époque déterminée, la tranquille assurance des seigneurs, leur mépris patriarcal de tous ceux qui ne sont pas leurs pairs. Cette attitude fondamentale ne ressort pas seulement du geste par lequel le noble montre à sa femme les manœuvres qui se querellent, elle transparaît dans le tableau d'une sorte de fonderie, où un ouvrier se bouche le nez pour ne pas respirer les vapeurs suffocantes, dans la scène au bord du lac et du seigneur surveillant la pêche de ses valets, dans les gibets et les pendus ; elle se manifeste en premier lieu dans la manière souveraine avec laquelle l'artiste oppose constamment au geste sublime du chevalier les basses occupations du peuple.

Voyons le tournoi : les musiciens gesticulent, le bouffon exécute des tours. Les nobles, à cheval, souvent avec leurs dames, devisent. Les paysans, les bourgeois, le médecin sont reconnaissables à leur costume. Les deux chevaliers alourdis par leur armure attendent au milieu. Des amis leur prodiguent des conseils. On remet à l'un d'eux la lance. Le héraut donne le signal du combat. Les chevaliers attaquent, la lance en arrêt. A l'arrière-plan, le bas peuple s'amuse — par contraste avec les occupations « courtoises » des chevaliers — à faire la course à cheval, course agrémentée de toutes sortes de pitreries. Un homme s'est accroché à la queue d'un cheval. Le cavalier s'énerve. Les autres cravachent leurs montures et partent en un galop burlesque.

Un campement militaire. Les chariots forment une barricade. Derrière ce bastion se dressent les tentes luxueuses avec leurs blasons et leurs bannières, parmi lesquelles on distingue la bannière de l'Empire. Au milieu se tient, entouré de ses chevaliers, le roi ou l'empereur. Un messager à cheval lui remet une dépêche. Mais à la porte du campement, une mendiante avec ses enfants se tord les mains, pendant qu'un cuirassier amène un prisonnier chargé de chaînes. Un peu plus loin, un paysan laboure son champ. Autour du campement s'amoncèlent des ossements, un cadavre de cheval à moitié décomposé fait le repas de quelques corneilles, d'un chien sauvage. Près des charrois se tient accroupi un valet, en train de se soulager.

Un autre dessin, sous le signe de Mars, montre l'attaque d'un village par des chevaliers. Au premier plan, un soldat tue un paysan étendu par terre, à droite — probablement dans une chapelle — un autre homme expire, on s'empare de son saint-frusquin. Sur le toit, des cigognes contemplent paisiblement le spectacle. Ailleurs, un paysan tente de s'enfuir en enjambant une palissade, mais le chevalier le retient par un pan de sa chemise. Une paysanne hurle et lève les bras au ciel. Un chevalier frappe la tête d'un paysan enchaîné, personnage misérable et déguenillé ; plus loin, des valets à cheval incendient une maison, l'un d'eux s'en va avec le troupeau ; il frappe en passant une paysanne qui tente de s'interposer ; au petit clocher du village, des paysans apeurés, serrés les uns contre les autres, observent par la fenêtre le massacre. Dans le lointain, sur une élévation, un monastère fortifié. Le toit de l'église, avec sa croix, pointe derrière la muraille. Sur une montagne s'élève, soit un château fort, soit une dépendance du monastère. Voilà l'image qu'évoque pour l'artiste le dieu de la Guerre ! La scène est grouillante de vie : en contemplant ce dessin, on a l'impression que le dessinateur nous dépeint une tranche de vie ; cette impression s'explique par le fait que ces images ne sont pas « sentimentales » ; qu'elles ne traduisent pas encore ce refoulement de l'affectivité qui marquera pendant une longue phase les œuvres d'art destinées à une couche dirigeante ; ces œuvres seront de plus en plus l'expression d'une vision idéalisée, répondant à la progression du seuil de la sensibilité. Ici, l'artiste raconte sans détours comment le chevalier voit et sent le monde. A ce stade, le tri des sentiments, la sélection des émotions qui laisse passer ce qui est ressenti comme plaisant et qui rejette ce qui est déplaisant, n'est pas encore telle qu'elle empêche la reproduction de certains faits qui plus tard n'apparaîtront plus que sous forme de protestation consciente ou inconsciente contre la censure pulsionnelle de la couche dirigeante, et qui, de ce fait, seront dans un certain sens mis en vedette et soulignés. Ici le paysan n'inspire aucune pitié, il n'est pas non plus un modèle de vertu ; il n'incarne pas le vice. Il est tout simplement lamentable, un peu méprisable, comme le voit le chevalier. Le monde entier pivote autour de lui : les chiens affamés, les mendiantes, les cadavres de chevaux décomposés, les valets s'accroupissant dans le fossé, les villages incendiés, les paysans pillés et occis font partie de son « horizon psychique » au même titre que les tournois et la chasse. C'est ainsi que Dieu a créé le monde : des seigneurs et des valets, il n'y a pas lieu de s'en scandaliser.

La différence des normes affectives entre l'ère finissante de la chevalerie et la société absolutiste de cour à venir ressort aussi des scènes d'amour. Voyons les hommes sous le signe de Vénus : comme ailleurs, la perspective s'ouvre sur un vaste paysage. Nous voyons des collines, les méandres d'une rivière, des bosquets, un bois. Au premier plan quelques couples de jeunes nobles ; ils déambulent, deux par deux, en rond, aux sons de la musique, solennels, élégants, chaussés de longs souliers à bec. Leurs mouvements sont posés, harmonieux. L'un des nobles porte une plume à son chapeau, d'autres des couronnes. Nous assistons peut-être à une sorte de danse lente. Trois jouvenceaux font de la musique, à côté d'eux une table chargée de fruits et de boissons ; près de la table un jeune serviteur.

Face à cette scène on aperçoit un petit jardin, protégé par une clôture et une porte. Quelques arbres forment une sorte de tonnelle ; sous la tonnelle, un jeune homme nu est assis dans une cuve ovale, remplie d'eau ; il étend une main impatiente vers une jeune fille nue qui s'apprête à partager son bain. Comme dans le dessin décrit plus haut, une vieille servante chargée de fruits et de boissons lance un regard désapprobateur sur les ébats des amoureux. Pendant que les nobles baguenaudent au premier plan, les valets s'amusent tout au fond : l'un d'eux est en train de se jeter sur une servante, étendue sur le dos, les jupes relevées. Il se retourne furtivement pour s'assurer que personne ne les observe. En face, deux jeunes gens du peuple exécutent à grand renfort de gestes une danse qui ressemble à une danse de morisques. Un troisième joue un air.

Ailleurs, l'artiste nous montre, également dans un paysage ouvert, une petite maison de bains en pierre : devant la maison une cour entourée d'un mur. Le regard plonge par-dessus ce mur. Un chemin, bordé de broussaille, une rangée d'arbres, se perdent dans le lointain. Dans la cour se tiennent ou se promènent quelques jeunes couples ; l'un d'eux admire la fontaine moderne, d'autres discutent, un jeune homme tient à la main un faucon. Des chiens, un petit singe, des plantes en pot.

Par une fenêtre cintrée, on voit ce qui se passe à l'intérieur de la maison. Deux jeunes gens et une jeune fille nus se tiennent assis, dans l'eau, et bavardent. Une deuxième jeune fille, déjà déshabillée, s'apprête à les rejoindre. Sous la grande voûte ouverte de la maison de bains un jeune garçon joue de la guitare pour les baigneurs. L'eau s'écoule par un robinet sous la voûte. Devant la maison, des boissons attendent dans un baquet rempli d'eau. Plus loin, une table chargée de fruits, près de la table, un jeune noble, une couronne dans les cheveux, soutient sa tête d'un geste gracile de la main. Au deuxième étage de la maison, une servante et un valet observent les jeux de leurs maîtres.

Les rapports érotiques entre l'homme et la femme s'expriment dans ces œuvres avec une franchise qu'on ne retrouvera plus dans les siècles suivants ; plus tard, on les évoque d'une manière que tout le monde comprend, mais en les entourant de discrétion. La nudité n'est pas encore grevée de tels sentiments de honte qu'on soit obligé, afin d'échapper au contrôle social extérieur, de recourir à l'artifice « sentimental » du costume grec ou romain pour la justifier.

Mais le corps nu n'est pas non plus rendu ici comme il le sera plus tard sur certaines « images clandestines » qu'on se passait en sous-main. Dans le *Hausbuch* les scènes amoureuses ne sont pas le moins du monde « obscènes ». L'amour est présenté comme mille autres événements de la vie des chevaliers, comme les tournois, les chasses, les campagnes, les pillages. L'artiste ne force jamais le trait ; il ne veut jamais piquer la curiosité de l'observateur, l'exciter, lui procurer une satisfaction imaginaire là où il se sent frustré par la vie ; car c'est là le caractère spécifique de l'« obscène ». Ici, l'artiste ne traduit pas des sensations morbides ; son œuvre ne prétend pas forcer un tabou, dévoiler quelque « secret ». Ces images n'ont rien de malsain. Le maître dépeint tout simplement ce qu'il a pu observer lui-même dans la vie de tous les jours. Quand nous parlons d'un art « naïf » nous désignons par là précisément cette franchise, ce naturel dans la description des relations sexuelles, qui ignorent nos normes de pudeur et de sensibilité. On rencontre dans le *Hausbuch* — comme chez les autres maîtres de cette époque — des plaisanteries passablement grossières pour notre sensibilité. Maître E.S. nous en fournit des exemples qu'il a peut-être copiés sur l'artiste aux tendances nettement plus populaires dit le « Maître aux banderoles »[118]. La reprise de ce genre de motifs par un copiste populaire, qui a fort bien pu être un moine, est également un indice de la différence des normes sociales régissant le sentiment de la pudeur. Le *Hausbuch* nous expose des détails érotiques aussi naturellement que certains détails vestimentaires. Cette plaisanterie sans doute grossière ne l'est guère plus que celle qui consiste à représenter un paysan qu'un chevalier retient par un pan de sa chemise ou une vieille servante qui lance un regard furieux à de jeunes amoureux : l'artiste a l'air de se moquer d'elle parce qu'elle n'a plus l'âge de l'amour.

Ce sont autant de témoignages sur les dispositions psychologiques d'une société où l'on cédait plus facilement, plus rapidement, plus spontanément, plus ouvertement à ses pulsions et sensations, où l'émotivité était plus libre, le mouvement de pendule entre les extrêmes plus marqué qu'aux époques ultérieures. Il existait sans doute des différences de détail sensibles à l'intérieur des normes de la régulation de l'affectivité, normes qui s'appliquaient à toute la société séculière médiévale, aux paysans aussi bien qu'aux chevaliers. Elles imposaient aux hommes de leur temps un grand nombre de restrictions affectives ; mais celles-ci allaient dans une autre direction, elles étaient moins astreignantes que plus tard, elles n'avaient pas encore ce caractère d'autocontrainte presque automatique qu'elles ont adopté depuis. Le mode d'intégration et de dépendance qui marquait la vie de ces hommes ne comportait pas la nécessité pour chacun de dissimuler face à l'autre ses fonctions corporelles ou de dominer son agressivité comme dans la phase suivante. Cette règle s'appliquait à tout le monde. Mais la marge laissée à l'agressivité du paysan était moindre que celle dont jouissait le chevalier, puisqu'elle se limitait aux hommes de son état. Chez le chevalier, l'agressivité s'exerçait de préférence contre les membres d'autres ordres puisque les combats entre chevaliers étaient réglés par un code d'honneur. Le paysan se trouvait parfois exposé à une frustration d'origine sociale du fait qu'il n'avait pas de quoi manger à sa faim. C'est là sans doute une répression pulsionnelle de la pire espèce qui affecte le comportement de l'homme tout entier. Mais sa position sociale ne l'obligeait pas — et la question n'intéressait personne — à s'imposer des contraintes dans sa manière de se moucher, de cracher ou de se précipiter sur les victuailles. C'est sous ce dernier rapport que la couche chevaleresque était soumise à des règles plus sévères. Bien que la régulation de l'affectivité fût au Moyen Age beaucoup plus homogène que celle des époques ultérieures, on note néanmoins des différences selon la stratification de la société séculière — sans même parler du clergé ! —, différences qui pourraient faire l'objet d'une étude à part. On s'en rend compte déjà quand on compare sur les planches du *Hausbuch* les gestes composés, parfois maniérés, des nobles aux mouvements plus larges et plus lourds des valets et des paysans.

Les manifestations affectives de l'homme médiéval sont dans l'ensemble plus spontanées et plus libres que celles de leurs successeurs. Mais ce serait une grave erreur de leur attribuer une *liberté absolue* ou de les détacher de leur contexte social. Il n'y a pas, en cette matière, de point zéro ! L'homme sans restriction est une vue de l'esprit. Le mode, la gravité, l'acceptation des frustrations et contraintes varient grandement, tout comme les dépendances, et avec elles les tensions et l'équilibre de l'économie affective, le degré et le genre de satisfaction que l'individu cherche et trouve.

Les dessins du *Hausbuch* donnent une certaine idée des satisfactions que cherchait le chevalier. Il se peut qu'à cette époque il vécût déjà plus souvent qu'au début du Moyen Age à la cour du prince. Mais le château fort et le domaine, les collines, la rivière, les champs, les villages, les arbres, les forêts formaient encore le décor naturel et nullement poétisé de son existence quotidienne. C'est là qu'il vivait, c'est là qu'il était le maître ! Sa vie était partagée pour l'essentiel entre la guerre, le tournoi, la chasse et les jeux d'amour.

Mais déjà au XVe siècle et plus encore au XVIe, cette situation se modifie. On assiste à la formation, dans les cours semi-citadines, composées en partie d'éléments de l'ancienne noblesse, d'une aristocratie nouvelle, faite d'éléments ascendants, avec un environnement nouveau, des fonctions nouvelles, des structures affectives nouvelles.

Les hommes ont conscience de ces changements et cherchent à les exprimer. En 1562 un certain Jean du Peyrat traduit en français le traité de savoir-vivre de Della Casa. Il l'intitule : *Galatée ou la manière et fasson comme le gentilhomme se doit gouverner en toute compagnie.* Ce titre indique à lui seul que le noble est tenu d'observer des règles de comportement plus strictes. Mais Jean du Peyrat insiste dans sa préface sur les différences entre les exigences auxquelles doit se soumettre le chevalier et celles que la vie de cour impose au « gentilhomme ».

« Toute la vertu et perfection du Gentilhomme, Monseigneur, ne consiste pas à piquer bien un cheval, à manier une lance, à se tenir propre en son harnois, à s'aider de toutes armes, à se gouverner modestement entre les dames ou à dresser l'Amour : car c'est un des exercices encor que l'on attribue au Gentilhomme : il y a plus, le service de table devant les Roys et les Princes, la façon d'ageancer son language respectant les personnes selon leurs degrez et qualitez, les œillades, les gestes et jusques au moindre signe et clin d'œil qu'il *sçauroit faire* *. »

Ce qui jusque-là a fait la vertu et la perfection, la vie et l'espace vital du gentilhomme se ramène exactement à ce que nous dépeint le *Hausbuch :* aux œuvres de la guerre et de l'amour.

L'auteur complète ce tableau par les autres perfections et conditions de vie du gentilhomme au service d'un prince : « Toute la... perfection du Gentilhomme... ne consiste pas... à se tenir propre en son harnois, à s'aider de toutes armes, à se gouverner modestement entre les dames ou à dresser l'Amour... » bien que tout cela fasse également partie des

* En français dans le texte.

fonctions du noble. Seulement, il y a autre chose : « ... le service de table devant les Roys et les Princes, la façon d'ageancer son language respectant les personnes selon leurs degrez et qualitez, les œillades, les gestes et jusques au moindre signe et clin d'œil... »

On exige donc du noble une régulation nouvelle et plus profonde, un conditionnement du comportement que la vie des chevaliers « à l'ancienne » ne postulait pas et ne permettait pas. C'est là la conséquence de la plus grande dépendance dans laquelle le gentilhomme est tombé : il n'est plus l'homme relativement libre, le maître de son château, qui considère le château comme son cadre de vie véritable. Il appartient dorénavant à la cour. Il sert le prince. Il assure le service à table. Il côtoie beaucoup de monde. Il faut qu'il respecte scrupuleusement le rang de chacun. Il doit apprendre à doser avec précision ses faits et gestes, selon le rang de la personne à laquelle il a affaire. Il doit contrôler son langage et ses regards. Le nouvel espace vital, la nouvelle forme d'intégration imposent aux hommes une autodiscipline nouvelle, une retenue infiniment plus forte.

L'attitude dont la forme idéale est définie par le terme de « courtoisie » cède lentement le pas à une autre, dont l'expression est la « civilité ».

La traduction du *Galateo* par Jean du Peyrat marque aussi la transition sur le plan du langage. Jusqu'en 1530 ou 1535 on ne parlait guère en France que de « courtoisie ». Vers la fin du siècle, la notion de « civilité » se répand lentement sans que la « courtoisie » disparaisse. En 1562, on se sert encore indifféremment de l'un et de l'autre terme.

« Le livre traictant de l'institution d'un jeune Courtisan et Gentilhomme soit garenty », dit du Peyrat dans sa dédicace, « de celuy qui est comme le paragon et miroir des autres en *courtoisie, civilité, bonnes mœurs et louables coustumes**. »

L'homme à qui s'adressent ces paroles est ce même Henri de Bourbon, prince de Navarre, dont la vie symbolise de la façon la plus frappante le passage de l'homme chevaleresque à l'homme de cour : devenu Henri IV, il se fait l'agent de cette transformation. Il se voit même obligé de contraindre ou de faire tuer, contre son désir intime, les récalcitrants qui n'ont pas compris que l'heure est venue pour eux d'abandonner leur rôle de chevaliers libres et de se faire les serviteurs du roi.

* En français dans le texte.

Notes

NOTES DE LA PREMIÈRE PARTIE

1. Oswald Spengler, *Le Déclin de l'Occident,* tr. fr., Paris, 1948. t. I, p. 33. « Chaque culture a ses possibilités d'expression particulières qui apparaissent, mûrissent, se fanent, et ne reviennent jamais... Ces cultures, êtres vivants du rang le plus élevé, grandissent sans la moindre finalité, *comme les fleurs des champs.* Elles font partie, comme les fleurs des champs, de la nature vivante de Goethe et non de la nature morte de Newton. »

2. Le problème complexe de l'évolution des termes de « civilisation » et de « culture » nécessiterait une étude plus approfondie ; nous l'avons traité en passant dans notre introduction. Les quelques notes suivantes préciseront les réflexions contenues dans le texte.

On pourrait montrer qu'au XIXe siècle, et plus spécialement après 1870, quand l'Allemagne, nation forte en Europe, commençait d'étendre sa puissance coloniale, l'opposition entre les deux termes tendait à s'effacer ; le mot *Kultur* ne désignait, comme aujourd'hui en Angleterre — et partiellement en France —, qu'un domaine spécifique ou une forme plus évoluée de la « civilisation » ; c'est ainsi que Friedrich Jodl, par exemple, donne à son histoire de la culture intitulée *Allgemeine Culturgeschichte* le sous-titre : *Geschichte der*

Zivilisation (Halle 1878, p. 3) (*Cf.* aussi Jodl, *loc. cit.*, p. 25).

G.F. Kolb intègre dans sa *Geschichte der Menschheit und der Cultur* (éd. de 1843 sous le titre de *Cultur-Geschichte der Menschheit*) la notion aujourd'hui proscrite de « progrès » dans sa définition de la « culture ». Il se réfère *expressis verbis* à la « civilisation » de Buckle pour définir le terme de « culture ». Mais, comme le dit Jodl (*loc. cit.*, p. 36) : « Son idéal emprunte ses traits essentiels aux visions et exigences modernes en matière de liberté politique, sociale et ecclésiastique-religieuse et pourrait facilement revêtir la forme d'un programme de parti politique. »

En d'autres termes, Kolb est un « partisan du progrès », un libéral, un homme appartenant à la période d'avant 1848 ; chez lui, la notion de « culture » s'apparente à la notion occidentale de « civilisation ».

Notons cependant que l'encyclopédie de Meyer, *Meyers Konversations-Lexikon,* dit encore dans son édition de 1897 : « La civilisation est le degré par lequel un peuple barbare doit passer pour parvenir à la culture supérieure dans le domaine de l'industrie, de l'art, de la science et de la moralité. »

Bien que de telles définitions semblent rapprocher la notion allemande de « culture » du concept français et anglais de « civilisation », on n'en sent pas moins toujours que les Allemands considèrent la « civilisation » comme inférieure à la « culture ». C'est par cette dernière que l'Allemagne s'affirme face aux pays occidentaux qui se proclament les porte-bannière de la civilisation, c'est par elle qu'elle maintient un certain climat de tension. Or, l'accent se déplace selon le degré et la nature de cette tension. L'histoire des notions allemandes de « civilisation » et de « culture » est étroitement liée à l'histoire des rapports entre l'Angleterre, la France et l'Allemagne ; le fond du tableau est constitué par un certain nombre de données politiques qui ont survécu à beaucoup de phases de cette évolution et qui se manifestent aussi bien dans l'habitus psychique-intellectuel des Allemands que dans les termes dont ils se servent ; elles prennent plus de relief dans les concepts exprimant un fort sentiment de soi.

Cf. aussi Conrad HERMANN, *Philosophie der Geschichte,* 1870, où la France apparaît comme le pays de la « civilisation », l'Angleterre comme celui de la « culture matérielle », l'Allemagne comme celui de la « formation idéale » *(ideale Bildung)* ; le terme de « culture matérielle » dont on se sert couramment en Angleterre et en France, a complètement disparu du langage familier allemand bien qu'il fasse toujours partie de la terminologie scientifique. Dans la vie de tous les jours, la notion de « culture » a été confondue avec ce que l'auteur entend ici par *ideale Bildung.* Les idéaux de « culture » et de « formation » *(Bildung)* ont toujours été solidaires bien que la notion de « culture » ait assumé de plus en plus la fonction de désigner des objectivations et des performances humaines.

3. Concernant le problème de l'intelligence *cf.* surtout K. MANNHEIM, *Ideologie und Utopie,* Bonn, 1924 (maintenant Schulte-Bulmke, Francfort-sur-le-Main), p. 121-134. Le problème est traité d'une manière plus détaillée encore dans l'édition anglaise : *Ideology and Utopia, An Introduction to the Sociology of Knowledge* (International Library of Psychology, Philosophy and Scientific Method), Londres 1936. Le même sujet : K. MANNHEIM, *Mensch und Gesellschaft im Zeitalter des Umbruchs,* Leyde 1935, et H. Weil, *Die Entstehung des deutschen Bildunsgsprinzips,* Bonn 1930 (chap. V, « Die Gebildeten als Elite »).

4. *Grosses vollständiges Universal-Lexikon aller Wissenschaften und Künste,* Leipzig et Halle, 1736 (éd. Joh. H. Zedler). Les passages cités sont soulignés par l'auteur. *Cf.* aussi l'article « *Hofmann* » : « Homme qui occupe un poste distingué à la cour d'un Prince. La vie à

la cour a toujours été considérée comme pleine de périls à cause de l'inconstance de la faveur des seigneurs, à cause des nombreux jaloux, calomniateurs perfides et ennemis visibles qui s'acharnent contre l'homme de cour ; elle a été dite vicieuse et répréhensible à cause de l'oisiveté, du libertinage et de la débauche qui y règnent.

Il s'est cependant trouvé de tout temps des courtisans qui ont su éviter ces écueils grâce à leur sagesse, qui ont résisté à la tentation du mal grâce à leur vigilance et qui sont devenus ainsi de dignes exemples de courtisans heureux et vertueux. Mais le proverbe n'a pas tort qui dit : *près de la cour, près de l'enfer.* » *Cf.* aussi l'article sur la « cour » : « Si tous les sujets étaient profondément persuadés qu'ils vénèrent le Prince pour *ses qualités d'âme,* toutes les pompes *extérieures* seraient superflues ; mais les choses étant ce qu'elles sont, la plupart des sujets s'en tiennent aux *aspects extérieurs.* Le Prince est toujours égal à lui-même qu'il se promène seul ou qu'il s'entoure d'une grande suite ; on pourrait cependant citer l'exemple de Princes qui, quand ils se rendaient seuls auprès de leurs sujets, ne jouissaient d'aucune considération, alors qu'on les respectait quand ils apparaissaient dans l'apparat de leur rang. C'est pourquoi il est indispensable que le Prince n'ait pas seulement des fonctionnaires gouvernant le pays, mais encore des employés assurant le *cérémonial extérieur* et son service personnel. »

Des pensées analogues ont déjà été formulées au XVIIe siècle p.ex. dans le *Discours v.d. Höfflichkeit* (1665). *Cf.* à ce sujet E. COHN, *Gesellschaftsideale und Gesellschaftsroman d. 17. Jahrh,* Berlin 1921, p. 12. L'opposition que les Allemands se plaisent à établir entre la « politesse extérieure » et les « vertus intérieures » est aussi ancienne que l'absolutisme allemand, que l'impuissance sociale de la bourgeoisie allemande face aux milieux de cour, impuissance qui contraste avec la puissance de la bourgeoisie allemande dans la phase précédente.

5. Cité par ARONSON, *Lessing et les classiques français,* Montpellier 1935, p. 18.

6. E.d. MAUVILLON, *Lettres Françaises et Germaniques,* Londres 1740 p. 430.

7. MAUVILLON, *loc. cit.*, p. 427.

8. MAUVILLON, *loc. cit.*, p. 461-462.

9. Reproduit dans les *Deutschen Literaturdenkmale* XVI, Heilbronn 1883.

10. *Cf.* Arnold BERNEY, *Friedrich der Grosse,* Tübingen 1934, p. 71.

11. *Cf.* HETTER, *Geschichte der Literatur im 18. Jahrhundert,* 110 : « On ne saurait contester que le drame français est dans son essence même le drame de la cour, le drame de l'étiquette. Le privilège d'être un héros tragique est subordonné à la capacité de s'en tenir strictement à l'étiquette de la cour. »

12. LESSING, *Briefe aus dem zweiten Teil der Schriften*, Göschen 1753. *Cit.* par Aronson, *Lessing et les classiques français,* Montpellier 1935, p. 161.

13. Cette édition et les éditions suivantes d'après LAMPRECHT, *Deutsche Geschichte,* Freiburg 1906, VIII 1, p. 195.

14. MAUVILLON, *loc. cit.*, 398 sqq.

15. *Geschichte des Fräulein von Sternheim* par Sophie DE LA ROCHE (1771), éd. par Kuno Ridderhoff, Berlin 1907.

16. *Aus Herders Nachlass* (textes posthumes) t. III, p. 67-68.

17. Sophie DE LA ROCHE, *loc. cit.*, p. 99.

18. Sophie DE LA ROCHE, *loc. cit.*, p. 25.

19. Sophie DE LA ROCHE. *loc. cit.*, p. 90.

20. Caroline VON WOLZOGEN, *Agnes von Lilien* (paru en 1796 dans les *Horen* de Schiller, sous forme de livre en 1798); un petit extrait a été publié par *Deutsche*

Nationalliteratur, Berlin et Stuttgart, t. 137/11. La citation se trouve à la page 375.

21. Caroline von Wolzogen, *loc. cit.*, p. 363.

22. Caroline von Wolzogen, *loc. cit.*, p. 364.

23. *Grimms Worterbuch* (Grimm, *Dictionnaire de la langue allemande,* art. « *Hofleute* ».)

24. Brunot dans son *Histoire de la langue française* mentionne l'emploi du terme de « civilisation » par Turgot. Mais il n'est pas tout à fait certain que Turgot l'ait lui-même employé. Il m'a été impossible de le trouver dans son œuvre, sauf dans l'index de l'édition de Dupont de Nemours et de l'édition de Schelle. Mais cet index ne semble pas avoir été établi par Turgot lui-même mais par Dupont de Nemours. Quand on ne s'en tient pas au mot mais à la chose, on découvre des éléments révélateurs dans Turgot dès 1751. Il est intéressant de noter que certaines expériences aboutissent à la formation d'un ensemble d'idées et d'images qui trouvent leur reflet dans un terme spécifique.

Ce n'est pas un hasard si Dupont de Nemours évoque dans son édition des œuvres de Turgot *La Civilisation et la nature;* car ce passage donne une première ébauche de l'idée de civilisation, qui peu à peu s'est concrétisée dans ce terme.

Une lettre d'introduction adressée à l'éditeur des *Lettres d'une Péruvienne*, Madame de Graffigny, donne l'occasion à Turgot de se prononcer sur les rapports du « sauvage » et de l'« homme policé » (*Œuvres de Turgot*, éd. Schelle, t. I. Paris 1913, p. 243). « Que la Péruvienne met en balance les avantages réciproques des sauvages et de l'homme policé. Préférer les sauvages est une déclamation ridicule. Qu'elle la réfute, qu'elle montre que les vices que nous regardons comme amenés par la *politesse* sont l'apanage du cœur humain. »

Quelques années plus tard Mirabeau emploiera dans le même sens que Turgot bien que dans un contexte opposé le terme de « civilisation », terme plus large et plus dynamique, qui remplace l'ancienne « politesse ».

25. *Cf.* pour ce passage et la suite : J. MORAS, *Ursprung und Entwicklung des Begriffs Zivilisation in Frankreich* (1756-1830), *Hamburger Studien zu Volkstum und Kultur der Romanen,* Hambourg 1930, p. 38.

26. MORAS *loc. cit.,* p. 37.

27. MORAS *loc. cit.,* p. 36.

28. *Cf.* LAVISSE, *Histoire de France,* Paris, 1910, IX 1, p. 23.

29. *Cf.* MORAS, *loc. cit.,* p. 50.

30. D'HOLBACH, *Système social ou principes naturels de la morale et de la politique,* Londres, 1774, t. III, p. 113, cité par Moras, *loc. cit.,* p. 50.

31. D'HOLBACH, t. III, p. 162.

32. VOLTAIRE, *Le Siècle de Louis XIV, Œuvres complètes,* Paris (Garnier Frères) 1878, vol. 14, 1, p. 516.

NOTES DE LA DEUXIÈME PARTIE

1. S.R. WALLACH, *Das abendländische Gemeinschaftsbewusstsein im Mittelalter,* Leipzig et Berlin, 1928, Beitr. z. Kulturgeschichte d. Mittelalters u.d. Renaissance, éd. par W. Goetz, vol 34, p. 25-29. On y trouve des expressions telles que « les peuples latins », « les Latins de quelque pays que ce soit » pour désigner la chrétienté latine, autrement dit l'Occident dans son ensemble.

2. La *Bibliotheca Erasmiana,* Gand 1893, comporte 130 éditions ou plus exactement 131 si l'on compte celle de 1526 que je n'ai malheureusement pas pu consulter et dont j'ignore si elle est identique aux éditions ultérieures.

Après les *Colloques,* les *Moriae Encomium*, les *Adagia*, après *De duplici copia verborum ac rerum commentarii*, c'est *De civilitate* qui a atteint parmi tous les ouvrages d'Érasme les tirages les plus élevés. (Un tableau des éditions de toutes les œuvres d'Érasme se trouve chez MAGAN, *Life, Character and Influence of Desiderius Erasmus of Rotterdam,* Londres 1927, t. 2, p. 396 sqq.) Quand on tient compte du grand nombre d'écrits publiés en relation plus ou moins directe avec le traité d'Érasme, autrement dit de l'écho de son immense succès, on peut mieux mesurer son influence par rapport à celle de ses autres écrits. Pour se faire une idée plus précise de son impact immédiat, il faudrait savoir lesquelles de ses œuvres ont été les plus traduites de la langue savante en langue populaire. Aucune analyse complète n'a été faite. Selon M. MANN, *Érasme et les débuts de la Réforme française*, Paris 1934, p. 181, le plus étonnant est à cet égard — en ce qui concerne la France — « la prépondérance des ouvrages d'instruction ou de piété sur les livres plaisants ou satiriques. L'*Éloge de la folie*, les *Colloques*... n'occupent guère de place dans cette liste... Ce sont les *Apophtegmes,* la *Préparation à la mort,* la *Civilité puérile* qui attiraient les traducteurs et que le public demandait. » Une analyse analogue du succès de ces livres dans les régions de langue néerlandaise et allemande aboutirait sans doute à des résultats différents. On peut supposer que les écrits satiriques y étaient plus goûtés que les autres (*cf.* note 30).

Le succès de l'édition latine dans l'aire linguistique allemande était sans doute considérable. KIRCHHOFF (dans *Leipziger Sortimentshändler im 16. Jahrhundert*, cité d'après W.H. Woodward, *Desiderius Erasmus*, Cambridge 1904, p. 156, note 3) constate qu'il y avait au cours des années 1547, 1551, 1558 à Leipzig pas moins de 654 exemplaires de *De Civilitate* en stock et qu'aucun autre livre d'Érasme ne figurait en aussi grand nombre sur les listes.

3. *Cf.* aussi la note 35 sur les traités de civilité d'A. Bonneau dans son édition de la *Civilité puérile*.

4. En dépit du grand succès qu'il a connu du temps de son auteur, ce traité d'Érasme n'a suscité que peu d'intérêt à l'époque moderne. Ce manque de curiosité s'explique par le sujet : le savoir-vivre, les manières, la civilité qui sont révélateurs du conditionnement des humains et de leurs rapports réciproques n'éclairent peut-être pas beaucoup l'histoire de la pensée. Ce qu'Ehrismann note dans sa *Geschichte der deutschen Literatur bis zum Ausgang des Mittelsalters* (Histoire de

la littérature allemande jusqu'à la fin du Moyen Age), vol. 6, t. 2, p. 330 au sujet d'une *Hofzucht* — traité pédagogique pour les jeunes gens de la classe dominante, pas de doctrine de la vertu — caractérise assez bien le jugement scientifique que l'on portait sur ce genre de littérature en général.

Il est vrai qu'en France les traités de savoir-vivre d'une époque déterminée — à savoir du XVIIe siècle — font l'objet, depuis un certain temps, d'études approfondies ; cet intérêt renouvelé remonte sans doute à une étude de D. Parodi, citée dans la note 93, et à un autre ouvrage très fouillé sur la question, *La Politesse mondaine* de M. MAGENDIE, Paris 1925 (Alcan).

On pourrait citer aussi dans ce contexte l'étude de B. GROETHUYSEN intitulée *Origines de l'esprit bourgeois en France,* Paris 1927, qui s'appuie également sur des produits littéraires plus ou moins médiocres pour retracer la transformation de l'homme et des normes sociales (p. ex. p. 45 sqq).

Les documents qui ont servi de base à ce IIe chapitre se placent, si l'on peut s'exprimer ainsi, à un niveau encore plus bas que ceux des études sus-nommées. Mais ils mettent bien en évidence l'importance de cette « sous-littérature » pour la compréhension des grands changements structurels de l'homme et des interrelations humaines.

5. Partiellement réédité par A. FRANKLIN, *Les Repas,* p. 164-66 ; beaucoup d'autres citations ont été empruntées à cet ouvrage.

6. Reproduit dans *The Babees Book* édité par Frederick FURNIVALL (Early English Text Society, Original Series, 1, 32, Londres 1868, t. 2) ; d'autres écrits anglais, italiens, français, allemands de ce genre dans Early English Text Society, Extra Series N. VIII, éd. par F.J. Furnivall, Londres 1869 (*A Booke of Precedence,* etc.). Le conditionnement du jeune aristocrate par le service dans la maison d'un « grand » de son pays ressort

très nettement de ces écrits anglais. Un observateur italien des usages anglais, qui écrit vers 1500, remarque que les Anglais recourent à cette coutume sans doute parce qu'on est mieux servi par un étranger que par ses propres enfants. « S'ils gardaient leurs propres enfants à la maison, ils seraient obligés de leur faire servir les plats dont ils se régalaient eux-mêmes. » (*Cf.* Introduction à *A Fifteenth Century Courtesy-Book,* Londres, 1914, p. 6, éd. par R.W. Chambers.) Il est intéressant de noter dans ce contexte que l'observateur italien de 1500 précise : « ... Car les Anglais sont de grands épicuriens. »

Quelques autres précisions se trouvent dans M. et C.H.B. Quennel, *A History of Everyday Things in England,* Londres, 1931, vol. I, p. 144.

7. Éd. par F. Furnivall, *cf.* note 6. Des indications sur la littérature allemande touchant cette matière et d'autres littératures se trouvent chez G. ERIHSMANN, *Geschichte der deutschen Literatur bis zum Ausgang des Mittelalters,* vol. 6, t. 2, Munich, 1935, « *Facetus* », p. 326, « *Tischzuchten* », p. 328 ; ainsi que P. MERKER et W. STAMMLE *Reallexikon der deutschen Literaturgeschichte*, vol. II, Art. « *Tischzuchten* » (P. MERKER) et H. TESKE, *Thomasin v. Zerclaere,* Heidelberg 1933, p. 122 sqq.

8. Version allemande reproduite ici ; *cf.* ZARNCKE, *Der Deutsche Cato,* Leipzig, 1852.

9. *Der Deutsche Cato, loc. cit.*, p. 39, vers 223.

10. Joh. SIEBERT, *Der Dichter Tannhäuser,* Halle 1934, p. 196, *Die Hofzucht,* v. 33 sqq.

11. *Hofzucht,* v. 45 sq.

12. *Hofzucht,* v. 49 sq.

13. *Hofzucht,* v. 57 sq.

14. *Hofzucht,* v. 129 sq.

15. *Hofzucht,* v. 61 sq.

16. *Hofzucht,* v. 109 sq.

17. *Hofzucht,* v. 157 sq.

18. *Hofzucht,* v. 141 sq.

19. ZARNCKE, *Der Deutsche Cato, loc. cit.*, p. 136.
20. ZARNCKE, *loc. cit.*, p. 137, v. 287 sq.
21. ZARNCKE, *loc. cit.*, p. 136, v. 258 sq.
22. ZARNCKE, *loc. cit.*, p. 136, v. 263 sq.
23. *Hofzucht*, v. 125 sq.
24. GLIXELLI, *Les Contenances de table, cf.* note 32.
25. *The Babees Book* et *A Booke of Precedence, cf.* note 6.
26. *Cf.* A. v. Gleichen RUSSWURN, *Die gothische Welt,* Stuttgart 1922, p. 320 sq.
27. S.A. CABANÈS, *Mœurs intimes du temps passé,* Paris, o. D., 1re série, p. 248.
28. A. CABANÈS, *loc. cit.,* p. 252.
29. A. BOMER, *Anstand und Etikette in den Theorien der Humanisten, Neue Jahrbücher für das klassische Altertum*, 14. Leipzig 1904.
30. A la fin du Moyen Age et pendant la Renaissance on présentait en Allemagne souvent les règles de la bienséance sous forme de *grobianische Umkehrung,* ce qui veut dire qu'on recommandait des règles de bienséances satiriques absolument *contraires* à la bienséance. On se moquait des mauvaises manières en les recommandant. L'humour et la satire qui disparurent peu à peu de la tradition allemande, ou n'y tenaient plus qu'un rôle accessoire, prédominaient encore dans cette phase de l'histoire de la bourgeoisie allemande.

L'inversion satirique des préceptes se rencontre au moins jusqu'au XVe siècle dans les milieux de la bourgeoisie citadine. Ainsi, la règle de ne pas se précipiter sur la nourriture aussitôt à table est ainsi présentée dans un petit poème de l'époque : *Wie der maister sein sun lernet* (*cf.* ZARNCKE, *Der Deutsche Cato,* Leipzig 1852, p. 148) :

Pense et fais attention à ce que je te dis :
Lorsqu'on t'apporte la nourriture,
Sois le premier dans le plat

Et prends dans ta cuillère
Le plus gros morceau possible.

Et voici le précepte interdisant de fouiller dans le plat commun :

Voici ce que je t'enseigne :
Fouille dans le plat
En cherchant le meilleur morceau ;
Prends ce qui te plaît,
Et pose-le sur ton assiette ;
Ne fais pas attention à qui cela déplaît.

La traduction allemande du *Grobianus* par Kaspar SCHEIDT (Worms 1551, réimprimée dans *Neudruck deutscher Literaturwerke des 16. und 17. Jahrdhunderts* n°s 34 et 35, Halle, 1882. La citation ci-dessous se trouve à la page 17, v. 223 sq.) recommande par les vers suivants de se moucher à temps :

Il est l'usage à l'étranger,
Ainsi en Inde, où l'on trouve de l'or,
Des pierres précieuses et des perles fines,
D'avoir des anneaux dans le nez.
Le sort ne t'a pas donné un tel avantage,
Aussi écoute ce qui concerne ton nez :
Qu'un filet bien long
Coule des deux trous,
Cela ornera parfaitement ton nez.

. . . .

Mais il faut de la mesure en tout,
Que le filet ne grandisse pas trop,
Conforme-toi à la règle :
Lorsqu'il coule jusque dans la nourriture
Et te couvre les deux lèvres,
Alors il est temps de te nettoyer le nez.

Essuie la morve sur les manches,
De manière que qui le voit en vomisse de dégoût.

Il va sans dire qu'il s'agit ici d'une recommandation à ne pas suivre, d'un exemple à ne pas imiter :

Lis ce petit livre souvent
Et fais toujours le contraire,

lisons-nous sur le frontispice de l'édition de Worms de 1551.

Pour bien se rendre compte du caractère spécifiquement bourgeois de ce texte, il suffit de lire la dédicace de l'édition de Helbach de 1567 :

« Par Wendelin Helbach, indigne curé de Eckhardtshausen, et dédié au respectable, grand et savant Adam Lonicerus, docteur en médecine et médecin de la ville de Francfort-sur-le-Main, et à Jean Cnopius Andronicus Jeune, citoyens de ladite ville, mes bons maîtres et bons amis. »

Le titre détaillé du *Grobianus* latin permet de mieux préciser l'époque pendant laquelle la notion de *civilitas* commence, probablement à la suite du traité d'Érasme, à gagner la couche des intellectuels et écrivains allemands d'expression latine. Le terme lui-même ne se trouve pas encore dans le titre du *Grobianus* de 1549. Nous y lisons entre autres : *Iron... Chlevastes Studiosae juventuti...* Dans l'édition de 1552 apparaît alors pour la première fois le mot *civilitas : Iron episcoptes studiosae iuventuti civilitatem optat.* Il se retrouve aussi dans les autres éditions jusqu'en 1589.

Une édition du *Grobianus* de 1661 est augmentée d'un extrait de la *civilitas* d'Érasme.

Dans une nouvelle traduction du *Grobianus* de 1708 nous lisons ce commentaire : *« Der unhöfflich Monsieur Klotz mit poetischer Feder beschrieben und allen gescheuten und* civilisierten *Gemühtern zu belachen vor-*

gestellet ». Cette traduction use d'un ton plus modéré et de termes plus voilés. A mesure que la « civilisation » progresse, les préceptes sérieux qui transparaissent à travers la satire et qui correspondent à un degré inférieur ne sont plus guère qu'un objet d'amusement pour le lecteur, une confirmation de sa supériorité, le symbole d'une légère transgression de tabous.

31. *The Babees Book*, p. 344.

32. GLIXELLI, *Les Contenances de table,* Romania, vol. XLVII, Paris 1921, p. 31, v. 133 sqq.

33. François DE CALLIÈRES, *De la Science du monde et des Conoissances utiles à la conduite de la vie,* Bruxelles, 1717, p. 6.

34. Arthur DENECKE, « Beiträge zur Entwicklungsgeschichte des gesellschaftlichen Anstandsgefühls », *Zeitschrift für deutsche Kulturgeschichte,* éd. Chr. Meyer, N.F., vol. II, 2e fascicule, Berlin, 1892, p. 145 (voir aussi programme du *Gymnasium zum hl. Kreuz,* Dresde, 1891), relève la nouveauté des préceptes suivants d'Érasme (p. 175) : « Jusqu'ici on nous a fait connaître les notions d'une bonne tenue à table, telle qu'elle est pratiquée par les milieux supérieurs du peuple ; or, Érasme nous expose dans son célèbre ouvrage *De civilitate morum puerilium* les préceptes pour la bonne conduite d'un Prince... Les règles nouvelles sont les suivantes : quand on dispose à table d'une serviette, on la place sur l'épaule gauche ou sur le bras gauche... Érasme nous dit en outre : Il faut se tenir sans coiffure à table à moins que la coutume du pays n'en dispose autrement. A droite de l'assiette, on range le gobelet et le couteau, à gauche le pain. Il ne faut jamais rompre le pain mais le couper. Il est peu convenable et malsain de commencer le repas en absorbant des boissons. C'est d'un rustre que de plonger les doigts dans la sauce. Quand on t'offre un beau morceau, on n'en prend qu'une partie et passe le reste à celui qui l'offre, ou à son voisin. On prend les mets solides avec

trois doigts ou avec l'assiette ; on prend le liquide par la bouche et on rend la cuiller après l'avoir essuyée. Si tu ne supportes pas un mets qu'on te propose, ne dis pas : c'est une chose que je ne puis manger, mais remercie poliment. Tout homme distingué doit être capable de découper les rôtis. Il ne faut pas jeter les os ou les restes d'un mets à terre... Il est bon pour la santé de manger du pain avec la viande... Certaines personnes mangent goulûment... Un jeune homme ne parle à table qu'en cas de nécessité... Quand on entretient des invités, on s'excuse de la modestie du repas et on se garde bien de citer le prix des ingrédients. On passe les mets avec la main droite...

« On voit que ces préceptes respirent, malgré la prudence de l'éducateur de Prince et l'amélioration de quelques détails, l'esprit des contenances de table bourgeoise... De même l'enseignement d'Érasme se distingue-t-il des autres traités sur les relations sociales destinées aux autres milieux sociaux surtout par ses dimensions, puisqu'il s'efforce de donner, dans la mesure du possible, un exposé exhaustif pour son temps. »

Ce passage peut, dans un certain sens, compléter les réflexions ci-dessus. Il est regrettable que Denecke ait limité sa comparaison à la série des contenances de tables allemandes. Pour aboutir à des conclusions valables, il faudrait étendre les recherches aux écrits courtois français et anglais et surtout aux règles du comportement des humanistes ayant précédé Érasme.

35. *Cf. La Civilité puérile* par Érasme de Rotterdam, précédé d'une *Notice sur les livres de civilité depuis le* *xvi*[e] *siècle* par Alcide Bonneau, Paris, 1877.

« Érasme avait-il des modèles ? Évidemment, il n'inventait pas le savoir-vivre et bien avant lui on en avait posé les règles générales... Érasme n'en est pas moins le premier qui ait traité la matière d'une façon spéciale et complète ; aucun des auteurs que nous venons de citer n'avait envisagé la civilité ou si l'on veut la bienséance, comme pouvant faire l'objet d'une étude distincte; ils avaient formulé çà et là quelques préceptes, qui se rattachaient naturellement à l'éducation, à la morale, à la mode ou à l'hygiène... »

Des constatations analogues ont été faites au sujet du *Galateo* de Giovanni Della Casa (première édition avec d'autres textes de l'auteur, 1558), notamment dans l'introduction de I.E. Spingarn (p. XVI) à une édition intitulée *Galateo of Manners and Behaviours by Giovani Della Casa,* Londres, 1914.

Il est peut-être intéressant pour la poursuite de notre travail de noter qu'il y avait dès le XVe siècle dans la littérature anglaise des poèmes (édités par la Early Text Society) traitant du comportement au lever, à l'église, à table avec à peu près autant de détails que le texte d'Érasme. Il n'est pas exclu qu'Érasme ait connu quelques-uns de ces poèmes.

Il est certain que le sujet de l'éducation de jeunes garçons revêtait déjà avant la parution du petit traité d'Érasme un caractère de grande actualité dans les milieux humanistes. Sans même mentionner le recueil de vers *De moribus in mensa servandis* de Jean SULPICE, on pourrait citer — à titre d'exemples — en 1525 la *Disciplina et puerorum institutio* de BRUNFELS; en 1529 *De instituenda vita* de HEGENDORFF; en 1528 *Formulae puerilium colloquiorum* de Seb. HEYDEN (MERKER-STAMMLER, *Reallexikon, loc. cit.*, article « *Tischzuchten* »).

36. Contenance de table, en latin *Quisquis es in mensa,* v. 18 sq. GLIXELLI, *loc. cit.*, p. 29.

37. CAXTON, *Book of Curtesye* (Early English Text Society Extra Series n° III) éd. par Furnivall, Londres 1868, p. 22.

38. *Cf.* DELLA CASA, *Galateo,* première partie, chap. I, V.

39. CAXTON, *Book of Curtesye, loc. cit.*, p. 45, v. 64.

40. La littérature américaine sur le behaviorisme a défini une série de termes qui, à condition d'y apporter quelques retouches, sont utiles et mêmes indispensables à la compréhension du passé, mais dont la traduction est parfois malaisée. Ainsi, les termes *socialising the child* (*cf.* John WATSON, *Psychological Care of Infant and Child,* p. 112) ou *habit formation* (manière de former des habitudes), ou *conditioning* (conditionnement) désignent des méthodes visant à « conditionner », à « modeler », à « intégrer » l'homme selon certaines conditions sociales données. (*Cf.* John B. WATSON, *Psychiology from the Standpoint of a Behaviorist*) (La psychologie vue dans la perspective d'un behavioriste) p. 312.

41. Cité d'après Joh. SIEBERT, *Der Dichter Tannhäuser,* Halle 1934, p. 195.

42. Cité d'après ZARNCKE, *Der Deutsche Cato, loc. cit.*, p. 76.

43. *Cf. The Babees Book, loc. cit.*, p. 76.

44. *Cf.* note 36.

45. *Cf. The Babees Book, loc. cit.*, p. 302.

46. *Id.*, *loc. cit.*, IIe partie, p. 32.

47. *Cf. Id.*, *loc. cit.*, IIe partie, p. 32.

48. *Cf. Id.*, *loc. cit.*, IIe partie, p. 8.

49. *Cf.* A. FRANKLIN, *La Vie privée d'autrefois : les repas,* Paris, 1889, p. 194 sq.

50. *Cf.* A. FRANKLIN, *loc. cit.*, p. 42.

51. *Cf.* A. FRANKLIN, *loc. cit.*, p. 283.

52. Dom. BOUHOURS, *Remarques nouvelles sur la langue française,* Paris, 1676, 1, 51.

53. François DE CALLIÈRES, *Du bon et du mauvais usage dans les manières de s'exprimer. Des façons de parler bourgeoises; en quoy elles sont différentes de celles de la Cour,* Paris, 1694, p. 12.

Alors un Lacquais de la Dame vint l'avertir, que Monsieur Thibault le jeune demandait à la voir. Bon, dit la Dame ; mais avant que de le faire entrer, il faut que je vous dise qui est M. Thibault, c'est le fils d'un bourgeois de Paris de mes amis, et de ces gens riches dont l'amitié est quelquefois utile aux gens de qualité pour leur prêter de l'argent ; le fils est un jeune homme, qui a étudié à dessein d'entrer dans les charges, mais il auroit besoin d'être purgé du mauvais air et du language de la bourgeoisie.

54. ANDRESSEN et STEPHAN, *Beiträge zur Geschichte der Gottdorffer Hof-und Staatsverwaltung v. 1594-1659*, vol. I, Kiel, 1928, p. 26, note 1.

55. *Cf.* note 53.

56. *Cf.* Leon SAHLER, « Montbéliard à table », *Mémoires de la Société d'Émulation de Monbéliard*, vol. 34, Montbéliard, 1907, p. 156.

57. *Cf.* ANDRESSEN et STEPHAN, *loc. cit.,* vol. I, p. 12.

58. *Cf.* aussi PLATINA, *De honesta voluptate et valitudine,* 1475, livre 6, 14. L'orientation générale de la « civilisation » ressort avec netteté d'une « lettre au rédacteur » que le *Times* a publiée sous le titre d'« Obscurities of Ox-Roasting » le 8 mai 1937 peu avant les festivités du couronnement du roi d'Angleterre et qui s'inspire sans doute du souvenir de festivités similaires du passé : « Désireux de savoir, comme beaucoup en ce moment, comment rôtir au mieux un bœuf entier, je fis une enquête sur le sujet au marché de Smithfield. Mais je ne pus que constater que personne, à Smithfield, ne savait comment je pourrais trouver un bœuf entier, encore moins comment l'embrocher, le rôtir, le découper et le manger... Tout cela est très décevant. » Le 14 mai, le chef cuisinier de Simpsons in the Strand donna au même endroit, dans le *Times,* des indications sur la manière de rôtir un bœuf entier ; une photo montrait le bœuf entier embroché. Le débat qui s'ensuivit pendant quelque temps donnait l'impression que l'habitude de rôtir un animal en entier était en train de se perdre en Angleterre même aux occasions où l'on s'en tient par ailleurs aux cérémonies traditionnelles.

59. Gerd FREUDENTHAL, *Gestaltwandel der bürgerlichen und proletarischen Hauswirtschaft mit besonderer Berücksichtigung des Typenwechsels von Frau und Familie von 1760 bis zur Gegenwart* (Dissertation, Francfort), Würzburg 1934.

60. *Cf.* ANDRESSEN et STEPHAN, *loc. cit.,* vol. I, p. 10. C'est là que se trouve aussi l'indication que l'usage de la fourchette ne s'est introduite dans les couches supérieures du Nord qu'au début du XVIIe siècle.

61. *Cf.* ZARNCKE, *Der Deutsche Cato, loc. cit.,* p. 138.

62. *Cf.* Kurt TREUSCH V. BUTTLAR, « Das täglische Leben an den deutschen Fürstenhöfen des 16. Jahrhunderts », *Zeitschrift f. Kulturgeschichte,* Weimar, 1897, vol. 4, p. 13, note.

63. *Id.*

64. *Cf. The Babees Book, loc. cit.,* p. 295.

65. Cité par CABANÈS, *Mœurs intimes du temps passé,* Ire série, p. 292.

66. Les meilleures informations sur le sujet se trouvent chez A. FRANKLIN, *Les Soins de la toilette,* Paris, 1877, et surtout, du même auteur, *La Civilité,* Paris 1908, vol. II, Appendice, qui contient une série de citations particulièrement instructives. Certains commentaires de l'auteur sont sujets à caution, parce que Franklin n'établit pas toujours une distinction rigoureuse entre des éléments typiques de leur temps et d'autres qui déjà alors étaient ressentis comme des exceptions.

67. Mathurin CORDIER, *Colloquiorum Scholasticorum Libri Quattuor,* Paris 1568, livre 2, Colloque 54 (*Exemplum ad pueros in simplici narratione exercendos*).

68. Quelques extraits de ce matériel d'accès difficile se trouvent dans DE LABORDE, *Le Palais Mazarin,* Paris, 1846. Par ex. note 337 : « Faut-il entrer dans le détail ? Le rôle presque politique qu'a joué la chaise percée dans toute cette époque (XVIIe siècle) permet d'en parler sans fausse honte et nous autorise à dire qu'on était réduit à ce meuble et au passarès provençal. L'une des maî-

tresses de Henri IV, Madame de Verneuil, voulait avoir son pot dans sa chambre, ce qui serait de nos jours une malpropreté et n'était alors qu'une licence un peu débonnaire. »

Les indications importantes contenues dans ses notes ont besoin d'une vérification rigoureuse si l'on tient à se faire une idée des normes des différents ordres.

Un des moyens les plus adéquats est sans doute l'analyse des inventaires de succession. Notons dans ce contexte qu'on a trouvé dans l'héritage d'Érasme (pour autant qu'on peut l'établir avec certitude) le nombre relativement élevé de 39 mouchoirs *(fatzyletlin)*, mais une seule fourchette d'or et une autre d'argent *(gebelin)*. *Cf. Inventaire de la succession d'Érasme*, éd. par L. Sieber, Bâle, 1889, reproduit dans la *Zeitschrift für Kulturgeschichte,* Weimar 1997, vol. IV, p. 434 sqq.

De nombreuses indications intéressantes se trouvent aussi dans Rabelais, *Gargantua et Pantagruel*; pour les « besoins naturels » *cf.* par ex. Livre premier, chap. 13.

69. Georg BRANDES, qui cite ce passage des « Mémoires » dans son livre sur *Voltaire;* traduction allemande, Berlin, s. date, t. I, pages 340/341, ajoute le commentaire suivant : « Elle ne juge pas gênant de se montrer dans son plus simple appareil devant son laquais; elle ne le considère pas comme un homme par rapport à la femme qu'elle est. »

70. *Cf.* RUDECK, *Geschichte der öffentlichen Sittlichkeit,* Iéna, 1887, p. 397.

71. Th. WHRIGHT, *The Home of other Days,* Londres, 1871, p. 269.

72. Otto ZÖCKLER, *Askese und Mönchstum,* Francfort, 1897, p. 364.

73. Th. WHRIHGT, *loc. cit.,* 269 ou CABANÈS, *Mœurs intimes du temps passé, loc. cit.,* IIe série, p. 166. *Cf.* aussi G. ZAPPERT, *Ueber das Badewesen in mittelalterlicher und späterer Zeit, Arch. f. Kunde österr. Geschichtsquellen*, vol. 21, Vienne (Autriche), 1859. Pour

le rôle du lit dans le ménage, *cf.* aussi G.G. COULTON, *Social Life in Britain*, Cambridge, 1919, p. 386; l'auteur évoque la pénurie de lits et le naturel avec lequel on acceptait que plusieurs personnes partageassent la même couche.

74. BAUER, *Das Liebesleben in der deutschen Vergangenheit*, Berlin, 1924, p. 208.

75. RUDECK, *Geschichte der öffentlichen Sittlichkeit*, p. 399.

76. Dr. HOPTON et A. BALLIOL, *Bed Manners*, Londres, 1936, p. 93.

77. Les voix s'élevant contre le pyjama ne font pas défaut. Le communiqué suivant (extrait de *The People* du 26-7-1936) montre cette tendance aux États-Unis; on notera l'argumentation mise en avant: « Des hommes forts ne portent pas de pyjamas. Ils portent des chemises de nuit et dédaignent les hommes portant des vêtements aussi féminins que le pyjama. Theodore Roosevelt portait des chemises de nuit, de même Washington, Lincoln, Napoléon, Néron et beaucoup d'autres hommes célèbres.

« Ces arguments en faveur de la chemise de nuit ont été formulés par le Dr Davis d'Ottawa qui a fondé un club d'adeptes de la chemise de nuit. Le club entretient une succursale à Montréal et une autre à New York. Le club se propose de promouvoir le port de la chemise de nuit, symbole d'une virilité authentique. »

Il est encore plus significatif que le pyjama est en train de perdre aussi la faveur des femmes. Ce qui le remplace est un dérivé de la robe du soir, qui, tout comme cette dernière, représente certaines tendances sociales dont le refus de la « virilisation de la femme »; la chemise de nuit de la femme souligne aussi les différences sociales et entend établir une certaine continuité entre la robe de soirée et le vêtement de nuit. La comparaison entre le vêtement de nuit moderne et celui des temps anciens met en évidence ce que nous avons voulu dire par « inorganisation du domaine intime ». La « chemise de nuit » moderne ressemble bien plus à un vêtement qu'à une « chemise » et est d'une forme plus « fonctionnelle » *(durchgeformt)*.

78. M. GINSBERG, *Sociology,* Londres, 1934, p. 118.

« La question de savoir si les tendances innées sont réprimées, sublimées ou s'exercent en toute liberté dépend du *type de la vie de famille et des traditions de la société dans son ensemble...* Il suffit, par exemple, de se souvenir combien il est difficile de déterminer si la répugnance qu'inspirent les rapports incestueux a une base pulsionnelle ou de dégager les différents facteurs génétiques se trouvant à la base des différentes formes de jalousie sexuelle. Bref, les tendances innées ont une certaine *plasticité* et leur mode d'expression, de répression et de sublimation est, à des degrés variables, conditionné par la société. »

Notre étude aboutit à des conclusions analogues. Elle se propose de prouver — surtout dans la conclusion du deuxième chapitre — que le modelage de la vie pulsionnelle y compris les autocontraintes est fonction des dépendances et obligations sociales traversant la vie de l'homme. La structure des dépendances et obligations de l'individu est tributaire des interrelations humaines. Aux différences de cette structure correspondent les différences des structures pulsionnelles que nous pouvons constater au cours de l'histoire.

Rappelons à ce propos que Montaigne a noté des observations semblables déjà dans ses *Essais* (Livre I, chap. XXIII).

« Les lois de la conscience, que nous disons naistre de nature, naissent de la coustume : chacun ayant en vénération interne les opinions et mœurs approuvées et receues autour de luy, ne s'en peut desprendre sans remors n'y s'y appliquer sans applaudissement. Celuy me semble avoir tres-bien conceu la force de la coustume, qui premier forgea ce conte, qu'une femme de village ayant apris de caresser et porter entre ses bras un veau des l'heure de sa naissance et continuant toujours à ce faire gaigna cela par l'accoustumance, que tout grand bœuf qu'il estoit, elle le portoit encore... Usus efficacissimus rerum omnium magister... Par coustume, dit Aristote, aussi souvent que par maladie des femmes s'arrachent le poil, rongent leurs ongles, mangent des charbons et de la terre et autant par coustume que par nature les masles se meslent aux masles. »

L'idée en particulier que le « remors », ou ce qui en découle que cette structure psychique qu'on appelle après Freud — bien que dans un sens légèrement différent — le « Surmoi » est conditionné dans chaque individu par les interrelations humaines, par la société dans laquelle il grandit, en un mot, que ce « Surmoi » est d'essence sociogène, s'accorde parfaitement aux conclusions de notre étude.

Il est inutile de relever ici les éléments dont nous sommes redevables à Freud et à l'école psychanalytique (mais nous avons tenu à en faire état en passant). Tous les familiers de la littérature psychanalytique n'auront aucune peine à discerner les points de convergence; nous avons renoncé à mettre en évidence les éléments communs, d'autant plus que cela n'eût pu se faire sans une étude détaillée. Nous n'avons pas non plus mis en vedette les différences entre les prémisses de Freud et celles qui sont à la base de nos réflexions. Il nous a en effet paru qu'une discussion approfondie permettrait sans peine de concilier les points de départ. Nous avons jugé plus important d'exposer clairement et simplement notre système de pensée plutôt que d'opposer tels points de détail.

79. *Cf.* Huizinga, *Erasmus,* New York, Londres, 1924, p. 200.

Ce qu'Érasme exigeait réellement du monde et de l'humanité, le tableau qu'il avait brossé pour lui-même de la société chrétienne vivant d'un haut idéal moral, d'une foi fervente, de simplicité, de modération, de tolérance et de paix, société à laquelle il aspirait ardemment — n'apparaissait nulle part avec plus de clarté et de précision que dans ses *Colloques.*

80. L'observateur d'une époque ultérieure est tout aussi perplexe quand il se trouve confronté aux mœurs et coutumes d'une phase antérieure obéissant à d'autres normes du sentiment de la pudeur. Cette remarque s'applique plus spécialement aux habitudes balnéaires du Moyen Age. Les hommes du XIXe siècle ne comprenaient pas que les hommes médiévaux n'aient pas eu honte de se baigner nus, en grand nombre, souvent les deux sexes ensemble.

Alwin SCHULTZ, *Deutsches Leben im XIV. und XV. Jahrhundert,* Vienne (Autriche), 1892, p. 68, remarque à ce sujet :

« Nous possédons deux représentations intéressantes de ce genre d'établissements de bains. *Ici, une observation préalable s'impose : Je considère ces images comme exagérées ; il me semble, en effet, qu'elles attestent la préférence bien connue du Moyen Age pour des plaisanteries un peu vertes et grossières.*

« La miniature de Breslau nous montre un alignement de baignoires, dans chaque baignoire se tiennent un homme et une femme se faisant face. Une planche posée sur la baignoire sert de table ; sur la table un joli napperon ainsi que des fruits, des boissons, etc. Les hommes portent un mouchoir de tête et une ceinture inguinale, les femmes des ornements, des colliers, etc., mais elles sont complètement nues. La miniature de Leipzig ressemble à celle de Breslau, mais les baignoires ne sont pas alignées mais placées sous des sortes de tonnelles en tissu dont les rideaux pouvaient être tirés. La décence a dû souffrir mainte entorse dans ces établissements et on peut supposer que les femmes honnêtes ne les fréquentaient pas. En général on a dû prévoir la séparation des sexes ; les édiles n'auraient sans doute jamais toléré une offense aussi manifeste à l'honnêteté. »

Il est piquant de constater que la situation émotionnelle et le niveau de la pudeur à l'époque de l'auteur lui suggèrent l'idée qu'« en général on a dû prévoir la séparation des sexes » alors que les documents historiques et les images citées par lui laissent supposer le contraire. Il est intéressant de comparer cette attitude avec le réalisme d'un P.S. ALLEN face à des différences de normes : *The Age of Erasmus,* Oxford, 1914, p. 204 sqq.

81. *Cf.* A. BÖMER, « Aus dem Kampf gegen die Colloquia familiaria des Erasmus », *Arch. f. Kulturgeschichte,* Leipzig, Berlin, 1911, vol. IX, 1, p. 32.

82. A. BÖMER écrit : « Dans les deux derniers livres destinés aux hommes et aux vieillards. » De fait, c'est à son jeune fils que Morisotus a dédicacé la totalité de l'ouvrage ; il devait servir, dans l'esprit de l'auteur, de manuel scolaire. Morisotus y traite des différents âges de la vie. Il présente à l'enfant des adultes, hommes et femmes de tous âges, pour que l'enfant apprenne à connaître leur mentalité, leurs particularités et sache comment il faut se comporter dans la vie. L'idée que tel livre était destiné exclusivement aux femmes, tel autre aux hommes ou aux vieillards, a été dictée à l'auteur par la perplexité où l'avait plongé la perspective de confier une telle lecture à de jeunes garçons.

83. Pour bien comprendre le problème, il faut se souvenir qu'on se mariait plus jeune à cette époque qu'aux époques ultérieures :

« A cette époque, dit R. Köbner en parlant du Moyen Age finissant, l'homme et la femme se mariaient très tôt. L'Église leur accordait le droit de se marier dès qu'il avaient atteint l'âge de puberté et ils en profitaient très souvent. On mariait les garçons entre 15 et 19, les filles entre 13 et 15 ans. Cette coutume a toujours passé pour un des traits caractéristiques des structures sociales de ce temps. » R. Köbner, « Die Eheauffassung des ausgehenden Mittelalters », *Arch. f. Kulturgeschichte,* vol. IX, fasc. 2, Leipzig et Berlin, 1911. De nombreux documents et informations sur le mariage d'enfants se trouvent dans Early English Text Society, Orig. Series 108, éd. par Fr. J. Furnivall, Londres, 1897 (*Child-Marriages, Divorces and Ratifications,* etc.). Cette source indique comme limite d'âge 14 ans pour les garçons, 12 pour les filles (p. XIX).

84. F. Zarncke, *Die deutsche Universität im Mittelalter,* Leipzig, 1857, Beitr. I, p. 49 sqq.

85. M. Bauer, *Liebesleben in der deutschen Vergangenheit,* Berlin, 1924, p. 136.

86. W. Rudeck, *Geschichte der öffentlichen Sittlichkeit in Deutschland,* Iéna, 1897, p. 33.

87. W. Rudeck, *loc. cit.,* p. 33.

88. K. Schäfer, *Wie man früher heiratete, Zeitschrift für deutsche Kulturgeschichte,* Berlin, 1891, vol. 2, fasc. 1, p. 31.

89. W. Rudeck, *loc. cit.,* p. 319.

90. Brienne, *Mémoires,* t. II, p. 11 cité d'après Laborde, *Le Palais Mazarin,* Paris, 1816, note 522.

91. Fr. von Bezold, « Ein Köl, er Gedenkbuch des XVIe. Jahrhunderts » dans *Aus Mittelalter und Renaissance,* Munich et Berlin, 1918, p. 159.

92. W. Rudeck, *loc. cit.,* p. 171. P.S. Allen, *The Age of Erasmus,* Oxford, 1914, p. 205. A. Hyma, *The Youth of Erasmus,* University of Michigan Press 1930, p. 56/57. *Cf.* aussi Regnault. *La Condition juridique du bâtard au Moyen Age,* Pont-Audemer, 1922, qui considère la situation purement juridique plutôt que la situation de fait du bâtard. Les « Coutumes » adoptent souvent à l'égard du bâtard une position peu bienveillante. Il s'agit de vérifier si cette attitude exprime l'opinion sociale effective de plusieurs couches sociales ou si elle est caractéristique d'une couche déterminée.

On sait qu'au XVIIe siècle encore, les enfants légitimes

et illégitimes étaient élevés ensemble à la cour du roi. Louis XIII par exemple détestait ses demi-frères et sœurs. Enfant, il s'exprimait ainsi au sujet de son demi-frère : « J'aime mieux ma petite sœur que féfé Chevalier, parce qu'il n'a pas été dans le ventre à maman avec moi, comme elle. »

93. D. PARODI, « L'honnête homme et l'idéal moral du XVIIe et du XVIIIe siècle », *Revue Pédagogique,* 1921, vol. 78, 2, p. 94 sqq.

94. *Cf.* p. ex. B. PETERS, *The Institutionalized Sex-Taboo in Knight.* PETERS, BLANCHARD, *Taboo and Genetics,* p. 181.

« Une enquête faite par l'auteur auprès de 150 jeunes filles de bonne famille a montré qu'un tabou entourait l'idée et la discussion des objets suivants jugés par les jeunes filles interrogées d'"indélicats" d'"indécents" ou d'"absolument en marge des intérêts d'une jeune personne".

a) Des choses insolites qualifiées souvent de "perverses" ou d'"immorales".

b) Des choses "dégoûtantes" telles que les fonctions normales ou pathologiques du corps, ainsi que toutes les choses sales.

c) Les choses étranges et inquiétantes qui "donnent la chair de poule" et toutes les évocations sinistres.

d) Toutes les formes de la vie animale qui, d'une manière générale, inspirent de la peur aux filles ou que celles-ci considèrent comme sales.

e) Les différences de sexe.

f) Les différences d'âge.

g) Tout ce qui a trait à une double norme morale.

h) Tout ce qui a trait au mariage, à la grossesse et à l'accouchement.

i) Toute allusion au corps à l'exception des mains et de la tête.

j) La politique.

k) La religion. »

95. A. Luchaire, *La Société française au temps de Philippe Auguste,* Paris, 1909, p. 273.

96. A. Luchaire, *loc. cit.,* p. 275.

97. A. Luchaire, *loc. cit.,* p. 272.

98. A. Luchaire, *loc. cit.,* p. 278.

99. I. Huizinga, *Le Déclin du Moyen Age,* Paris, Payot, 1961, p. 36-37.

100. Extrait de *Le Jouvencel. Lebensgeschichte des Ritters Jean de Bueil,* éd. par Kervyn de Lettenhove, Chastellain, Œuvres VIII, cit. par Huizinga, *loc. cit.,* p. 90.

101. *Cf.* p. 423 et note 95.

102. H. Dupin, *La Courtoisie au Moyen Age,* Paris, 1931, p. 79.

103. Dupin, *loc. cit.,* p. 77.

104. Zarncke, *Der Deutsche Cato, loc. cit.,* p. 36 sq. v. 167/168 et v. 178/180.

105. *Der Deutsche Cato, loc. cit.,* p. 48, v. 395 sqq.

106. I. Huizinga, *Le Déclin du Moyen Age,* Paris, Payot, 1961, p. 36 sq.

107. L. Mirot, *Les d'Orgemont, leur origine, leur fortune,* etc., Paris, 1913. P. Champion, *François Villon, sa vie et son temps,* Paris, 1913, II, p. 230 sqq., cit. par Huizinga, *loc. cit.,* p. 32.

108. P. Durrieu, *Les Très Belles Heures de Notre Dame du duc Jean de Berry,* Paris, 1922, p. 68.

109. Ch. Petit-dutaillis, *Documents nouveaux sur les mœurs populaires et le droit de vengeance dans les Pays-Bas au xve siècle,* Paris, 1908, p. 47.

110. Ch. Petit-dutaillis, *loc. cit.,* p. 162.

111. Ch. Petit-dutaillis, *loc. cit.,* p. 5.

112. A. Luchaire, *La Société française au temps de Philippe Auguste,* Paris, 1909, p. 278 sq.

113. Pour plus de détails, *cf.* A. Franklin, *Paris et les Parisiens au xvie siècle,* Paris, 1921, p. 508 sq.

114. Th. Bossert mentionne dans son introduction au *Hausbuch* une gravure du maître du *Hausbuch*, raillant

« la noblesse fraîche émoulue, la manie des roturiers de s'entourer de blasons et de se livrer à des exercices de chevaliers ». C'est là aussi une indication dans ce sens.

115. *Das Mittelalterliches Hausbuch,* éd. par Helmuth Th. Bossert et Willy Storck, Leipzig, 1912, introduction p. 27 sqq.

116. Berthold v. REGENSBURG, *Deutsche Predigten,* éd. p. Pfeiffer et Strobl, Vienne, 1862-1880, t. I. 141, 14, 7.

117. Berthold v. REGENSBURG, *loc. cit.,* t. I, 141, 24 sqq.

118. Max LEHRS, *Der Meister mit den Bandrollen,* Dresde, 1886, p. 26 sqq.

Table des matières

PREMIÈRE PARTIE

CULTURE ET CIVILISATION

DEUXIÈME PARTIE

COMMENT PEUT-ON ÊTRE CIVILISÉ ?

Impression réalisée sur Presse Offset par

BRODARD & TAUPIN

GROUPE CPI

16528 – La Flèche (Sarthe), le 17-12-2002
Dépôt légal : décembre 2002

POCKET – 12, avenue d'Italie - 75627 Paris cedex 13
Tél. : 01.44.16.05.00

Imprimé en France